김구의
동양학
아카데미
2

| 김구연의 동양학 아카데미_2 |

지은이 김구연 | **초판 1쇄 발행** 2007년 11월 15일 | **발행인** 김구연 | **펴낸곳** 도서출판 창진

출판등록 2007. 3. 28 (제25100-2007-14호) | **주소** 서울 광진구 구의동 242-133 대광빌딩 2층

배본대행 대광서림 | **전화** 02-455-7818 | **팩스** 02-452-8690 | **이메일** cjbook@paran.com

Copyright ⓒ2007 김구연 | ISBN 978-89-959440-2-8 04800 | ISBN 978-89-959440-0-4 (세트)
책값은 뒷표지에 있습니다.

김구연의
동양학 아카데미
2

창진

서문

한동석 선생을 기리며 9

6장_ 변화작용의 3대 요인

1. 토화작용 土化作用 17
현실에서 '토'가 필요한 이유 17
네 개의 토 _ 축丑 20   네 개의 토 _ 진辰 24
네 개의 토 _ 미未 28   네 개의 토 _ 술戌 33
진술축미辰戌丑未와 인의예지仁義禮智_1 36
진술축미辰戌丑未와 인의예지仁義禮智_2 41
삼원三元 운동과 오원五元 운동 47

2. 인신상화 寅申相火 52
인신상화란 무엇인가 52   '금'에서 '화'로 변하는 신申 55
인신상화가 인간에게 미치는 영향 58

3. 금화교역 金火交易 63
금화교역이란 무엇인가 63   금화교역과 대화작용 對化作用 67
육기를 통해 바라보는 금화교역_1 70
육기를 통해 바라보는 금화교역_2 74
오운과 육기의 금화교역 79

차 례

7장_ 우주와 인간

우주에서 인간으로 87 인간의 본질과 한계 90

육체는 정신이 뛰어노는 마당 93 일상생활과 기의 순환 96

식생활과 호흡 98 정신의 토화작용 102 성악설과 성선설 106

우주의 마음과 인간의 마음_1 110

우주의 마음과 인간의 마음_2 114

화생 化生 _ 물질은 어떻게 만들어지는가 119

물질은 어떻게 변화하는가 124

|SP| 변화와 종 種 127

사물을 어떻게 관찰하는가_1 130

사물을 어떻게 관찰하는가_2 133

|SP| 현대 과학과 동양학 136

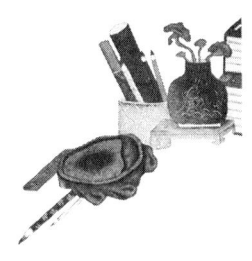

8장_ 정신과 자유

왜 정신을 연구하려 하는가 143
우주정신과 건곤 乾坤 146
우주정신을 대행하는 일월 日月 149
일월과 수화운동 水火運動 151
수화운동과 토화작용 154
토화작용과 정신 精神 157
정신의 원동력 _ 율려 律呂 160

| SP | 정신이 현상으로 펼쳐지기까지 166
물속에서 자라는 인간정신 170
인간정신의 성립 173   인간정신과 자유 176
정신의 운동과 기혈 氣血 181
태아 胎兒 의 정신을 기르려면 186
인간 정신의 우열 190
인간 정신과 수명 194   인간과 총명 聰明 199
종교정신과 도 202   정신의 생사 生死 209

9장_ 우주본체와 개벽현상

우주의 본체란 무엇인가 221
  태극太極으로 존재하는 세상 224
  태극을 만들어 놓은 무극無極 229
  현실을 주재主宰하는 황극皇極 239

  |SP| 우주의 본체와 인간의 삶 246
    소강절 선생의 원회운세론元會運世論 250
    변화하는 지구의 자전축 256
    개벽현상과 선후천先後天 263
    |SP| 현대과학으로 바라본 개벽현상 266

맺는 말_

최제우 선생과 동학 270
  직하지학稷下之學과 동양학 아카데미 274

서문

한동석 선생을 기리며

1권을 읽고 다시 2권을 보게 된 독자들에게 우선 감사를 드린다. 그러면서 1권에서 수차례 언급된 한동석 선생의 『우주변화의 원리』 또한 접해보았을 독자들을 위해 잠깐 설명을 하는 것이 예의일 듯싶어 이렇게 글을 적는다.

필자가 처음 동양학을 접한 것은 대학교 때였다. 물론 그 전에 '사서삼경'이나 '제자백가' 등을 부분적으로 접한 적은 있으나 이것은 글자그대로 교양을 위한 것이었지 동양학에 이렇게 심오한 내용이 있다는 것은 『우주변화의 원리』를 접하면서 처음 알게 된 사실이었다.

당시의 충격은 지금 생각해도 이루 헤아릴 수가 없다. 그러나 아둔한 필자가 처음 책을 읽고 모든 것을 깨우쳤을 리는 만무하다. 오랜 세월동안 읽고 또 읽고 생각에 생각을 거듭하면서 지금에 이른 것이다. 그리고 생각한 것이 한동석 선생의 글은 더 이상 손댈 필요가 없이 완벽하지만 보통 사람들이 읽기에는 아직도 어렵다는 것이었다.

그래서 필자는 고심 끝에 다시 이에 대한 해설본을 내보기로 결심한 것이다. 다시 말해 이 책은 거의 대부분 한동석 선생의 『우주변화의 원리』를 기초로 한 것이다. 다만 이것이 대가大家의 명저名著를 단순히 재해석하는 글이 되지 않도록 하기 위해 인용을 줄이고 나름대로의 의미를 가해 새로이 꾸미려고 노력했다.

　동양에서 성현의 고전古典에 주석을 다는 것은 흔히 있어왔던 일이다. 그러나 지금 굳이 『우주변화의 원리』를 일일이 열거하면서 주석을 붙이는 것이 읽는데 큰 도움을 줄 리도 없고 지금의 시대상에도 어울리지 않는다고 생각하여 큰 뼈대만 가져오되 살은 완전히 새로 붙이는 방식으로 작업을 하게 된 것이다.

　비교해서 읽어보시면 알겠지만 세부적인 서술은 어느 한 곳도 같은 곳이 없다. 또 인용이 된 부분은 본문에서 충분히 밝혔다. 그러나 가장 중요한 『우주변화의 원리』의 '우주관', '철학관'은 손상시키지 않고 그대로 가져올 수 있도록 노력하였다. 지금 이 시점에서 중요한 것은 보통사람들에게 전혀 생소한 동양학을 조금이라도 더 알리는 것이 가장 중요한 과제라는 생각 하에 필자는 모험을 시도했다. 판단은 독자들의 몫이다.

　한동석 선생이 좀 더 오래 살아계셨으면 모든 것이 쉬웠겠지만 아직도 음지陰地에 갇혀 빛을 보지 못하는 동양학을 위해서는 어쩔 수 없는 선택이었다고 자위한다. 그리고 필자의 행동이 정당성을 확보하는 유일한 길은 보다 읽기 쉽고 이해하기 쉬운 내용으로 여러분에게 새로운 시야, 새로운 길, 새로운 희망을 제시하여 드리는 것뿐이라는 생각으로 2권을 썼다.

　2권은 1권과 차원이 다르다. 필자의 비유대로 이것은 대학과정에 해당한다. 대학은 고등학교처럼 선생님이 알아서 지식을 떠먹여주는 곳이 아니다. 스스로 찾아야만 하는 곳이고, 또 스스로 찾는 법을 배우는 곳이다. 이해를 돕기 위해 1권과 마찬가지로 많은 비유를 들겠지만 심지어 그 비유가 틀릴 수도 있다는 생각으로 읽어나가야 한다.

그러나 너무 걱정할 필요는 없다. 동양학은 '실용實用'이 그 장점이다. 사람들이 몰라서 그렇지 이것처럼 우리의 인생에 보탬이 되는 학문이 없다. 따라서 자신의 경우를 거울삼고, 이 시대를 거울삼아 살펴보면 분명히 그 사례가 눈에 보이게 되어 있다. 그 다음부터는 일사천리인 것이다. 동양학을 바탕으로 인생이 의미를 갖고 인간관계가 풍성해지고 나아가 시대를 꿰뚫어보는, 깊이 있는 시각을 갖게 된다면 더 이상 바랄 것이 없다.

2007년 10월 9일 김구연

6장
변화작용의 3대 요인

6장_ 변화작용의 3대 요인

1_ 토화작용
현실에서 '토'가 필요한 이유
네 개의 토_축
네 개의 토_진
네 개의 토_미
네 개의 토_술
진술축미와 인의예지_1
진술축미와 인의예지_2
삼원 운동과 오원 운동

2_ 인신상화
인신상화란 무엇인가
'금'에서 '화'로 변하는 신
인신상화가 인간에게 미치는 영향

3_ 금화교역
금화교역이란 무엇인가
금화교역과 대화작용
육기를 통해 바라보는 금화교역_1
육기를 통해 바라보는 금화교역_2
오운과 육기의 금화교역

　1권에서는 음양, 오행, 상수학, 팔괘, 오운, 육기 등 동양학 전반에 걸쳐 개념을 소개하고 이것이 어떻게 현실과 연결될 수 있는지 알아보았다. 어떤 내용이든 중요하지 않은 것은 없겠지만 모든 것에는 핵심되는 내용이 있기 마련이고 동양학도 예외는 아니다. 그중에서도 가장 중요하고 또 이해하기 어려운 것을 꼽으라면 세 가지 정도를 들 수 있는데 그것이 바로 토화작용土化作用, 인신상화寅申相火, 금화교역金火交易이다.

　토화작용이란 '토'라고 이름붙인 '중中'의 작용을 말하는 것이다. 현실이 목 화 금 수로 펼쳐진다면 '토'는 현실을 조화하고 매개하는 '보이지 않는 손'을 의미하는 것이다. 이것이 어떻게 현실을 조화해 가는지 보다 구체적으로 알아보아야 할 필요성이 있는 것이다. '토'가 현실에 작용할 때 어떤 모습을 띠는지, 무엇을 일컬어 '토'의 작용이라고 하는지 알고 있어야 실제로 그런 상황을 만났을 때 활용할 수 있지 않겠는가.

　인신상화는 더욱 이해하기 힘든 개념이다. 뜬금없이 지구의 자전축이 기울어 있기 때문에 온갖 불규칙한 변화가 일어난다고 이야기하고 있는데다가 그로 인해 생겨난, 원래는 없는 기운이라는 점이 인신상화를 선뜻 받아들이기 힘들게 하고 있는 것이다. 그래서 더욱더 인신상화의 작용을 구체적으로 설명할 필요가 있는 것이다. 인신상화란 무엇을 말하는지 이것이 현실에서는 어떻게 나타나는지 알아야 이해를 할 수 있을 것이기 때문이다.

금화교역도 마찬가지다. 낙서洛書를 설명하면서 어느 정도 설명은 했지만 '화'와 '금'의 교역, 더 나아가 '음'과 '양'의 교역작용이 생명을 지닌 모든 것의 속성임을 이해하려면 보다 깊이 있는 해설이 필요할 것이다.

뒤집어 이야기하자면 이들 세 가지 개념을 정확히 이해하기만 한다면 동양학의 중요한 고비를 넘은 것과 같다. '토화작용'을 이해한다는 것은 현실이 굴러가는 가장 근원적인 동력을 이해한다는 뜻이고 '인신상화'를 이해한다면 왜 현실에 온갖 불규칙한 변화가 존재하는지 이해하게 된다. 또한 '금화교역'을 이해한다는 것은 '생명이 궁극적으로 추구하는 것'을 이해한다는 뜻이다.

결국 이들 세 가지 요인은 우주 삼라만상이 변화해 가는데 가장 중심적인 역할을 하는 것임을 알 수 있다. 그래서 이들을 우주변화의 3대 요인이라 부르는 것이며, '변화變化'라는 것은 '토화작용'을 근간으로 삼고, '인신상화'를 통해 온갖 상황을 겪게 되고, 최종적으로 '금화교역'을 통해 완성되는 것이다. 이를 일컬어 한동석 선생은 '우주의 변화란 토화작용으로 본체가 되고 상화작용으로 객체를 이루고 금화교역작용에 의해 완성된다'고 표현한 것이다.

그러면 이들 세 가지 요인이 무엇을 뜻하는 것인지 본격적으로 알아보도록 하자.

1_ 토화작용 土化作用

{ 현실에서 '토'가 필요한 이유 }

  육기를 기준으로 '토'는 크게 네 가지가 있다고 본다. '토' 본래대로의 의미로 보자면 언제나 어디에나 있는 것이 '토'이지만 오행의 목 화 금 수에 맞춰 각 기운이 다음 단계의 기운으로 변화할 때 중재자의 역할을 하는 네 개의 '토'를 가장 중요하게 생각하는 것은 당연하다고 할 것이다.

  오운에서 '토'를 거론하지 않는 것은 오운이 본말本末 운동만을 하기 때문이다. 본말 운동만을 한다는 것은 각 상황에서 재량권이 없이 대화對化 작용에 의해 주어진 상황만을 반복한다는 뜻이 되기 때문에 이것은 우리가 관심을 갖는 삶의 여러 상황과는 거리가 있는 것이다. 결국 오운은 이상적이긴 하지만 '토'를 중심으로 이뤄지는 본중말本中末 운동을 할 수 없기 때문에 진정한 '변화變化'를 이끌어 낼 수 없는 것이다. 반대로 육기 중심의 본중말 운동은 재량을 갖고 개성個性이 담긴 변화를 이뤄낼 수 있지만 그로인해 이상理想에서 멀어지는 불이익을 감수해야 한다.

  이것이 인간이라는 생물이 갖는 이중성이다. 항상 머릿속에는 오운의 영향을 받아 '이상'을 추구하지만 육기가 펼치는 현실에 의해 좌절을 겪는 모습이 바로 우리의 모습이다. 어떻게 하면 이러한 삶의 모순을 극복할 수 있을 것인가. 첫 번째 필요한 것은 바로 '나'의 발견이다. 필자가 가치관이라는 말로 강조한 '나만의 개성', 또는 '내가 존재하는 이유'를 찾아야 한다.

사서삼경 중에 중용中庸을 보면 맨 처음에 '천명지위성天命之謂性'이라는 구절이 나온다. '하늘에서 명命한 바를 바로 성性이라 한다'는 뜻이다. 여기서 하늘이란 인격적인 '신'이 아니다. 바로 우주의 운행 그 자체를 말하는 것이다(이 부분은 정신론에서 따로 다룬다). 우주의 운행 속에서 태어난 인간은 어느 누구도 쓸모없이 태어난 사람이 없다. 다들 무언가 한 역할을 하라고 명命받은 존재라는 것이다. 다만 자신의 '명'이 무엇인지 모르기 때문에 헤매고 있을 따름이다.

'명'이라고 해서 무슨 '너는 어떤 일을 꼭 완수하여라'는 식의 특별한 명령을 생각하라는 것이 아니라 자기가 가진 고유한 기질, 즉 성性이 바로 '명' 받은 것이다. 나의 '개성' 속에 명이 담겨있다는 것이다. 자신의 성性을 깨달을 수 있어야 자신의 역할을 다할 수가 있다. 이 세상에는 자신의 '성'을 깨닫고 '명'을 깨달아 자신의 역할을 다하고 간 사람들의 이야기가 얼마든지 있다. 그러나 대부분의 사람들이 자신의 '성'을 소모적인 곳에 써버리거나 잘못 활용하고 있다는 것을 우리는 또한 잘 알고 있다.

자신의 정체를 찾으라는 이야기는 절대 새로운 것이 아니다. '나'를 찾아 힘든 여행을 떠나는 사람들의 이야기를 우리는 소설에서건 영화에서건 또는 역사를 통해서건 수없이 발견할 수 있다. 그러나 철학적 기반이 부족한 상태에서 시도하는 '나'의 발견은 안내자 없이 떠나는 여행과도 같아서 목적지에 도달하기가 어려운 것이다.

　유능한 명리학자命理學者의 도움을 받는 것도 한 가지 방법이다. 사주를 보러가서 사업이 잘될는지, 돈은 언제 벌리는지 묻기보다 이러한 지식을 바탕으로 자신이 어떤 기질을 갖고 있는지 묻는다면 의외로 많은 도움을 얻을 수도 있을 것이다(혹시 오해가 있을까봐 하는 말이지만, 필자는 명리학을 따로 공부한 적이 없어서 개인적으로 친한 사람들의 도움을 받곤 한다). 여하튼 '나'의 발견이란 동양, 서양을 떠나서 사람이 살아가는 매우 중요한 일이 아닐 수 없고 이 글을 끝까지 읽다보면 많은 도움을 받을 수 있을 것이다.

　다음으로 우리가 삶에서 겪는 모순을 해소할 두 번째 수단이 바로 토화작용, 즉 '토'의 도움을 받는 것이다. 비록 육기가 보여주는 현실은 불가피한 모순 즉 상극의 상象을 보여주고는 있지만 그래도 '토'의 존재로 인해 많은 모순을 해결하고 있는 것이다.

　다시 말해 자오묘유子午卯酉가 사정위四正位에 있는 현실은 개성 강한 목 화 금 수가 주도권을 잡고 있는 셈이라 각 기운간의 승부작용이 치열하지만 그래도 '토'가 있음으로 인해 순환을 유지하는 것이다. 우리가 모순된 현실을 헤쳐 나가기 위해서 '토'의 구체적인 역할을 알아보아야 하는 이유가 여기에 있다.

　그러나 한 가지 명심할 것은 '토'의 역할을 통해 현실을 헤쳐 나갈 방법을 배운다고 해서 무슨 처세술을 배우듯이 어떤 요령이나 술수를 배우는 것은 아니라는 점이다. 이것은 어디까지나 철학이고 도학道學이므로 언제나 근본적인 원리를 설명한다는 것을 잊으면 안 된다.

{ 네 개의 토_축丑 }

일단 원론적으로 진辰, 술戌, 축丑, 미未, 네 개의 '토'가 각기 어떤 역할을 했는지 다시 한 번 살펴보기로 하자. 육기가 보여주는 현실은 기울어진 지축으로 인해 자오묘유가 사정위에 있는 상황이지만 '토'의 작용을 구체적으로 살피기 위해 '토'를 본중말 운동의 '중'에 놓고 각 방위의 변화를 살펴보자.

먼저 자축인子丑寅의 변화이다. '자'라는 것은 생명력이 응축되어 폭발 일보직전의 상황이다. '수' 기운이 가장 충만한 상태가 바로

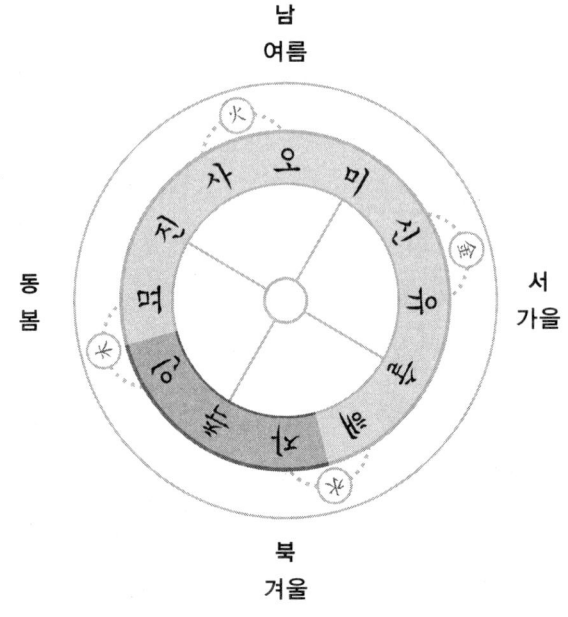

육기방위도

'자'이므로 어떤 계기만 주어진다면 '자' 속에 감추어진 '양기운'은 탈출을 시도하고야 마는 것이다. 반면에 '인'은 양기운의 탈출이 이루어져 현실에 드러난 '목'의 상황인 것이다. 이 두 기운 사이에서 '축'은 어떤 역할을 하는 것일까.

가장 먼저 '축'이 해야 할 일은 적절한 시기의 선택이다. 출산을 앞두고 있는 산모를 생각해 보자. 만약 아기가 덜 자란 상태에서 너무 일찍 나온다면 아기한테 위험한 상황이 벌어질 것임은 두말할 나위도 없다. 요즘은 의학이 발달해서 인큐베이터라는 것으로 아기의 생명을 보호하지만 예전에는 이런 것 하나만으로도 많은 어린 생명이 사라지곤 했던 것이다.

반대로 아기가 너무 늦게 나온다면 어떨까. 산모의 뱃속에서 너무 커버린 아기는 원활한 출산을 방해하고 때로는 산모의 생명을 위태로운 지경으로 몰고 갈 수가 있는 것이다. 어느 경우가 됐건 아기나 산모에게 좋을 것이 없다. 이와 마찬가지로 '자'와 '인'의 사이는 분명 상생의 관계이지만 이와 같은 모순이 존재하고 있다. 따라서 '축'이 적절한 시기에 작용해서 어느 쪽에도 피해가 가지 않게 도와야 하는 것이다.

'축'은 마치 산모의 출산을 돕는 '산파産婆'의 역할과도 같다. 적절한 때가 되었을 때, 산모를 격려하고 또 아기를 조심스럽게 유도해서 원활한 출산을 돕는 존재가 바로 '축'인 것이다. 이런 '축'의 역할은 얼마든지 여러 상황에 적용해 볼 수 있다. 우리가 어떤 일을 '시작'하려 할 때, '자'의 단계만큼 충분히 '준비되었는가'를 살펴보는 것도 필요하고 동시에 너무 완벽한 준비에만 매달려 때를 놓치는 일은 없는가도 살펴야 할 것이다. 그리고 무엇보다도 적절한 시기가 왔을 때, 과감히 승부수를 던지는 용기도 필요할 것이다. '축'의 역할은 일단 이런 것이라고 보면 된다.

그러나 '축'이 단순히 적절한 시기를 봐서 작용하는 '수단'에 불과한 것이라면 이것을 '토'라고 부르기에는 다소 부족해 보이는 것이 사실이다. 과연 '축'의 역할은 이것뿐일까. 그럴 리는 없다. '축'의 형이상학적인 측면, 진정한 '토'로서의 역할을 일컬어 유학儒學에서는 '인仁'이라 불렀던 것인데 이 부분은 바로 다음에 진술축미 모두를 모아 한꺼번에 설명하도록 하겠다.

한 가지 더 부연한다면 '자'와 '인' 사이에 벌어지는 승부작용을 한동석 선생은 '신申의 대화적對化的 모순과 인寅의 자화적自化的 모순'이라고 표현했던 바, 이것이 무슨 뜻인지 궁금해 할 분들을 위해 약간 설명을 붙이고자 한다. '신'의 대화적 모순이란 금기운인 '신'의 대화작용으로 인해 '자'의 양기운이 제 때에 탈출하지 못하는 상황을 말하는 것으로 위에서 예를 든, 아기가 충분히 컸음에도 금기운의 누르는 힘이 강해 출산이 지연되는 것을 의미하는 것이고, '인'의 자화적 모순이란 '인'이 가진 상화相火의 성질로 인해 아직 성숙이 덜 됐음에도 양기운의 탈출을 부추기는 모습이니, 위에서 예를 든 미성숙한 아기의 탄생과 같은 것이다.

다시 말해 우리가 마주치는 현실에서는 때가 되었음에도 주저하거나, 설익은 자신감만 가지고 무모하게 일을 벌이는 사람들을 흔히 볼 수가 있는 것이니 이론적으로 '축'의 역할을 이해한다는 것과 현실 사이에는 많은 차이가 있음을 느낄 수 있는 대목이라 하겠다.

여기에 기울어진 지축의 영향을 고려하지 않을 수 없는 것이니 '축'이 본중말 운동의 '중'의 역할을 하려면 방위로 따져 정북방正北方이 되어야 할 것이나 현실은 '자'가 정북방에 위치해 있고 따라서 '축'은 동방으로 치우쳐 있는 상황이다. 이것은 일단 '축'이 '목'의 탄생을 중재하는데 유리한 상황이라 할 것이다. '자'에 근원을 둔 양기운이 충분히 응축되었건 아직 수렴이 미숙하건 간에 동쪽으로 치우친 방위의 영향으로 인해 '축'은 힘을 덜 들이고도 양기운의 탈출을 도울 수 있는 것이다.

그러나 이것을 현실에서 보면 결국 설익은 출발이 되고 마는 것이니 동양학에서는 인구가 지속적으로 증가해 왔다거나 인류가 성장과 발전 위주의 역사를 지속시켜 온 것을 바로 이러한 동방으로 치우친 '축'의 영향으로 해석하는 것이다.

{ 네 개의 토_진辰 }

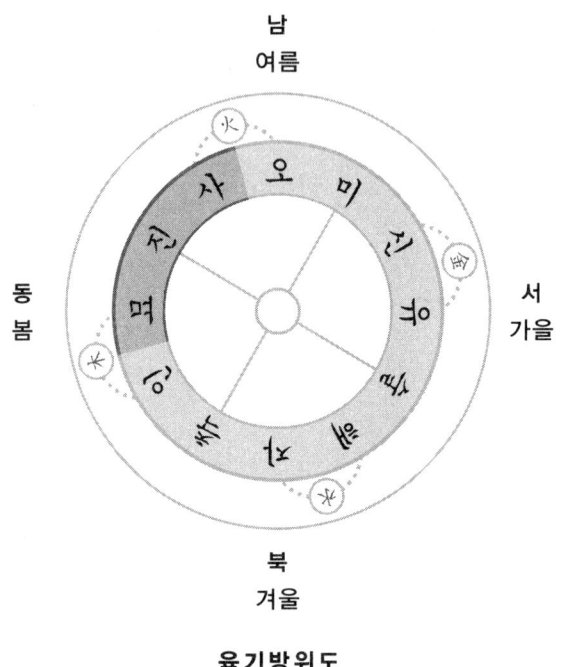

육기방위도

다음은 묘진사卯辰巳에서의 '진'의 역할이다. '묘'는 외형을 갖춘 '목'의 상황이고 '사'는 화기운의 시초이다. 이 둘 사이에는 어떤 대립관계가 존재하는가. '목'은 생장 과정의 첫 번째 단계이다. 따라서 목의 과정은 일단 생명력을 분출하는데 최선을 다할 뿐 양기운을 널리 확산시키는 작용은 '화'의 역할에 해당한다. 다시 말해 목은 '출발' 또는 '시작'에 중점을 둔 것이고 '화'는 이것을 본격적으로 세상에 드러내는 역할을 맡아 서로의 기운을 구분하는 것이다.

'화'가 '목'에 이은 두 번째 도약을 하기위해서 필요한 것은 무엇일까. 일단 '화'의 단계에서 필요한 것은 생명력을 지닌 양기운이 원활히 위로 솟구칠 수 있도록 통로를 확보하는 것이다. 1권에서 아궁이와 굴뚝의 예를 들어 설명했거니와 '목'이 '금'의 대화로 인해 외형을 갖추는 것이 이에 해당하는 것이다. 그 다음으로 필요한 것은 '화'가 제2의 도약을 이룰 수 있는 '추진력'이 필요한 것이니 이것이 '진'의 자화작용에서 나타난 육수六水의 상象인 것이다. 즉 '진'은 '토'의 조화력과 더불어 '수'의 생명력을 이용하여 자신의 역할을 다하는 것이니 이것을 일컬어 '수토동덕水土同德한 상'이라고 하는 것이다.

이해가 쉽지 않을 것이니 비유를 들어보자. 청소년이 청년으로 자라나는 과정에서 과연 어떤 변화가 일어나는 것일까. 1권에서도 잠깐 설명했지만 이때 필요한 것이 바로 '교육'이다. 배워야 하는 것이다. 허우대만 멀쩡하다고 다 어른이 아닌 것처럼 사람은 머릿속에 든 것이 있어야 비로소 하나의 인격체로 대우받을 수 있다.

그러나 배우는 것만이 모든 것을 해결해 주는 것은 아니다. 배운 것을 써먹을 줄도 알아야 하는 것이다. 그래야 자신만의 '주관主觀'을 갖고 모든 일을 벌여갈 수 있다. 대학생이 중고등학생을 보면 나이차이가 심하지 않음에도 무척 어려보이고 하는 행동이 유치해 보이는 것은 바로 이런 까닭이다. 또 지금처럼 고학력 시대가 아니었던 몇 십 년 전만 해도 고등학교만 나와도 어른대접을 받곤 했던 것이니, 고등학교 수준의 지식만 가지고도 남에게 내어 쓸 수 있는 상황이 되었던 것이다.

결국 '목'과 '화'의 단계를 가르는 것은 나이가 아니라 자신이 갖고 있는 것을 내어 쓸 수 있느냐 없느냐하는 것임을 알 수 있다. '목'은 자신이 갖고 있는 생명력의 대부분을 외형적인 성장을 위해 쓰고 있음을 알 수 있고, 반면에 '화'는 자신의 생명력을 외부로 발산하는데 주력한다는 것을 이를 통해 충분히 짐작할 수 있는 것이다.

결국 '진'의 역할이라는 것은 '목'과 '화' 사이에 있을 수 있는 여러 모순적인 상황을 중재하는 것도 있지만 무엇보다도 '교육'과 '지식'이라는 '수기운'을 제공함으로써 제2의 도약을 가능하게 하는데 있다는 것을 알 수 있다. 뒤집어 말하자면 동양의 성현들은 사람에게 있어 '배움'이라는 것이 그저 인생의 단계에서 거쳐 가야 하는 단순한 과정으로 보지 않고 거기에 '토'라는 성질을 부여하여 이것이 인생을 윤택하게 하는데 필수적인 조건이라는 것을 강조하였던 것이다.

이러한 '진'의 상을 현실에서 찾아본다면 요즘 점점 전문화되는 사회현실을 따라 경험이 부족한 사람이나 사업체에 전문적인 조언을 하는 소위 컨설턴트consultant라는 직업을 볼 수 있는데 이것은 일반적인 '격려'가 아니라 전문성을 띠고 있다는 면에서 '토'와 '수'를 겸한 도움을 주는 것이니 '진'의 예로 볼 수가 있을 것이다. 결과적으로 '진'은 적절한 시기에 도와주기만 하면 되는 '축'과는 분명 성질을 달리하는 것임을 또한 이해할 수 있을 것이다.

그러면 이러한 '진'의 역할에, 마찬가지로 지축의 경사가 주는 영향은 무엇일까. 다시 말해 '진'이 정동방正東方에 있지 못하고 남방으로 치우쳐 있는 것이 현실에 어떤 영향을 미치고 있는지 알아보아야 할 것이다. '진'이 그 역할에 '수'의 성질을 더한 것은 원래부터 그런 것이 아니고 남방으로 치우쳐 더욱 거세진 화기운을 조절하기 위해 불가피한 측면이 있는 것이다.

 '진'이 '수토동덕'한 상을 띠는 것은 있을 수 있는 일이지만 만약 '진'이 정동방에 있었더라면 '진'이 제공하는 수기운은 '지식'보다는 '상식'에 가까운 것이 될 것이다. 무슨 뜻인가 하니 '진'이 갖고 있는 '토' 기운에 걸맞게 청소년은 나이가 들어가면서 자연스럽게 이 세상이 돌아가는 이치를 접하게 되고 그에 따라 자신의 행동을 조절해가는 상식을 갖춘 사람으로 커가게 될 것이라는 말이다.

 그러나 지축의 경사로 인해 남방에 가까이 있는 '진'은 그 수기운이 '상식'보다는 '지식'에 치우치게 되어 현실의 교육은 상식을 갖춘 보편적인 인간을 기르기보다는 직업을 갖기 위한 전문지식을 제공하는데 더 치우치고 마는 것이니 이 또한 안타까운 현실이 아닐 수 없다.

{ 네 개의 토 _ 미未 }

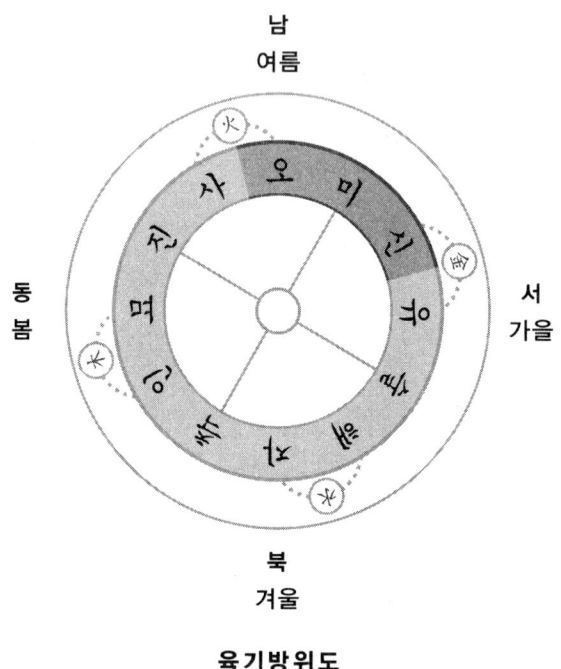

육기방위도

다음은 오미신午未申 과정에서의 미未의 역할이다. '오'는 군화君火라는 명칭 그대로 왕성한 활동을 하는 '화'이고 '신'은 '금'이지만 '상화'로 작용하는 것이니 '미'는 사실상 두개의 '화'에 둘러싸여 협공을 당하고 있는 모습이다. 이것은 소위 무질서가 질서를 위협하고, 때로는 법보다 주먹이 더 가까운 현실을 그대로 반영하고 있는 모습인 것이다. 그러나 아무리 현실이 거칠다고 해도 '미'는 자신의 역할을 다하고야 마는 것이니 '미'는 예사로운 '토'가 아니라 바로 십토十

±이기 때문이다. 만약 여기서 '미'가 제 역할을 다하지 못한다면 양 기운은 그대로 폭발지경에 이르러 생명을 보존할 수 없기 때문이다.

자연계에서 바라보자면 아무리 기후가 불규칙하고 혹한 혹서가 있다 하더라도 결국에 가을은 오고 초목은 결실을 맺고야 마는 것이니 이것은 '미'가 어떤 형태로든 작용하고 있다는 반증이 될 것이다. 그러나 보이지 않는 상을 통해 '미'의 존재를 설명한다는 것은 수긍하는 데 한계가 있는 것이다. 그래서 필자는 비록 서투른 점이 있다 하더라도 인간의 역사를 통해 '미'라는 것이 어떤 역할을 해왔는가를 논해보려 한다. 부족한 점이 있더라도 너그러운 마음으로 보아주기 바란다.

인간의 역사에 있어 '질서'라는 것이 어떤 모습을 띠어왔는지를 생각해보자. '미'라는 것이 동양에서는 서양의 '유일신'과 맞먹는 위상을 지니고 있다고 1권에서 소개한 바 있는데 이 역시도 한꺼번에 설명하게 될 것이다. 초기의 인류를 생각해보자. 우리가 종교학을 통해 알 수 있듯이 그 당시의 인류에게 질서를 부여한 것은 '신'적인 존재였다. 이것을 세련되게 표현해서 '보이지 않는 존재에 대한 외경'이라 하는데 자연이 던져주는 불가사의한 힘을 두려워하여 그것을 일종의 '신앙' 대상으로 삼았던 것이다.

그리고 '신'적인 존재는 보이지 않기 때문에 필연적으로 보이지 않는 신을 인간과 연결시켜주는 존재, 즉 무당 巫堂이 있었던 것이다. 무당을 영어로 샤먼Shaman이라 하고 샤먼을 통해 신과 소통하는 풍습을 샤머니즘이라 한다는 것은 많이 알려져 있다. 그밖에 정령신앙이라 부르는 애니미즘Animism, 특정한 상징을 신앙 대상으로 하는 토테미즘Totemism 등이 있으나 어떤 형태이든 상관없이 이런 '신' 또는

'경외스러운 존재'의 뜻을 전달하는 사람이 곧 질서를 만드는 사람이 되었던 것이다.

이들은 해야 될 일과 해서는 안 되는 일을 구분하고, 또 어떤 일이 벌어졌을 때 그것의 옳고 그름을 판단하는 존재가 되어 '질서'를 만드는 역할을 해왔던 것이다. 또한 역법曆法을 다룰 수 있는 사람도 이와 같은 범주에 들어갈 수 있을 것이다. 만약에 이들이 제시한 '질서' 속에 무언가 보편적이고 타당한 것이 있었다면 그 부족은 살아남았을 것이고 반대로 보편적이지 못했다면 '미토'의 역할이 부족한 셈이 되어 멸망의 길을 걸었을 것이니 이것이 우리가 고대문명의 흔적을 통해 나름대로 '질서'를 갖춘 모습을 발견하게 되는 이치인 것이다. 즉 어떤 형태로든 '미토'의 기운을 지닌 것은 살아남았다는 것이다.

그러나 세상이 점차 발전하고 개명開明되어 가면서 인류 초기의 질서를 부여했던 존재들에서 한계가 드러나기 시작한다. '신'이 문제가 아니라 '신의 뜻을 전달하는 사람들'이 점차 복잡해져가는 상황을 감당할 수가 없었던 것이다.

그러나 인류는 약간의 무질서한 시기를 거쳐 새로운 질서를 찾기에 이르니 그것이 지금으로부터 약 2천 년 전에서 3천 년 전 사이에 탄생한 사대성인四大聖人, 즉 공자, 석가, 소크라테스, 예수에 의해 제시된 유교, 불교, 기독교와 합리적인 철학 등이다(사대성인에 소크라테스 대신 마호멧을 넣기도 하는데 어떤 경우에도 큰 상관은 없다고 본다). 이 시대라고 해서 법法에 의한 질서가 없었던 것은 아니다. 그러나 필자가 말하려는 것은 인간의 생각을 지배하는 진정한 질서, 사회의 유지라는 차원보다는 인간의 삶을 의미 있게 만드는 역할을 하는 '질서'는 바로 이런 성인들에 의해 제시되고 또 존중되었다는 것이다.

공자의 인의예지신仁義禮智信과 대동세계大同世界, 석가의 윤회와 해탈, 소크라테스의 인간 자신에 대한 관심, 예수의 유일신과 구원 등은 진정 당시의 인류에게 한 차원 높은 삶의 질서를 제공해 주었다고 해야 할 것이다. 인류는 이를 바탕으로 문명적으로 한 단계 도약하기에 이르고 그 영향은 지금까지도 미치고 있다.

그러나 지금 이 시대에 있어 종교나 철학의 영향력은 많이 떨어져 있는 상태라고 할 것이다. 초기에는 사람의 목숨을 좌지우지할 정도로 위세를 떨치기도 했지만, 이런 가르침을 벗어나면 정말 큰 일이 나는 줄 알았던 사람들이 갈수록 영악해져서 가르침을 빗대어 사람을 현혹시키기도 하고 돈을 모으는 수단으로 악용하는 사람들마저 생겨나 그 권위가 땅에 떨어지는 수모를 겪기도 하는 것이 요즘의 실상이다.

점차 힘을 잃어가는 질서를 되찾기 위해 인류는 어떤 선택을 했을까. 지금은 잘잘못을 가리거나 행동의 정당성을 따지기 위해 종교를 찾는 사람은 없다. 대신 그들은 시시비비를 가리기 위해 법法의 도움을 구하고 있는 것이다. 개인적으로야 종교의 도움을 더 선호하는 사람도 있겠지만 성직자의 말이 아무런 사회적 구속력을 갖지 않는다는 것을 모르는 사람은 없을 것이다. 그러면 법法이란 또 무엇인가. 법의 의미를 따지는 것은 전공자들이 해야 할 일이고 필자는 상식적인 수준에서 이야기할 따름이지만 그 의미는 '최소한의 질서'라고 해야 할 것이다.

이제는 누구도 세상사의 시시비비에서 '신적인' 또는 '진리적인'

판결을 내릴 수 없기 때문에 가장 많은 사람들이 옳다고 생각하는, 그래서 국민을 대표하는 의회에서 만드는 법을 질서의 기초로 삼았다는 뜻이다. 그러니 과거에 종교가 누리던 권위같은 것을 법에서 찾는다는 것은 무리이다. 다만 그나마도 없으면 사회질서와 인간질서가 완전히 무너져버릴 것이기에 현대사회를 버티고 있는 유일한 지지대 역할을 하고 있는 것이 바로 '법' 인 것이다.

이처럼 '미' 는 어떤 시대, 어떤 사회에서도 존재했고 또 존재하고 있다. '미' 가 작용하지 않았다면 이 사회는 무질서를 감당하지 못하고 붕괴되었을 텐데 온갖 어려움에도 불구하고 인류는 아직 생존을 계속하고 있는 것이다.

만약 '미' 가 정남방正南方에 있었다면 누구도 따를 수밖에 없고 또 진심으로 승복할 수 있는 질서를 만들어 인류와 사회를 자연스럽게 수렴과 결실의 과정으로 인도했을 터이지만 기울어진 지축의 영향으로 서방에 치우친 '미' 는 항상 어딘가 부족한 모습을 띠고 인류에게 나타났던 것이다.

오운 육기에서 이야기하는, 비정상적으로 운행하는 지구와 그에 따라 나타나는 비정상적인 현실에 대해 수긍하지 않는 사람이라도 지금의 현실이 지극히 정상적이고 또 인류의 역사가 이런 과정을 겪는 것이 하등 이상할 것이 없다는 말에는 쉽게 동의하지 않을 것이다.

여하튼 '미토' 는 '화' 에 둘러싸인 어려운 현실 속에서도 방법을 찾아내어 결국 수렴과 통일의 과정으로 인도하는 것이니 아무리 각박한 세상사를 겪어도 인간은 항상 삶의 의미를 찾기 위해 노력하는 모습을 보이는 것이 바로 이러한 '미' 의 상象인 것이다.

{ 네 개의 토_ 술戌 }

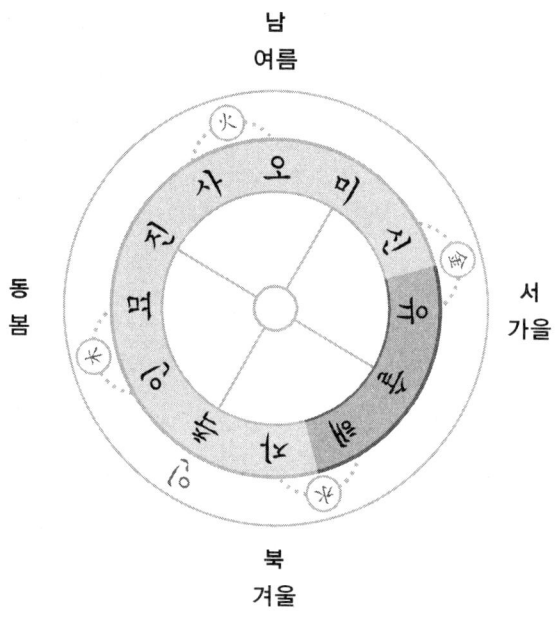

육기방위도

다음은 유술해酉戌亥 과정에서의 술戌의 역할이다. '유'는 강력한 수렴기운을 발휘하는 금기운이고 '해'는 '수' 과정의 첫 단계이다. 과연 '유'와 '해' 사이에는 어떤 일들이 벌어지고 있는 것일까. 금기운이 갖고 있는 두 가지 면에 대해서는 앞서 1권에서도 언급한 바가 있지만 첫째는 수렴을 위해 양기운을 외부에서부터 점차 포위하는 모습을 보이는 것이요, 둘째는 이를 위해 거추장스러워 보이는 것을 과감히 떨어내는 소위 '심판'의 기능이다.

이에 비하여 수기운은 내부에 간직한 양기운을 보호하면서 새로운 순환에 대비하여 수렴에 박차를 가하는 역할을 하고 있는 것이다. 이 두 기운 사이의 결정적인 차이는 결국 양기운, 즉 생명력을 온전히 내부에 간직할 수 있느냐의 차이인 것이다. 금기운은 수렴을 위한 틀을 만드는 것이요, 수기운은 이미 수렴에 성공하여 생명을 보호하는 과정이라 생각하면 될 것이다. 따라서 '술'의 역할도 분명해지는 것이, 여하히 양기운을 결실로 인도할 수 있느냐에 따라 모든 성패가 갈리는 것이다.

어떤 사람이 말년에 이르러 생각하건대 '나는 생전에 변변하게 이룬 것 하나 없이 세월을 헛되이 보냈구나'라고 탄식한다면 이것은 인생 전체에 연관된 일이기는 하지만 결정적으로 '술'의 역할이 부족한 '상'이라 할 것이다. 사람은 항상 '의미'를 찾아 헤맨다. 젊은 사람들의 눈에는 우습게 보이겠지만 사람이란 나이가 들면 표창장 하나, 감사패나 위촉장 하나에도 큰 의미를 부여하는 것이다. 물론 개중에는 헛된 명예에 집착하는 경우도 있다. 그러나 그런 경우라 할지라도 사람이 자신의 존재가치를 평가받고 싶어 하는 마음만큼은 진실인 것이다.

그래서 '술'의 작용은 단순히 '토'의 역할로 끝나는 것이 아니라 '진'에서와 마찬가지로 '수'의 도움을 받으려고 하는 것이니 이것을 '수토합덕 水土合德 한 상'이라 부르는 것이다. 똑같이 수기운의 도움을 받지만 '진'의 경우 교육이란 외부에서 더해지는 모습이기 때문에 병렬한다는 의미로 '동 同' 자를 쓰는 것이요, 인생의 성취란 고승 高僧 이 입적하여 사리 舍利 를 남기듯이 수기운과 하나가 되었다는 의미로

'합合' 자를 쓰는 것이다.

사람이 일생을 통해 자신에게 부여된 공功을 이루려는 모습, 즉 성공成功하려는 것은 인생이라는 농사를 통해 얻을 수 있는 결실을 말하는 것이다. 그 결실은 학문적 업적일 수도 있고, 사업체가 될 수도 있고, 자식이 될 수도 있다. 어떤 형태로든 사람은 결실을 맺어야 하는 것이다.

사람이 우주로부터 명命받은 성性을 발견하고 그 임무를 다하려는 것을 일컬어 성통공완性通功完(성을 깨달아 공을 완수한다)이라고 하거니와 '술'의 역할은 이 '공완'을 다하려는데 있음을 알 수 있다.

마지막으로 '술'에 대해서도 기울어진 지축의 영향을 논하지 않을 수 없는데 '술'은 지축의 경사로 인해 정서방正西方이 아닌 북방에 치우친 방위에 자리 잡고 있다. 이곳은 음지陰地이고 이미 수렴이 많이 진행된 곳이다. 따라서 잘 눈에 띠지 않는 장소인 것이다. 그러다 보니 사람들은 나이든 사람들의 경험과 성취를 별것 아닌 것으로 치부하고 무시하는 것이다.

'술'이 정서방에 있었다면 원만한 수렴과정을 매개하는 것은 물론이고 정동방에 적절한 대화작용을 해줌으로써 젊은이들에게 좋은 본보기가 되었을 터이지만 북방으로 치우친 '술'은 이미 아무도 거들떠보지 않는 늙은이가 되어 버리고 젊은이들은 자신감이 지나쳐 나이든 사람의 충고를 들으려고 하지 않는 모습, 이것이 바로 '술'의 '상'이다.

{ 진술축미辰戌丑未와
인의예지仁義禮智_1 }

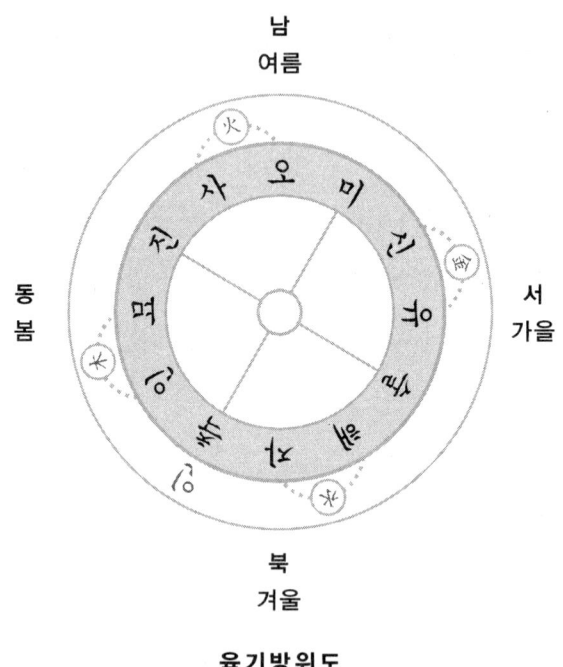

육기방위도

이상으로 진술축미辰戌丑未 네 개의 '토'에 대한 기본적인 역할을 살펴보았다. 그러나 '토'는 이런 현실적인 역할뿐만 아니라 형이상학적인 의미 또한 갖고 있는 것이니 이번에는 그 부분을 살펴보기로 하자.

여러분은 흔히 사단四端이라 부르는 인의예지仁義禮智에 대해 들어보았을 것이다. 이것은 유교에서 인간의 심성을 논하는 중요한 근거가 되는 것이지만 왜 이 네 가지 인간의 심성이 제시되게 되었는지 설명하는 경우는 별로 없다. 성현들이 인간의 심성을 구분하면서 이것저것 고르다보니 이 네 가지가 나오게 되었을까. 아마도 그럴 리는 없을 것이다. 이것은 인위적으로 선택된 것이 아니라 그 자체가 우주 자연의 심성이어서 자연스럽게 개념화된 것이니 바로 네 개의 토와 밀접한 연관을 가지고 있는 것이다.

먼저 인仁을 보자. 우리는 흔히 '인'을 '어질다'는 뜻으로 쓰며 이것이 유교에서 중요한 덕목의 하나라는 것을 잘 알고 있다. 그러면 어질다는 것은 도대체 무슨 의미인가. 이것은 탄생의 마음을 말하는 것이다. 어머니가 자식을 낳을 때, 그 자식이 커서 부모에게 효도할지 아니면 온통 부모의 속만 썩이는 불효막심한 놈이 될지 알지 못한다. 그러나 어머니는 자식을 낳는다. 커서 무엇이 되건 심지어 잘못되는 한이 있어도 끝까지 그 자식을 편들고 보호하려는 것이 바로 모성母性이다.

필자는 어느 영화에선가 불효막심한 자식이 재물에 눈이 어두워 부모를 살해하고 도망가는데 그 순간에서도 자식이 범인이라는 것이 들킬까봐 흉기를 숨기면서 죽어가는 어머니의 모습을 본 적이 있다. 이것이 바로 모성이다. 부모는 자식을 낳을 때, 아무런 이해타산을 따지지 않는다. 그저 낳아주는 것이다. 티끌하나 없는 순백의 마음으로 오직 생명을 낳아주는 것, 이것을 일컬어 '인'이라 하는 것이다. 그리고 이것이 바로 '축토'의 정신이다.

'축'은 승부작용을 벌이는 '자'와 '인寅'을 매개하는 단순한 중매자가 아니라 이런 정신을 갖추고 있는 것이다. 더 정확히 이야기하자면 우주와 대자연이 아무런 조건 없이 모든 생명을 낳아주는 모습을 통해 성현들은 '축'이라는 철학적 개념과 '인'이라는 심성의 '상'을 보았던 것이다.

다음은 예禮에 대한 것이다. '예'는 예절, 예의 등의 뜻을 갖고 있다. 왜 성현들은, 특히 공자孔子는 예를 중요시 했던 것일까. 극기복례克己復禮라 하여 '나를 극복하고 예를 지켜야 한다'는 것은 알겠는데 왜 그토록 예를 중요시 했는지 그 이유를 잘 모르겠는 것이다. 오히려 형식에 치우친 '예'로 인해 유교가 많은 지탄을 받아온 사실만 떠오를 뿐이다. 과연 '예'란 무엇일까.

'예'란 자신의 마음을 표현하는 방법이다. 사람의 마음은 결국 행

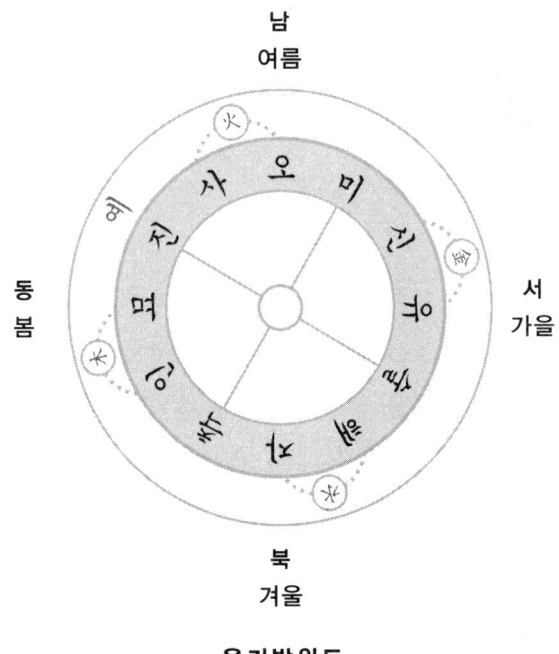

육기방위도

동으로 나타난다. 우리는 나타난 행동을 통해 그 사람의 마음을 짐작하는 것이다. 사람들이 하늘天의 은혜에 대해 감사하게 생각하고, 조상의 음덕陰德에 대해 보답하는 마음을 표현하자면 그에 따른 법도가 필요하게 되고 이것이 우리가 알고 있는 유교적 예의로 나타난 것이다. 중요한 것은 마음이고 정성이지 형식이 아님에도 세월이 흐름에 따라 '예'에 담긴 의미는 사라지고 형식만 남게 된 것이다.

그러면 왜 '예'가 필요한가. '예'란 결국 소통疏通의 문제이다. 자신의 마음을 아무런 보탬이나 모자람 없이 표현하려는 생각이 '예'를 낳은 것이다. 자신의 뜻이 정확히 남에게 전달되려면, 임금의 뜻이 있는 그대로 백성들에게 알려지려면 '예'가 필요하다고 본 것이다. 동양에서는 대의명분大義名分을 중요시한다. 어떤 일도 대의명분을 잃으면, 다시 말해 정당성을 잃으면 지지를 얻지 못한다. 이것을 큰 의미에서 '예'를 상실했다고 본 것이다.

공자는 춘추시대의 어지러운 천하를 보면서 이것을 해결할 유일한 해결책은 주나라가 세워진 초심初心, 즉 '예'가 흐트러지지 않았던 당시로 돌아가야 한다고 설파하고 다녔던 것이다. 그러나 우리가 알다시피 공자의 유세는 실패로 돌아가고 만다.

여하튼 '예'란 형식이 아니라 상식常識을 말하는 것이다. 서로가 보편적으로, 상식적으로 통할 수 있는 방법, 그것을 '예'라 불렀던 것이다. 이것은 바로 '진토' 중에서도 수토동덕한 상과 정확히 일치하는 것이다. 앞서 '진'이 정동방에 온다면 '진'이 동반하는 '수'는 지식이 아니라 상식이 된다는 설명을 했던 것처럼, '화'가 정상적으로 확산되려면, 젊은이가 자신의 이상을 마음껏 펼치려면 '예'를 갖추고 있어야 한다고 본 것이다. 이런 이치로 본다면 '예'는 현대적인 의미로 상식을 지닌 사회체제, 즉 사회적 시스템이라 할 수 있다.

　나무가 양분을 원활하게 공급할 수 있는 튼튼한 기둥을 갖추고 있어야 꽃과 잎이 무성하게 될 것이요, 사회가 각 구성원 사이에 막힘없는 소통을 제공하려면 탄탄한 사회 체제와 더불어 적절한 '예의'가 갖추어져야 하는 것이다. 서로의 소통이 원활하게 이루어진다면 그것은 상식을 갖춘 예가 작동하는 것이요, 소통이 잘 이루어지지 않는다면 그때는 비상식적인 술수術數가 난무하게 되는 것이니 이 역시도 상식과 지식으로 갈리는 '진'의 작용 과정과 일치하는 것이다.

{ 진술축미辰戌丑未와
인의예지仁義禮智 _ 2 }

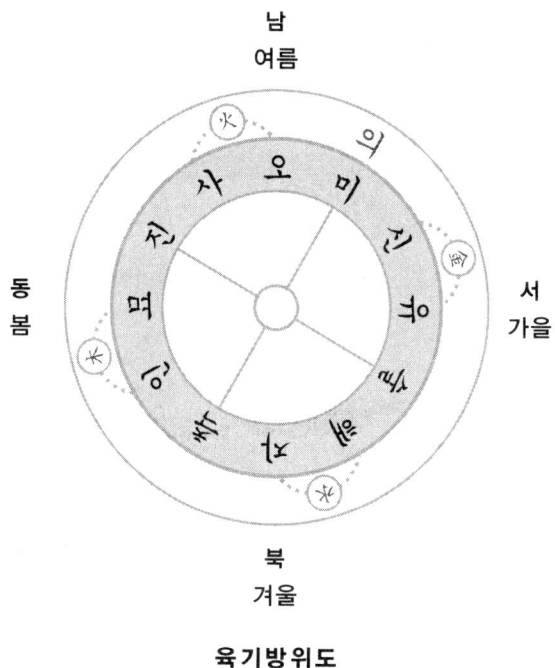

육기방위도

다음은 의義에 관한 것이다. '의'는 '정의'나 '의리'의 뜻을 갖고 있다. 옳은 것을 바로 세우려는 것이 바로 '의'인 것이다. 그러나 여기에도 단순히 '정의롭다'는 뜻으로만 해석할 수 없는 의미가 담겨있다. 앞서 1권의 머리말에서 서양의 '정의'와 동양의 '의리'가 다른 점을 언급한 바 있거니와 여기에는 선과 악의 개념을 넘어서는 의미가 담겨있는 것이다.

가을에 찬바람이 불어오면 여름에 무성했던 꽃과 잎은 남김없이 떨어져 길에 뒹굴게 된다. 이 과정에서 무엇이 옳고 무엇이 그른 것인가. 초목이 낙엽을 떨어뜨리는 것은 오직 열매를 맺기 위함이다. 열매에 모든 힘을 집중하고는 잎에 영양분을 더 이상 공급해주지 않기 때문에 잎사귀는 말라버리는 것이다. 이것은 좋게 말하면 새로운 생명을 낳기 위해 거추장스러운 것을 모두 떨어뜨려버리는 작용이다. 부모가 자식을 위해 자신의 것을 희생하는 마음이다.

그런데 왜 이런 과정을 '의' 라 부르는 것일까. 여기에는 '화' 의 과정에서 펼쳐지는 많은 것이 '허상' 이라는 의미가 담겨있다. 분열의 극에서 마주치는 허虛의 상은, 그 무無를 발판으로 '미' 가 작용하는 것이기 때문에 '미' 는 그 속에서 온전한 생명을 가려내는 작용을 해야만 하는 것이다. 다시 말해 '의' 는 옳고 그름을 가린다는 의미보다는 가치있는 것과 가치없는 것을 가린다는 의미가 더 큰 것이다.

대부분의 경우 정의롭다는 것은 죄인을 심판하고 선한 사람을 보호한다는 의미에서, 옳고 그름과 가치가 있고 없고 하는 것은 같은 의미를 갖는다. 그러나 이 둘이 꼭 일치하지만은 않는 것이니 대표적인 것이 바로 전쟁이다. 전쟁이 벌어지면 그 혼란의 와중에서 하나하나의 옳고 그름을 따진다는 것은 사실상 불가능하다. 전체적인 명분만이 남는 것이다.

전쟁에서 이기려면 병사들에게 끊임없이 전쟁의 정당성을 일깨워주어야 한다. 압도적인 무기나 병사를 갖고 있더라도 반드시 승리한다고 보장하지 못하는 것은 이런 까닭이다. 결국 '의' 라는 것은 약간 이기적인 면도 갖고 있다는 뜻이고 주관적으로 판단한다는 뜻도 있는 것이다.

　설명이 어려워졌지만 사실 복잡할 것은 없다. 우리는 우리가 갖고 있던 관념적인 '의'에 대한 생각을 잠시 접고 자연이 보여주는 실상을 깊이 있게 생각해보아야 한다. 가을에 초목이 낙엽을 떨어뜨려버리는 것, 떨어지는 나뭇잎에서 더 이상 착함도 악함도 찾아보기 어렵다는 것, 그리고 우리의 삶에서 선악을 떠나 자신의 생명력을 유지하기 위해 이기적이고 주관적인 잣대로 판단하기도 한다는 것, 최종적으로 역사란 결국 승리한 자의 입장에서 합리화 되는 것 아니냐는 지적이 있다는 것, 이런 것들이 '의'의 미묘한 차이를 잘 보여주는 예라 할 것이다.

　은나라의 마지막 임금 걸왕이 폭정을 행하자 주나라 무왕은 대의명분을 내걸고 혁명을 일으켜 주나라를 열었다. 그러는 와중에 백이와 숙제伯夷 叔齊는 신하로서 임금을 해하는 것은 옳지 않다며 반대하고 마침내 주나라의 모든 것을 거부한 채 수양산에 들어가 고사리를 캐 먹다가 굶어죽고 말았다.

　사기史記를 쓴 사마천도 이 대목을 놓고 '하늘의 도가 과연 옳은 것이냐 그른 것이냐所謂天道 是耶非耶'라고 혼란스러워 했지만, 지금 같은 질문이 던져진다면 누구도 '신하가 임금을 해할 수 없다'는 명분에 얽매어 폭정을 방관하는 일은 없을 것이다. 이와 같이 경직된 시비是非의 판단이나 선악의 구분 보다는 생명의 보존이라는 면을 중시한다는 점에서 일면 융통성이 있다고도 볼 수 있고, 일면 추상과도 같은 냉정함을 갖고 있는 것이 바로 '의'이며 이것이 '미토'가 띠는 마음인 것이다.

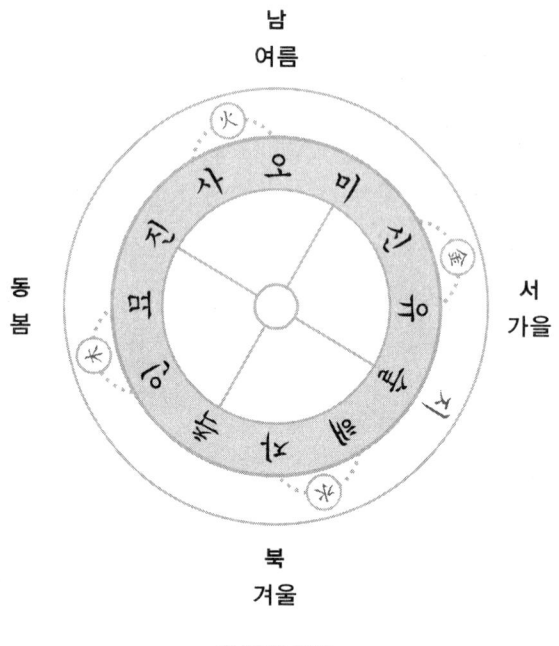

육기방위도

마지막으로 지 智에 대하여 알아보자. 이것은 '안다'는 의미의 지 知와는 다른 것이다. 안다는 것은 철학적으로 소위 인식 認識 작용을 말하는 것이고 지 智는 인식 작용을 통해 얻어진 '앎'을 말하는 것이다. 경험을 통해 알았건 공부를 통해 알았건 사람은 '앎'을 바탕으로 행동한다. 다시 말해 안만큼 행동할 수 있는 것이다. 이것은 우연히 그렇게 된 것이 아니다. 사람의 앎은 곧 그 사람의 인생행보와 밀접하게 연관된 것이며 적극적으로 표현하자면 자신의 인생을 투자해서 그 대가로 얻게 된 것이다. 또한 앎이 앎으로 그쳐서도 안 된다. 알고는 있되 써먹지 못하는 것은 의미가 없는 것이다.

육기의 순환을 통해 수렴된 생명력은 다시 새로운 탄생을 향해 나아갈 때만이 그 의미가 있는 것이다. '술戌'이 아무리 노력해서 생명력을 담아내면 뭐하는가. 그 생명이 다시 쓰일 수 없다면 그것은 지금까지의 고생을 다 의미 없는 것으로 만들고 마는 것이다. 지智란 이런 의미에서 '술'의 작용이고 그 마음인 것이다. 인간이 갖추고 있는 마음속에는 바로 이런 과정을 통해 얻어진 '지'라는 것이 있는 것이다. 우리가 잘 알고 있다시피 인간이 다른 동물과 구분되는 것은 이렇게 경험과 학습을 통해 얻은 '지'를 새로운 순환을 통해 다시 내어 쓸 수 있기 때문인 것이다.

또한 '지'라는 것이 '인'이나 '의'처럼 정신적인 면만을 말하는 것이 아니라 비록 보이지 않더라도 '예'처럼 어떤 실체를 갖고 있다는 점에서 이것은 '술'이 갖고 있는 '수토합덕'의 상象과도 정확히 일치하는 것이다.

이상으로 인의예지, 사단四端이 '진술축미의 작용'이라는 철학적 바탕을 가지고 나오게 된 개념임을 살펴보았다. 이것은 인위적으로 뽑아낸 덕목이 아니라 자연의 운행 속에서, 그것을 본받고자 하는 인간이 닮아야할 우주와 대자연의 '마음'이었던 것이다. 이것을 함부로 '자연철학'이라고 불러서도 안 될 것이다. 이것은 자연의 운행을 세밀히 관찰하고 또 그 같은 속성이 인간의 마음속에도 똑같이 존재하고 있음을 본 성현들의 노력의 결과인 것이다.

우리가 관념적으로 정립해놓은 선악과 같은 개념들이 항상 일정하게 들어맞지 않아서 가치관에 혼란을 주는 경우가 얼마든지 있는 것과 비교해볼 때, 인의예지가 훨씬 우리의 현실에 정확하게 들어맞는다는 것을 예사롭게 보아 넘겨서는 안 될 것이다.

한 가지 더 노파심에서 부연하자면 필자의 해석이 어디서도 들어 본 바가 없는, 소위 적당히 '갖다 붙인' 해석이 아니냐는 의심을 품 을 독자들을 위해 약간의 설명을 덧붙이고자 한다. 인의예지나 진술 축미 모두 방위를 기본으로 하는 개념이다. 봄 여름 가을 겨울이라 해도 좋고 동서남북으로 불러도 상관없이 일정한 원칙을 지니고 있 는 것이다.

'인'과 '축'은 동방의 마음을 표현하고(축은 정확히 말하자면 동방 을 여는 마음이라고 해야 할 것이고 나머지도 마찬가지다), '예'와 '진'은 남방의 마음을 표현하고, '의'와 '미'는 서방, '지'와 '술'은 북방의 마음인 것이다. 만약 유학자들도 인의예지를 동서남북에 연 관지어 해석하고 있다면 이것은 서로 같은 뜻을 가지고 있었다는 반 증인 것이다.

여러분은 서울 남대문의 본래 명칭이 숭례문崇禮門이고 동대문은 흥인지문興仁之門이라 부른다는 것을 잘 알고 있을 것이다. 그리고 서대문은 돈의문敦義門, 북대문은 홍지문弘智門이라 불렀던 것이니 이것은 인의예지를 방위에 맞추어 생각했다는 것을 명백히 보여주고 있는 예라 할 것이다.

{ 삼원三元운동과 오원五元운동 }

　이상으로 진술축미 네 개의 토를 통해 토화작용의 현실적인 모습과 그 철학적인 의미에 대해 알아보았다. '토'는 모순을 간직하고 있는 현실을 매개하여 각 방위마다 상생이 일어날 수 있도록 돕는 존재이다. 마찬가지로 우리도 마주치는 현실 속에서 무엇이 부족한지 생각해 볼 수 있고 나아가 그 해결책을 모색할 수 있는 철학적인 바탕을 갖게 된 것이다.

　특히 '축미'와 '진술'의 차이점을 생각해보면 많은 것을 얻을 수 있다. '축미'는 탄생과 수렴을 매개하는 '토중의 토'이지만 우리는 종종 그 같은 이치를 망각한 채 '너무도 당연한 것'으로 생각하여 그 의미를 놓치는 경우가 많은 것이다. 우리가 존경해마지 않는 많은 사람들이 인생의 전환기에서 자신의 가치관을 놓고 수많은 번민과 고뇌를 통해 자신의 길을 정하였다는 사실을 놓고 볼 때 '축미' 특히 '미토'의 중요성은 말할 나위도 없다.

　반면 '진술'은 분명 '축미'의 역할을 보조하는 '토'이고 그나마 '수'의 도움을 통해 제 역할을 다하는 것임에도 우리는 '교육'이나 '성공'에 현혹되어 그것만이 전부인양 관심을 기울이는 것이니 이것은 분명 생각해보아야 할 문제이다.

　또 하나 진술축미를 설명하면서 기울어진 지축의 영향으로 '토'가 온전히 제 역할을 다하지 못하고 있음을 지적하였던 것이니 만약 지축이 기울지 않았다면 '토'가 어떤 역할을 하는 것인지 설명하여야 할 필요성이 있는 것이다.

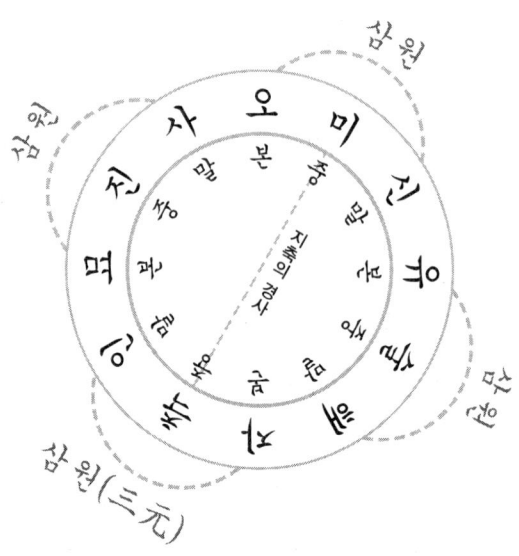

토화작용의 삼원운동

　자축인 子丑寅, 묘진사 卯辰巳, 오미신 午未申, 유술해 酉戌亥로 본중말 운동을 하는 육기의 순환은 3개의 지지 地支가 모여 하나의 방위를 구성하고 있으므로 이것을 삼원 三元 운동이라고 한다. 이것은 자오묘유 子午卯酉가 사정위 四正位에 있다는 것을 전제로 하는 것으로 기울어진 지축의 영향으로 '토'가 제 역할을 다하지 못하는 것을 의미하는 것이다.

　이 경우, '축'은 동방으로 치우쳐 양기운을 많이 받는 관계로 탄생을 매개하는데 큰 힘을 들이지 않고 역할을 다할 수 있었으나 이어지는 '진'은 남방으로 치우쳐 설익은 '수토합덕'을 할 수 밖에 없으므로 '배움'은 '건전한 상식'을 갖추기 보다는 수단으로의 '지식'을 습득하는데 치우치고 말았던 것이다.

또한 서방에 치우친 '미'는 불완전한 중재 작용으로 인해 수렴을 하기는 하지만 항상 논란과 시비의 여지를 남기곤 했던 것이다. '술' 역시 북방에 치우쳐 가까스로 수렴해낸 생명력을 제대로 활용하지 못한 채 어두운 곳에 묻히고 만 것이다. 이것은 관념이 아니라 우리가 일상에서 흔히 접할 수 있는 현실이다.

비정상적인 현실이 안타깝기는 하지만 이것이 인간에게 주어진 시련이라면 우리는 좌절할 것이 아니라 그 속에서 어떤 의미를 찾아야만 한다. 적어도 비정상적인 토화작용은 현실을 더욱 깊이 있게 바라볼 수 있는 계기를 주고 있는 것이다. 무엇이 잘못되었는지 무엇을 바로잡아야 하는지 고뇌하는 과정에서 인간은 한 차원 성숙하게 되는 것이다.

만약 지축이 기울어지지 않았다면 토화작용은 어떻게 될까. 지축이 기울어지지 않고 바로 선다는 것은 결국 진술축미가 사정위가 된다는 뜻이다. '축'과 '미'가 각기 정북과 정남이 되고 '진술'은 정동과 정서가 되어 자리 잡게 된다. 이 경우, 지구에 투사되는 오운은 각기 정위치에 뿌려지게 되어 상화가 사라지고 각 오행기운이 정상적으로 순환하게 되는 것이다.

'축'을 중심으로 보았을 때, '해'와 '자'가 각기 음수陰水와 양수陽水로 축의 본本이 되고 '인'과 '묘'가 각기 양목陽木과 음목陰木이 되어 축의 말末을 이룸으로써 본중말 작용에도 음양의 균형이 갖추어진 복수의 본중말 작용을 하게 되는 것이니 이것을 일컬어 지지地支 다섯이 모여 이루는 오원五元 운동이라 한다. '미'를 중심으로 보면

토화작용의 오원운동

'사'와 '오'가 각기 음화, 양화가 되어 '본'이 되고 '신'과 '유'가 양금, 음금이 되어 '말'을 이루는 오원운동이 이루어진다. '진'과 '술'은 '축미'를 보좌하여 수토동덕과 수토합덕의 역할만을 다하는 본래의 모습을 갖게 되는 것이다.

이로써 '축'은 적절하고도 신중한 탄생의 매개자가 되고, '미'는 통일과 수렴의 역할에 만전을 다하게 되어 명실상부한 '지도자'의 역할을 다하게 되며, '진'은 수토동덕한 상 그대로 상식을 가르칠 수 있을 것이고, '술'은 수토합덕한 상 그대로 결실을 맺고 새로운 생명을 품을 수 있을 것이다. 다시 말해 젊은이는 나이든 사람을 본받고 나이든 사람은 젊은이에게 자신의 지혜를 가르칠 수 있을 것이다.

과연 이러한 오원운동은 일어날 수 있는 것일까. 기울어진 지축이 바로 서는 꿈같은 일이 일어날 수 있을 것인가. 아직은 함부로 이야기할 단계가 아니므로 일단 조금 더 인내심을 갖고 읽어주기를 바란다. 다만 무언가 이치가 있기 때문에 성현들도 오원운동에 대한 설명을 한 것이라 생각하면 될 것이고 그래서 필자도 '우주가 어떤 의도를 갖고 있지는 않을까' 하는 의문을 던진 것이다.

2_ 인신상화 寅申相火

{ 인신상화란 무엇인가 }

인신상화란 동양학에서도 가장 난해한 개념 중의 하나이다. 앞서도 수차 언급했듯이 지축이 기울었기 때문에 원래는 없던 개념이 하나 더 생겨났다는 말도 이해하기 어렵거니와 그 작용이란 것이, 방위적으로 서방에서 금기운으로 작용하던 신申이 느닷없이 '화'로 모습을 바꾼다는 것이므로 더욱 감을 잡을 수 없게 만들기 때문이다.

그러나 뒤집어 말한다면 인신상화를 통해 우리는 우리가 현실에서 부딪치는 많은 현상들이 왜 그런 모순적인 모습으로 나타나는지 이해할 수 있는 것이다. 과연 인신상화란 무엇이고 이것이 어떤 작용을 하는지 구체적으로 살펴보기로 하자.

먼저 인신상화의 성립과정부터 살펴보자. 인신상화는 기울어진 지축의 영향으로 발생한 것이다. 지축이 똑바로 서 있다면 지구는 태양빛을 항상 같은 위치에서 받게 된다. 즉 태양에서 가장 먼 북극과 남극은 항상 태양빛을 적게 받고, 적도는 반대로 태양에서 가장 가까우므로 항상 많은 태양빛을 받게 되는 것이다. 그 밖의 지역 또한 항상 일정한 위치에서 태양빛을 받으므로 어느 지역은 항상 봄이고, 어느 지역은 항상 여름 또는 겨울이 되는 것이다.

사계절의 변화도 거의 나타나지 않는다. 물론 그렇다고 초목이 탄생하고 죽어가는 일 년이라는 주기가 사라지지는 않겠지만 지금과 같이 뚜렷한 사계절과 같은 변화는 기대할 수가 없는 것이다. 바람의 변화 즉 기후도 마찬가지다. 바람이란 따뜻한 곳에서 찬 곳으로, 고기압에서 저기압으로 부는 것이다. 그런데 항상 기온이 일정하다 보니 바람 역시 일정한 방향으로만 불게 되고 따라서 기후변화가 항상 일정하게 될 수밖에 없는 것이다. 이런 경우 상화相火가 발생할 이유가 없다. 이런 식의 육기변화를 일컬어 '진술축미'가 사정위四正位에 자리한 상황이라 하는 것이다.

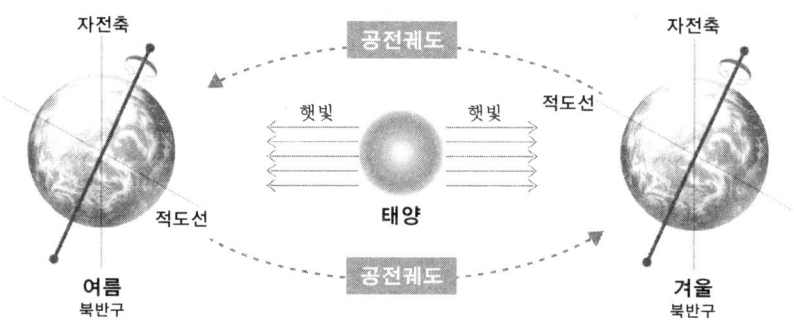

기울어진 지축과 기후의 변화

그러나 현실의 지구는 그렇지 않다. 지구는 기울어진 지축과 더불어 타원궤도로 태양을 돌고 있기 때문에 지구가 태양과 가까이 있을 때에는 남반구가 태양빛을 더 많이 받아 여름이 되고, 지구가 태양과 멀어졌을 때에는 북반구가 태양빛을 더 많이 받아 여름이 되는 것이다. 다 아는 사실이지만 타원궤도일 때 태양에 근접하면 지구의 공전

속도가 빨라지고 멀어지면 느려져서 결과적으로 받는 태양빛은 거의 같으므로 태양에 가깝고 멀고 하는 것이 계절을 만드는 것은 아니다.

여하튼 이로 인해 지구에는 온갖 기후 변화가 발생한다. 어느 때는 이쪽이 덥다가 어느 때는 저쪽이 더운 식이어서 이로 인해 바람의 방향이 항상 바뀌기 때문에 이러한 영향이 쌓이고 쌓여 불규칙한 변화가 일어나는 것이다. 어느 해는 무척 더운 여름과 무척 추운 겨울이 오기도 하고 어느 해는 덥지 않은 여름과 춥지 않은 겨울이 오기도 하는 것이다.

또한 태풍과 같은 이상기후가 불규칙하게 발생해 자연재해를 만들기도 하고 홍수나 가뭄 등도 이러한 영향에 해당한다. 한마디로 불규칙한 변화가 쌓여 더욱 예측 불가능한 변화를 만드는 것이다. 이것을 육기에서는 '자오묘유'가 사정위에 자리한 상황이라 하는 것이고 이 상황이 바로 '상화'를 만드는 것이다.

그런데 문제는 눈에 보이는 기후가 이런 변화를 겪는 것이 그저 기후만의 영향으로 그치고 마는 것이냐 하는 점이다. 상식적으로 생각해봐도 우리는 기후의 변화에 많은 영향을 받곤 한다. 쉽게 말해 화창한 날씨가 되면 마음도 상쾌해지고 비오는 궂은 날씨가 계속되면 마음도 우울해지곤 하는 것이다. 딱히 과학적인 설명은 어려워도 불규칙한 날씨가 인간에게 어떤 영향을 미친다는 것이 전혀 불가능한 상황만은 아니라는 것이다. 그것도 수천 년 수만 년 동안 인간에게 영향을 미쳐왔다면 아직 우리가 모를 뿐이지 충분히 가능성이 있는 일일 수가 있다. '상화'는 바로 이러한 영향을 철학적으로 해석해보려는 시도인 것이다.

{ '금'에서 '화'로 변하는 신(申) }

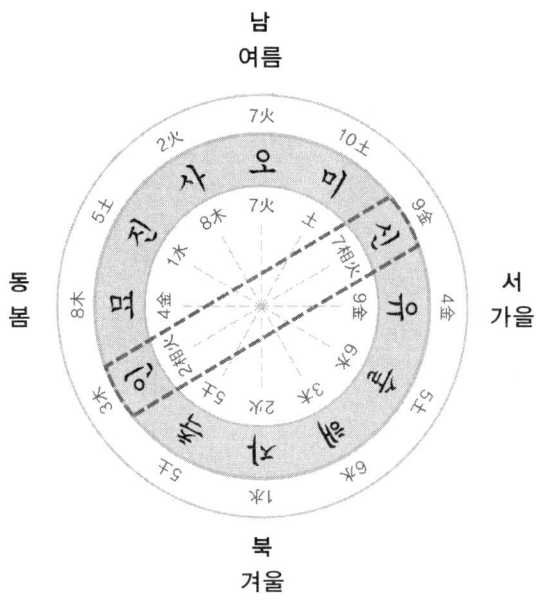

육기변화도

다시 육기변화도를 살펴보자. 동양학은 위에서 설명한 지구 기후의 변화를 우주의 삼양이음 → 타원을 그리는 공전궤도 → 지축의 경사라는 과정을 통해 설명하고 있다. 결과적으로 이것은 양기운이 음기운보다 많아서 생긴 변화라는 것이다. 그 말을 입증이라도 하듯 현실에서 대부분의 수컷은 암컷보다 힘이 세거나 주된 역할을 하고 있다. 남자가 여자보다 우월하다는 이야기를 하고 싶지는 않지만 현실적으로 남녀의 차이가 있는 것은 어쩔 수가 없는 것이다.

여하튼 이러한 영향으로 인해 동방과 남방에서 벌어지는 변화는 한마디로 양기운이 우세한 양상을 띤다. 인간의 경우, 인구가 증가하거나 발전과 성장위주의 역사가 펼쳐진다고 보는 것이다. 그러나 보니 과하게 발생한 양기운을 수렴하는데 많은 어려움이 따른다. 낳기는 했지만 다 먹여 살리기가 어렵고, 발전은 했지만 그것이 궁극적으로 행복과 만족을 가져다주지는 못하는 현실이 발생한다는 것이다.

이런 이유로 수렴이 덜된 양기운 즉 '화'는 '미토'가 작용한 이후에도 그 영향을 발휘하여 '금'의 자리에 있는 '신'을 새로운 '화', 근거가 없는 '화'로 만들어 버리는 것이니 이것이 바로 '상화'이다. 그래서 '상화'를 무근지화無根之火, 즉 '뿌리가 없는 화'라고 부른다.

그러면 이렇게 '금'에서 '화'로 변화 '신'은 어떤 역할을 하는 것일까. 일단 울며 겨자 먹기로 불벼락을 맞은 '신'은 '금' 특유의 속성을 발휘하여 자신을 달군다. 즉 상화란 원래의 불이 아니라 쇠가 벌겋게 달구어져 내는 불기운인 것이다. 이런 식으로 화기운을 소모시키면 그 양기운, 즉 에너지가 언젠가는 다하게 되는 것이므로 이때 기다리고 있던 유酉가 초 강력한 '금기운'으로 식혀버리는 것이다. '급히 달군 쇠가 쉬 식는다'는 속담처럼 순식간에 달구어진 '신'은 어느 정도 시간이 지나면 '유'의 작용으로 인해 김빠지듯 식고 마는 것이다.

결국 '상화'란 과하게 주어진 양기운으로 인해 발생하고, '미토'의 중재마저 거부하며 '화' 기운을 발휘하다, '금'인 '신'마저 벌겋게 달구어 놓고는 제풀에 지쳐 '유'에 이르러 급격히 식고 마는 것이다.

동양학에서 이야기하는 '인신상화'와 앞서 이야기한 불규칙한 기후가 인간에게 미치는 영향, 이 둘은 결국 같은 것일까. 하나는 눈에 보이는 현상이고, 또 하나는 그것을 철학적으로 분석한 내용이다. 이 둘이 같은 내용을 말하는 것인지 가리기 위해서 우리는 상화가 인간에게 미치는 영향을 들여다보아야 하는 것이다.

{ 인신상화가 인간에게 미치는 영향 }

여러분은 화가 나면 어떻게 하는가. 직장에서 또는 사람과의 관계에서 스트레스를 받으면 어떻게 대처하는가. 그저 참으면 되는가. 그저 속으로 삭이면 모든 것이 해결되는가. 아니면 그 누가 말한 대로 화 안내고 스트레스 안 받는 생활을 하면 되는가. 그런 생활이 가능하기는 한 것인가. 도대체 화는 왜 나고, 스트레스는 왜 받는 것일까.

물론 개개인으로 따져보면 화나는 이유, 스트레스 받는 이유는 제각각이다. 수많은 경우가 존재할 것이다. 그러나 모든 것을 과정의 변화로 바라보는 동양학의 시각으로 바라보면 해답을 찾을 수 있다.

사람은 하루를 단위로 살아간다. 아침에 일어나 밝은 희망을 안고 일터로 학교로 향한다. 그리고 낮 동안 열심히 일하고 공부하고 저녁이 되면 집으로 돌아와 휴식을 취한다. 그리고는 다시 내일을 준비하기 위해 잠을 청하는 것이다. 가장 바람직한 하루의 일과라 할 것이다.

그러나 대부분의 경우 이런 바람직한 하루를 겪는 사람은 드물다. 그날의 일이 그날로 끝나는 경우란 희망사항일 뿐, 대다수가 미진한 마무리로 인해 마음의 부담을 안게 된다.

하루를 단위로 일을 시작하고 왕성하게 활동하고 결과를 맺고 마무리를 한다는 것은 '진술축미'가 '사정위'에 자리 잡은 것과 마찬가지의 경우라 할 것이다. 가장 이상적인 변화이다. 그러나 우리는 그런 변화를 경험하기 힘들다.

의욕적으로 하루를 시작했지만 생각지도 못했던 일들이 벌어져 일이 꼬이고, 서둘러 결과를 내보려 하지만 그조차도 마음대로 되지 않고 직장이라면 성과를 내라는 상사의 압력에 스트레스 받고, 학교라면 성적을 올리라는 선생님, 부모님의 성화에 항상 마음이 무거운 것이다. 이런 모습을 양기운이 우세한 상황이라고 보면 어떨까.

항상 전보다 나은 실적을 내라하고 전보다 나은 성적을 받으라 하는 것이 잘못된 요구라고 할 수는 없겠지만 이것을 성장위주의, 발전위주의 사고에서 나온 것이라 생각한다면 분명 양기운이 주도적으로 작용하는 상황이다. 이것이 싫다면 어디 한적한 시골이라도 가서 살아야겠지만 그게 어디 마음대로 될 수 있는 상황인가.

화라는 것은 주변의 상황이 자기 마음에 차지 않을 때 나는 것이다. 마음먹은 대로 의도하는 대로 되지 않을 때, 화가 치미는 것이다. 의도가 정당하건 정당하지 않건 그것은 중요하지 않다. 자신의 뜻이, 자신의 마음이 남에게 받아들여지지 않을 때, 사람은 화가 나는 것이다. 의욕이 지나친 것이건, 주변에서 받아들이는 사람의 포용력이 부족한 것이건 결과는 마찬가지다. 동남방의 '화기운'이 센 것이냐, 수렴하는 '미토'의 역할이 부족한 것이냐는 결국 같은 이야기이기 때문이다.

결국 화나 스트레스는 모두 태과太過한 양기운의 작용이다. 이 양기운이 수렴되지 못하여 발생하는 현상인 것이다. 정상적이라면 이것은 '미토'의 등장과 더불어 해소돼야 하지만 현실은 그렇지 못하다. 그러면 풀리지 않는 화, 해소되지 못하는 스트레스는 어떻게 될까.

현대 사회의 중요한 특징 중의 하나가 연예산업의 발달이다. 영화, TV 등 다양한 매체를 통해 사람들에게 즐거움을 주고 삶의 활력을 불어넣는 역할을 톡톡히 하는 곳이 이런 분야이다. 또한 프로 스포츠라는 분야도 있다. 이밖에도 다양한 분야에서 사람들은 즐거움을 찾고 일과 공부에 지친 마음의 휴식을 취한다.

각기 분야도 다르고 성격도 다르지만 이들이 갖는 하나의 공통점이 있으니 그것은 바로 화나고 스트레스 받은 마음을 달래준다는 것이다. 그러나 이들의 더 큰 속성은 딴 데 있으니 그것은 이들이 없다고 해서 인간의 생존에 직접적인 영향을 미치지는 않는다는 것이다. 물론 '나는 영화나 드라마 없으면 못산다', '나는 축구나 야구보는 재미로 산다' 는 사람도 있고 개중에는 이들이 없어지면 정말 죽음을 택하는(?) 사람도 있을 수 있겠지만 대다수의 사람은 오락거리가 없어진다고 당장 죽음을 택하지는 않을 것이다.

자, 이제 감이 오는가. 이들이 바로 '상화' 이다. '미토' 의 중재를 넘어서 '신' 에 까지 영향력을 행사하는 '화' 는 '뿌리가 없는 화' 이다. 그저 쇠를 달구는 것이다. 일종의 의미 없는 행동이다. 그리고는 제풀에 지쳐 수그러드는 것이다. 사람들은 넘치는 화와 스트레스를 현실과는 상관없는 오락을 통해 분출하곤 하는 것이다.

영화나 TV나 스포츠를 보면서 울고 웃고 소리 지르고 흥분하면서 가슴속의 '화기운' 을 분출해 내는 것이다. 그러고 나면 확실히 속이 시원한 것 같고 마음이 진정되면서 쉴 수 있게 되는 것이다. 술을 마시거나 담배를 피우고 노래를 부르는 것, 예전에는 주색잡기 酒色雜技 라고 불리기도 했던 모든 행동은 모두 일종의 '상화' 이다.

심지어 소설, 음악, 미술 같은 분야조차도 예술로서 이들 분야를 대하는 분들에게는 죄송스런 이야기지만 '상화' 로 볼 수도 있다. 예술작품을 통해 얻는 마음의 평안을 카타르시스catharsis, 즉 정화淨化라고 하는데 마음이 정상적인 변화를 겪는다면 정화할 대상이 왜 생기겠는가. 이 역시도 과도한 '화기운' 을 잠재우려는 '상화' 의 작용인 것이다. 물론 이것은 예술을 감상하는 사람들의 관점에서 하는 이야기이지 창작 활동을 하는 사람들에게는 전혀 다른 의미가 될 것이다.

우주와 대자연이 아무리 태과한 양기운으로 인해 어려움을 겪는다 해도 마침내 수렴과 통일을 이루어내고 마는 것처럼, 인간이라는 생명체는 자신의 균형을 잡기 위해 이 같은 방법을 동원하여서라도 수렴을 하고 마는 것이다.

지구의 기후변화도 결국 마찬가지이다. 여름의 무더위, 겨울의 한파, 태풍이나 가뭄, 홍수 등도 모두 과도하게 뭉친 기운 즉 에너지가 일시에 해소되면서 발생하는 현상이다. 그렇게라도 뭉친 기운을 풀어버려야 지구도 살 수가 있는 것이다. 그러니 이것도 분명 '상화' 이다.

결국 '상화' 는 모순적인 상황의 산물이긴 하지만 그것이 꼭 부정적인 의미만을 갖는 것은 아니다. 오히려 '위기상황에서의 비상수단' 으로서 '미토' 를 도와 수렴을 완수하는 중차대한 역할을 하고 있는 것이니 '상화' 의 상相자가 '신하' 라는 뜻으로 쓰인 것이 바로 이런 까닭이다.

이 부분을 정확히 이해하지 못하면 결국 사람을, 자연을, 우주를 이해할 수 없는 것이다. 사람들이 오락 거리에 집착한다고 죄악시 하거나 타락했다고 보는 것은 인간에 대한 이해가 부족한 것이다. 물론 잘못된 경우도 많다. 도박이나 각종 중독 증세는 또 다른 부작용이라 할 것이다. 그러나 이것은 소수의 경우이고 대다수의 사람은 적절히 이런 오락 거리 즉 '상화'를 통해 삶의 균형을 찾고 있는 것이다. '상화'는 모르는 사이에 우리 삶의 많은 부분을 차지하고 있었던 것이다. 그리고 '상화'를 올바로 이해함으로써 우리는 인간을 바른 눈으로 바라볼 수 있는 것이다.

3_ 금화교역 金火交易

{ 금화교역이란 무엇인가 }

이제 금화교역을 알아볼 차례이다. 앞서 인신상화가 난해한 개념이라고 했지만 그 내용을 살펴보면 충분히 이해할 수 있는 면을 갖고 있는 것도 사실이다. 이에 반해 금화교역은 내용이 어려워서라기보다도 그 의미를 깨우치기가 쉽지 않다는 점에서 가히 동양학의 정수精

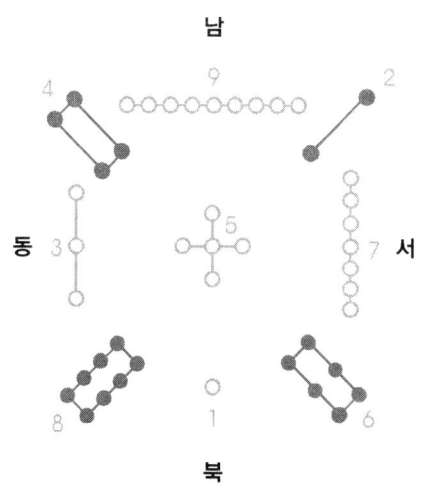

신구낙서

髓라 해도 과언이 아니다. 왜냐하면 금화교역은 생명의 존재원리를 설명하려는 것이기 때문이다.

　예로부터 사람들은 '살아있다는 것' 즉 생명에 대한 신비를 풀기위해 온갖 노력을 다해 왔다. 그러나 어느 누구도 속 시원히 '생명은 이런 것이다' 라고 설명해주는 경우는 드물었다. 우리 스스로가 생명체이면서 생명이 무엇인지 알지 못한다는 것만큼 모순적인 이야기도 없을 것이다. 그러나 현대문명은 아직도 생명의 정체에 대해 뚜렷한 해답을 제시하지 못하고 있다. 인간을 구성하고 있는 온갖 화학 물질들, 생명의 움직임을 설명하는 다양한 물리법칙들에도 불구하고 이것만 가지고는 온전히 생명의 본질을 설명할 수 없었던 것이다.

　아직도 인간에게 영혼이라는 것이 있다느니 없다느니 말만 많을 뿐이고 어느 학문도 이에 대해 철학적이고 논리적인 해답을 제시하지 못하고 있는 상황에서 이제 동양학이 나서려는 것이다. 금화교역은 이런 여러 가지 의문 속에서 일단 생명이 기본적으로 어떤 존재방식을 갖고 있는지 설명하려는 것이다.

　금화교역은 1권에서 낙서洛書를 설명하면서 한 번 언급한 바 있으나 이해를 돕기 위해 처음부터 다시 들어가 보자. 낙서에는 하도와 달리 특이한 점이 있으니 하도에서 남방에 배치되어 있던 2, 7 즉 '화'가 서방에 있고 반대로 서방에 있던 4, 9 즉 '금'이 남방에 배치되어 있다. 일단 이것을 일컬어 '화'와 '금'이 서로 바뀌어 있다고 해서 '금화교역'이라 부르는 것이다.

　이것은 여러 의미를 갖고 있다. 첫째, 하도와 달리 낙서는 보이는 현실보다는 보이지 않는 이면에서 작용하는 원리를 설명하고 있는 것이기 때문에 낙서에서 '화'와 '금'이 바뀌어 있다는 사실은 현실보다는 그 내면에서 어떤 일이 벌어지고 있다는 의미인 것이다.

남방에 있는 '금'은 '화'가 무한히 양기운을 뿜어내어 끝내 폭발지경에 이르는 것을 방지하기 위해 미리부터 남방에 가서 수렴을 준비하고 있다는 의미이고, 서방에 있는 '화'는 수렴이 시작되어 금기운에 포위된 생명력, 즉 새로운 탄생을 준비하고 있는 양기운을 의미하는 것이다.

더 구체적으로 설명하자면 남방에 있는 낙서의 '금'은 서방에 있는 하도의 '금'을 준비하는 과정이고, 서방에 있는 낙서의 '화'는 일단 하도의 '수'로 수렴되었다가 다시 '목'의 과정을 통해 펼쳐지는 새로운 생명을 준비하는 과정인 것이다. 이것은 결국 음과 양이 서로 교류하는 모습이다. '양'이 '음'으로 현실화되고 '음'은 다시 새로운 '양'을 품어내어 서로 무한한 순환의 수레바퀴를 돌리고 있는 모습인 것이다.

둘째, 금화교역은 이러한 순환을 가능하게 하는 원동력에 대해서도 이야기하고 있다. 즉 상극작용이라는 운동 원리를 통해 이러한 순환이 어떤 외부의 원인에 의해 동작하는 것이 아니라 오행이 서로 극克하는 원리를 통해 내부적으로, 자체적으로 이러한 변화가 일어나는 것임을 밝히고 있는 것이다.

사람은 어느 누구라도 자신의 생각을 말로써 또는 행동으로 표현하고자 한다. 이유야 어찌 되었건 이것이 기본적인 사람의 속성이다. 이러한 과정을 제대로 펼치지 못하면 사람구실을 제대로 하지 못하는 것이다. 즉 무형의 생각을 유형의 말이나 행동으로 표현함으로써 그 사람은 스스로의 존재가치를 지니게 되는 것이다. 또한 사람은 자신 또는 다른 사람의 행동이나 말을 통해 다양한 경험을 하고 그것을 바탕으로 생각을 정리한다. 유형의 말과 행동을 다시 무형의 생각으로 수렴해내는 것이다.

이것은 사람뿐만 아니라 모든 동물에서도 마찬가지이다. 동물도 본능이 시키건 환경의 영향 때문이건 어떤 행동을 하고 또 행동을 통해 경험을 쌓는다. 비록 인간만은 못해도 동물 역시 어느 정도 학습 능력이 있다는 것은 충분히 밝혀진 사실이다. 물론 어떤 행동을 하는가는 동물에 따라 다르다. 다른 동물과 마주쳤을 때, 맹수라면 상대편을 잡아먹으려 할 것이고, 약한 동물이라면 먼저 피하려 하는 것이 다를 뿐, 기본적인 반응과정은 차이가 없는 것이며 동물마다 다른 반응을 나타내는 것이 결국 그 동물의 특성을 결정하는 것이다.

사람도 마찬가지로 사람마다 고유한 행동방식을 보임으로써 각자의 특징이 나타나는 것일 뿐, 그 과정은 동일하다. 즉 모든 생명의 활동은 금화교역 작용을 기본으로 하고 있다. 금화교역이 원활하게 일어날수록 그 생물은 자율성이 높아서 이를 신기지물神機之物이라 하고 이런 금화교역 작용이 외부 환경의 영향으로 일어난다면 자율성이 없으므로 이를 기립지물氣立之物이라 하는 것이다. 그리고 인간은 바로 신기지물의 정점에 있는 것이다.

{ 금화교역과 대화작용對化作用 }

금화교역을 일으키는 원천적인 동력이 상극작용이라고 했으나 이것을 더 정확히 이야기하자면 바로 대화작용이 그 역할을 한다고 보아야 할 것이다. 따라서 우리는 대화작용이 어떻게 금화교역을 일으키는지 보다 구체적으로 알아보아야 할 필요가 있다.

여기 막대자석이 하나 있다. 이 자석은 당연히 N극과 S극을 가지고 있다. 그리고 이 막대자석을 반으로 잘랐을 때 각 토막이 N극과 S극으로 나눠지는 것이 아니라 각자의 토막이 다시 N극과 S극을 지닌 새로운 막대자석으로 변하는 것이다. 이것은 자력磁力이라는 것이 어떤 실체를 지닌 물질이 아니라 상대적인 에너지라는 것을 설명하기 위해 많이 쓰이는 예이다.

음양도 이와 같다. 이것은 상대적으로 이루어진 개념이기 때문에 둘로 분리할 수 있는 것이 아니다. 아무리 상황을 세분화해서 바라보아도 역시 음양의 작용이 발견되고, 아무리 상황을 합쳐보아도 마찬가지이다.

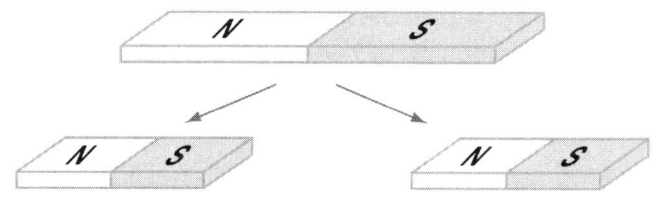

자석을 반으로 나누어도 여전히 N극, S극이 형성된다

우리는 이러한 모습을 현실에서 얼마든지 관찰해볼 수 있다. 어떤 고등학교의 한 학급을 생각해보자. 그 속에는 공부 잘하는 학생, 힘이 센 학생, 잘 떠드는 학생, 조용한 학생 온갖 특징을 지닌 학생들이 다양하게 분포해 있다. 이들을 어떤 기준에 따라 갈라놓으면 어떤 현상이 생길까. 예를 들어 잘 떠드는 학생과 조용한 학생이라는 기준으로 학급의 학생들을 반으로 갈라 따로 수업을 시켜보면, 조용한 학생을 모아놓은 학급에서 새로이 떠드는 학생이 생기고 마찬가지로 떠드는 학생을 모아놓는 학급에서는 상대적으로 조용한 학생이 생겨있음을 쉽게 발견할 수 있다.

이것이 상극 작용 즉 대화작용의 원리이다. 처음에는 떠드는 학생으로 분류됐던 학생이라도 그것은 반에 조용한 학생들이 많았을 때 자신의 기질을 좀 더 발휘했을 뿐이고 떠드는 학생끼리 모아놓고 보니 자기보다 더 떠드는 학생을 보고는 상대적으로 기질을 적게 발휘하게 되는 것이다.

이것이 어떻게 금화교역과 연결되어 지는가. 반에 조용한 학생들이 많았을 때에는 조용함이라는 것이 강하게 대화작용을 하기 때문에 상대적으로 자신의 기질을 강력하게 발휘하게 하고, 반대로 떠드는 학생끼리 모아놓으면 조용한 학생이 주는 대화작용은 약해지는 반면에 더 떠드는 학생들이 주는 대화작용이 강해져 상대적으로 기질을 발휘하기가 어려워지는 것이다. 복잡하게 설명했지만 어떤 의미인지 이해하기 어렵지는 않을 것이다.

대화작용이라는 것은 상대적인 것이다. 그리고 우리가 현실에서 접하는 많은 자극들은 사실 이러한 대화작용의 결과인 것이다. 이것은 자신의 경우를 잘 관찰해 보면 알 수 있는 것들이다. 자신이 두드러지게 관심을 보이는 분야들, 남달리 눈에 들어오는 경우를 잘 살피면 적어도 남들이 반드시 똑같은 데에 관심을 보이지 않는다는 것과 유난히 자신의 관심을 끄는 것이 존재한다는 것을 느낄 수 있다.

이런 원리에 따라 자신의 행동도 변한다. 자신이 관심을 갖고 있는 분야에 대해서는 적극적인 행동을 보이는 반면, 관심 없는 일이 닥치면 행동도 시들해질 수밖에 없는 것이다. 즉 대화작용은 관심이 행동으로 변화하는 금화교역 작용을 촉발시키는 원인이 되는 것이다.

물론 현실은 이 같은 예보다 훨씬 복잡하다. 따라서 복잡한 현상을 이해하기 위해서는 불가피하게 철학적인 방법이 동원돼야 하는 것이다. 먼저 육기의 변화를 통해 이러한 대화작용과 금화교역이 어떤 모습을 띠면서 나타나는지 살펴보기로 하자.

{ 육기를 통해
바라보는 금화교역_1 }

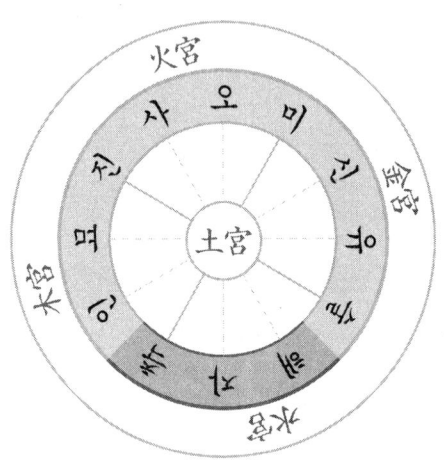

구궁팔풍도

　변화를 있는 그대로 살펴보기 위해서는 자오묘유子午卯酉가 사정위四正位에 있는 육기의 변화를 기준으로 해야 할 것이다. 해자축亥子丑은 수궁水宮이다. 해자축에 대화작용을 하는 것은 반대편에 있는 사오미巳午未, 즉 화궁火宮이다. 정확히 말하자면 '사'는 '해'에 '오'는 '자'에, 그리고 '미'는 '축'에 대화작용을 하고 있다.

　수렴을 하면서 새로운 탄생을 준비하고 있는 '수궁'에게 저 멀리 '화궁'에서 어서 빨리 생명을 탄생시키라고 손짓하는 모습이다. 또는 '수궁'이 저 멀리 화려함을 뽐내는 '화궁'이 부러워 더욱 강력한 생명력을 기르려는 모습일 수도 있다. 지금은 겨울인데 한 여름의 강렬하고 화려한 햇볕을 꿈꾸는 모습인 것이다. 과연 이러한 대화작용은 실제 존재하는 것일까.

사람은 희망을 갖고 사는 존재이다. 밝은 미래를 꿈꾸어 볼 수 있다는 것은 인간이 가진 여러 능력 중에서도 가장 값진 것에 해당한다. 그러나 뒤집어 말한다면 꿈이란 100퍼센트 허상이다. 꿈대로 이루어지는 것은 없다. 그럼에도 사람은 꿈을 갖고 희망을 품는 것이다. 왜 인간은 이런 모습을 보이는가.

앞서 막대자석의 예나 조용한 학생과 떠드는 학생으로 갈라놓은 고등학교 학급의 예에서처럼 인간은 삶에서도 상대적인 균형을 잡기 위해 이런 행위를 하는 것이다. 현실과 이상이라는 균형이 갖추어지지 않으면 대화작용이 잘 이루어지지 않는다는 뜻이고 대화작용이 잘 이루어지지 않으면 현재의 상태를 변화시킬 동력이 부족해지는 것이다.

희망을 잃어버리고 꿈을 포기한 삶은 겉만 사람일뿐 '생명력'이 없는 것이다. 여러분은 좌절을 겪으면 온 몸의 힘이 다 빠져나가는 듯한 기분이 들지 않는가. 또한 시련과 절망 속에서도 의지를 잃지 않고 꿋꿋이 나아가 성공을 이룬 사람의 이야기를 들으면 항상 가슴 뭉클한 감동이 느껴지지 않던가. 이것이 생명이 삶의 균형을 잡는 방식이다. 보이는 현실과 보이지 않는 이상사이의 균형을 맞추려는 것이 대화작용이라는 방식을 통해 삶의 동력원으로 변화하는 과정인 것이다.

그러면 이러한 대화작용은 어떻게 금화교역으로 이어지게 될까. 우리는 앞서 해수亥水와 자수子水를 단순하게 하나는 육수六水여서 생명을 품고 수렴하는 역할을 하고, 하나는 일수一水이므로 수렴되어진 내부의 생명이라는 식으로 표현해왔다. 그러나 이것도 엄밀히 따지면 하나의 금화교역 작용이다.

'해' 라는 음기운이 '자' 라는 양기운(이것은 '수' 의 과정만을 놓고 보았을 때 그렇다는 것이다)으로 변화하고 있는 것이다. 사람의 경우를 보자면 다년간 쌓여왔던 경험이 총체적인 의욕으로 변화하는 과정이다. 충분히 경험을 쌓았으니 나도 한번 '나의 일'을 벌여보자는 생각이 드는 것이다. 음기운이 양기운으로 변화한다는 것, 이것은 생명이 갖는 필연적인 속성인 것이며 우리는 이러한 변화를 통해 '존재' 하고 있는 것이다.

다음은 인묘진寅卯辰, 목궁木宮의 과정을 살펴보자. '목궁'에 대화작용을 하고 있는 것은 신유술申酉戌, 금궁金宮이다. 이것은 앞서

구궁팔풍도

'수궁'에 대화작용을 하던 '화궁'과는 엄연히 다르다. '화궁'이 무형의 이상理想 역할을 했다면 '금궁'은 보다 현실적인 사례事例가 되는 것이다. 다시 말해 눈에 보이는 본보기의 역할을 한다. 그것은 어떤 사람의 성공담이라도 좋고, 훌륭한 위인이 될 수도 있다. 또는 단순하게 내가 보았을 때 '참으로 부러운 모습' 정도가 될 수도 있을 것이다. 어떤 경우이건 보다 현실적인 것이 나에게 대화작용을 하고 있는 모습이 될 것이다.

그래서 나에게 일어나는 변화도 몹시 현실적인 것이 된다. 이것이 '인목寅木'이 '묘목卯木'으로 변화하는 과정이다. '인'이라는 무형의 목기운이 '묘'라는 유형의 '목'으로 변화하는 것이니 이것은 양기운이 음기운으로 변화한 것이다. '의욕'이 구체적인 '실천계획'으로 변화하는 것과 같다. 또한 잘 짜인 계획은 충실한 행동으로 이어질 것이니 이 또한 '목궁'의 역할을 잘 보여주는 것이다. 이미 '목궁'이 갖고 있는 '교육'의 의미(이것은 구체적으로는 수토동덕한 '진'을 기반으로 하는 것이다)는 충분히 설명했으므로 이 부분은 생략하고자 한다.

{ 육기를 통해
바라보는 금화교역_2 }

구궁팔풍도

다음은 사오미 巳午未, 화궁 火宮의 과정을 살펴보자. 이제는 '화궁'에 대화작용을 하는 존재가 '수궁'이 되었다. '수'는 수렴, 통일의 과정을 거쳐 결실을 맺은 모습이다.

따라서 반대로 '화'는 '수'가 부러운 것이다. 또 그렇게 되고 싶은 것이다. 이때부터 '화' 속에는 수렴을 향한 의지가 깃들게 된다. 수렴을 향한 기나긴 여정의 첫 시작이 바로 여기에서 비롯되는 것이다. 그러나 이것은 내면의 변화일 뿐 아직 수렴이 시작된 것은 아니라는 것을 명심해야 한다.

그러면 화궁의 금화교역은 어떤 모습일까. 음화陰火인 '사巳'가 양화陽火인 '오午'로 변화한다는 것은 어떤 의미를 갖게 되는 것일까. 이것은 처음에는 주저하면서 몇 번 건드려 보듯이 조심스럽지만 점점 자신감이 생기면서 과감하게 행동으로 나아가는 모습이다. 누구나 처음에는 서툴고 어색하지만 점차 반복되면 자연스럽게 행동할 수 있는 것이다. '사'와 '오'는 이런 관계이다. 여기에도 반복된 경험이 행동으로 변화하는 과정이 담겨있는 것이다.

우리는 아무런 생각 없이 그저 진행되는 과정이라고 여길 뿐이지만 그 속에서도 수없이 생각은 행동을 낳고 행동은 다시 생각으로 수렴되는 금화교역이 진행되고 있었던 것이다. 끝없이 음기운과 양기운이 서로 바뀌어 가면서 생명의 존재방식을 보여주고 있었던 것이다. 물론 각자의 기질에 따라 다른 생각과 다른 행동이 나올 것임은 물을 필요도 없다.

신유술申酉戌, 금궁金宮의 과정도 지금까지와 다를 것이 없다. 대화작용을 하는 존재가 '목궁'으로 바뀌었기 때문에 자극을 받는 방식이 달라졌을 뿐이다.

성숙된 어른이 청소년을 보면, 자신의 어렸을 적 모습이 떠올라 '그 때 품었던 순수한 꿈은 다 어디 갔는가'하고 회한에 잠길 수도 있을 것이요, 또는 저들에게 부끄럽지 않은 어른이 되기 위해 더욱 노력해야겠다는 각오가 설 수도 있을 것이다. 어느 경우이건 수렴을 향해가는 자극제가 되는 것이다.

만약 어떤 형태로든 수렴을 향한 자극이 자신에게 절실하게 다가오지 않는다면 그 사람은 인생의 결실을 맺는데 큰 흥미를 느끼지 못할

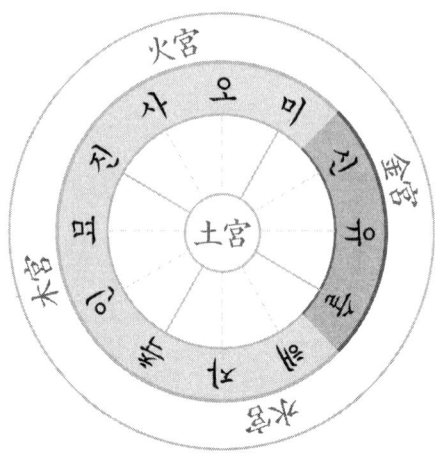

구궁팔풍도

것이고 그럴 경우 '평범하게' 세상을 살다간 수많은 사람 중의 하나로 끝나고 말지 않겠는가.

양금陽金인 '신申'이 음금陰金인 '유酉'로 바뀌는 과정에는 이런 '목궁'의 대화작용이 자리 잡고 있는 것이다. '신'이 거추장스러운 것을 과감히 떨쳐내는 역할을 한 후에 '유'가 결실을 맺고 싶은 몇 가지만을 거두어들이는 모습이다. 역시 양기운이 음기운으로 변하는 금화교역이 일어나고 있음을 알 수 있다.

모든 생명은 내재된 생명력을 가지고 있다. 그 생명력은 밖으로 표현되었을 때만이 그 의미를 갖는 것이다. 모든 생명은 생명력을 표출해가면서 '존재'하는 것이다. 보통은 여기까지만 생각하기가 쉽다. 그러나 생명은 표출된 생명력, 즉 행동을 기반으로 다시 '생명'을 거두어들이는 것이다. 거두어들이지 못하면 그 생명력은 흩어져버리고 만다. 그저 '무無'로 돌아가는 것이다. 물론 모든 사람은 죽는다. 누구도 죽어서 '무'로 돌아가는 것은 맞다. 그러나 비록 육신은 죽었지만 그 사람이 거두어들인 '생명'은 쉽게 죽지 않는다.

가까이는 가족과 친지 또는 지인들이 그 사람을, 그 사람이 남기고 간 것들을 기억할 것이고 더 큰 생명력을 거두어들인 사람이라면 세대를 뛰어넘어 기억되곤 하는 것이다. 단순히 기억되는 것으로 그치는 것이 아니라 그 사람이 이루어놓은 것을 활용하고 또 본보기로 삼으면서 더욱 추앙을 받는 것이다. 우리가 어떤 위인을 추앙한다는 것은 그 사람이 아직도 나에게 대화작용을 하고 있다는 의미가 되는 것이다. 따라서 나에게 있어 그 사람은 더 이상 죽은 사람이 아니다. 비록 육신은 없지만 그 '생명'만큼은 살아있는 것이다.

부모는 자식을 기르지만 그것은 결국 대화작용을 하는 것이다. 또한 자식도 부모에게 대화작용을 한다. 한 세대를 단위로 지속적인 대화작용이 일어나고 그것이 생명을 이어나가는 것이다. 또는 한 시대가 다른 시대에게 대화작용을 할 수도 있다. 이렇게 지속적으로 영향을 주고받으면서 역사가 만들어지는 것이다. 필자가 1권에서 E. H. 카Carr가 '역사란 과거와 현재의 끊임없는 대화對話'라는 문장을 인용한 것도 바로 이런 까닭이다.

순환하면서 존재한다는 것은 대화작용이 없이는 불가능한 것이다. 균형이 깨지기 때문이다. 균형이 깨지면 금화교역이 일어날 수 있는 동력원을 잃어버리는 것이다. 다시 한 번 말하지만 순환은 어떤 외부의 동력원에 의해 일어나는 것이 아니라 '음'과 '양'으로 상징되는 이질적인 기운이 서로 균형을 잡는 과정에서 내부적인 동력을 발생시키는 것이다. 그래서 우주는 아무런 외부의 동력 없이 스스로의 힘으로 운행하고 있는 것이다. 이러한 원리를 상징하는 것이 바로 '태극太極'이며 따라서 필자는 태극을 생명체의 엔진engine이라고 불렀던 것이다.

{ 오운과 육기의 금화교역 }

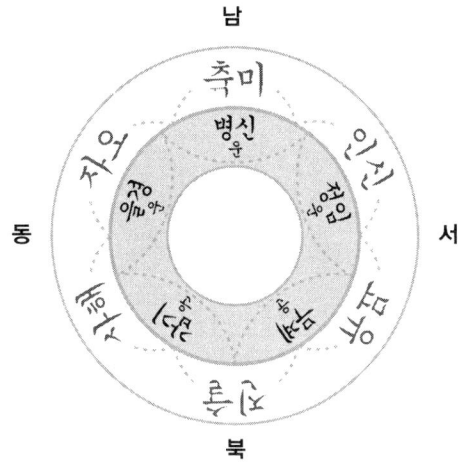

오육교역도

이제 금화교역의 최종 단계에 접어들었다. 앞서 육기를 기반으로 설명한 것은 낙서에서 제시된 금화교역을 보다 구체적으로 이해하기 위해 육기의 각 방위에서 일어나는 개별적인 변화를 예로 삼아 확대시켜 설명한 것이다. 그러나 육기는 지구에서의 변화일 뿐이고 우주에는 오운이라는 것이 있다. 따라서 오운과 육기를 모두 포함하는 변화 과정을 이해할 수 있어야 비로소 금화교역의 모든 것을 설명하게 되는 것이다.

먼저 위의 그림을 보자. 이것을 '오운과 육기의 금화교역도', 줄여서 오육교역도五六交易圖라고 한다.

6장_ 변화작용의 3대 요인 **79**

운運이란 생명이 존재할 수 있는 원천源泉, 즉 바탕이 되는 것이다. 비록 본말本末 작용만을 하는 무덤덤한 존재이지만 항상 바탕에 깔려있으면서 규칙적이고도 이상적인 변화를 일으키기 때문에 모든 생명의 바탕에는 크건 적건 '운'이 있는 것이다. 마치 '물'이 맛도 냄새도 없는 것이지만 물 없이는 어떤 생명도 존재할 수 없는 것과 같다.

'운'이 바탕이 된다는 것은 그 위에서 온갖 생명들이 마음껏 뛰어 놀 수 있는 마당을 깔아준 셈이다. 즉 '운'은 '동動'적인 것을 일으키는 주체가 되는 것이다. 반면에 기氣는 '운'이 던져주는 동적인 에너지를 수렴하고 통일하여 형태를 가진 것으로 만들어 주는 것이다.

우주가 온통 무형의 에너지만으로 구성되어 있다면 지구도 태양도 없을 것이고 생명체라는 것은 더더구나 있을 수가 없는 것이다. 그러나 무형의 에너지가 유형의 원소로 바뀌고 그것이 뭉쳐 별을 만들고 태양과 지구를 만들고 최종적으로 생물체를 만들어 내는 과정이 있었기에 우주는 '자신을 바라보는 존재'를 만들 수 있었던 것이다.

조금 세련되게 표현하자면 주체主體인 우주가 객체客體인 생명을 만듦으로써 비로소 우주의 이상理想이 현실화되었던 것이며, 이러한 과정을 가능하게 한 것이 무형의 에너지를 수렴, 통일하여 유형의 물질로 만들어낸 '기'인 것이다.

어떻게 '기'가 작용할 수 있었을까. 우주는 순수한 '무無'에서 출발했기에 '유有'를 만들려는 원천적인 의지를 갖고 있었다고 했을 때, 그 의지 자체가 음양의 균형을 깨뜨려 탄생을 촉발시킨 것이니 이 것을 동양의 성현들은 삼천양지三天兩地, 즉 삼양이음三陽二陰이라 불렀던 것이다. 요즘 식으로 표현하자면 비대칭적 우주, 비가역적 非可逆的 우주가 만들어진 것이다. 이것이 '기'가 성립되는 가장 근본적인 원리이다.

여하튼 '기'는 수렴과 통일을 이끌면서 눈에 보이는 형形과 질質을 만들어내는 것이니 결국 생명은 운과 기가 서로 교류하면서 벌이는 합작품인 것이다.

그밖에 '운'이 제공하는 자율성을 얼마나 받아들일 수 있느냐에 따라 신기神機와 기립氣立이 갈리고 신기 중에서도 갑기토운甲己土運을 부여받은 인간이 가장 영靈적인 생명이 될 수 있었다는 것은 앞서 수차례 언급한 바가 있다.

다시 그림을 보자. '운'은 다섯이고 '기'는 여섯이니 이것은 균형을 이루지 못하고 계속 엇갈려가면서 운동하고 있다. 내부의 운은 갑기

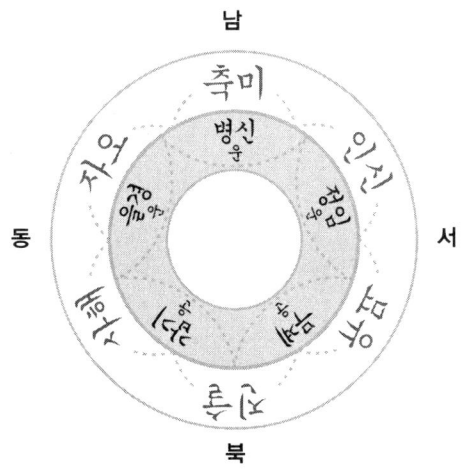

오육교역도

6장_ 변화작용의 3대 요인 81

토운, 을경금운, 병신수운, 정임목운, 무계화운으로 순환하는데 외부의 기는 진술한수, 사해풍목, 자오군화, 축미습토, 인신상화, 묘유조금으로 순환한다.

만약 '기'가 다섯이었다면 이것은 내부의 '운'과 정확히 일치하면서 이상적인 변화를 할 수 있었겠지만 그 경우, 변화는 본중말 운동이 이루어지지 않아 단조로운 것이 되고 끝내 생명의 탄생을 이루어낼 수 없었을 것이니 육기의 존재가 가지는 장점과 단점은 앞서 충분히 설명한 바가 있다. 모순적인 변화만이 발전을 이루어낼 수 있다는 그야말로 모순적인 이야기인 것이다.

오육교역도에서 동남방을 보면 육기의 사해목, 자오화, 축미토가 운행하고 있는데 반면에 그 내부에서는 을경금과 병신수가 작용하고 있는 것을 볼 수 있다. 이처럼 생명은 내면과 외부가 서로 상반되는 기운을 가지고 운행하는 것이다. 안에서 작용하는 금, 수 기운은 분열, 발전하려는 양기운을 안에서 잡아주는 역할도 해주고 동시에 다가올 서북방 수렴에 대비하는 역할도 한다.

또한 서북방에서 운행하는 인신상화, 묘유금, 진술수를 보면 그 내부에서 정임목과 무계화가 작용하고 있는 것이니 이것은 일차적으로 금수기운이 목화기운을 포위하고 있는 상이요, 궁극적으로 새로운 생명의 탄생을 준비하고 있는 모습인 것이다.

이것이 진정한 금화교역이다. 생명은 이런 바탕을 가지고 존재하고 있었던 것이다.

동남방에서 양기운이 분열, 발전하고 있을 때, 음기운은 내부에 숨어 그 원동력을 제공하고 있고, 반대로 서북방에서 음기운이 수렴, 통일하고 있을 때, 양기운은 거기에 저항하면서 새로운 생명을 준비하고 있었던 것이다. 조금 더 정밀하게 설명하자면 동남방의 운동주체는 내부에 있는 금수, 즉 '운'이 되는 것이고 외부의 '기'는 용用을 하며, 서북방의 수렴은 '기'가 주재主宰하여 이뤄지게 되는 것이니 여기서는 '운'이 용用이 되는 것이다. 이렇게 동남과 서북의 운동주체가 서로 대칭을 이루는 것 역시 금화교역을 이루기 위한 치밀한 배려인 것이다.

이것을 다시 사람에 비유해서 설명해보자. 사람이 젊었을 때 '운'이 주동主動한다는 것은 타고난 조건, 즉 선천적先天的인 기질이 작용한다는 의미이다. 내부에 가득 찬 생명력을 쓰기에 바쁜 것이다. 그러면서 그 기운을 바탕으로 육체적인 성장이 이루어지는 것이다.

구체적으로 본다면 그가 태어난 시대환경, 가정환경 그리고 자신의 기질의 범위를 벗어날 수가 없는 것이다. 이것은 속박한다는 의미가 아니라 성장을 견실하게 하기 위해 어쩔 수 없는 상황이다. 쉽게 말하자면 성장기의 젊은이는 부모님이 제공해주는 안정된 환경에서 자랄 수 있어야 가장 바람직한 것이다.

그러나 사람이 나이가 들면 이제 '기'가 주재主宰하는 과정이 펼쳐지면서 후천적後天的 성품이 자리 잡게 된다. 주어진 시대환경, 가정환경, 그리고 자신의 기질을 뛰어넘는 변화를 일으킬 수 있게 되는 것이다. 한마디로 '자기만의 것'을 만들어갈 수가 있다. 그리고 그러한 수렴, 통일 과정을 통해 새로운 '생명력'을 품을 수 있게 되는 것이다.

어떤 기준으로, 어떤 관점으로 바라보아도 이 두 과정은 분명 한 사람의 일생이건만 서로 다른 양상을 보인다. 동動할 때는 '운'이 주도하고 정靜할 때는 '기'가 주도하는 모습은 다시 말해 '운'이 '기'를 낳아주고 '기'가 '운'을 낳아주는 모습이며, 또한 '운'은 형形을 만들고 '기'는 정신을 만드는 과정이었던 것이다.

　정신의 주체는 '운'이건만 그것을 '기'가 만들어주고, 육체의 주체는 '기'이건만 그것을 '운'이 만들고 있다는 것은 가히 금화교역의 극치라고 할 것이니 이로써 금화교역을 '생명이 존재하는 기본 방식'이라 표현하는 것이다.

7장
우주와 인간

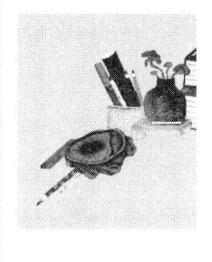

7장 _ 우주와 인간

우주에서 인간으로
인간의 본질과 한계
육체는 정신이 뛰어노는 마당
일상생활과 기의 순환
식생활과 호흡
정신의 토화작용
성악설과 성선설
우주의 마음과 인간의 마음_1
우주의 마음과 인간의 마음_2
화생_물질은 어떻게 만들어지는가
물질은 어떻게 변화하는가
| SP | 변화와 종
사물을 어떻게 관찰하는가_1
사물을 어떻게 관찰하는가_2
| SP | 현대 과학과 동양학

{ 우주에서 인간으로 }

　동양학, 구체적으로 음양오행, 오운육기론이 그 심오한 내용에도 불구하고 사람들의 관심을 끌지 못하고 있는 것은 일단 한자로 쓰인 문헌이 많은 것도 이유가 되겠지만 더 큰 원인은 그 표현 방법을 보통 사람들이 잘 이해할 수 없기 때문이다. 아직도 오행의 목화토금수라는 개념을 접하는 많은 사람들은 그것이 자연물을 기초로 삼은 유치한 학문정도로 생각하고 마는 것이다.

　그러나 우리가 지금까지 공부해왔던 것처럼 오행의 개념은 그런 것이 아니다. 이것은 사물의 운동과정을 단계적으로 표현한 상징인 것이고 다만 그 이해를 쉽게 하기 위해 자연물을 내세운 것일 뿐이지만 이것이 엉뚱한 결과를 맺고 만 것이다.

　사물의 흐름을 통해 그 본질을 파악한다는 것은 획기적인 발상이었고 그로 인해 우리는 음양오행을 바탕으로 한 사고思考가 현실과 동떨어진 것이 아니라, 오히려 현실을 더 정밀하게 살필 수 있는 방법임을 알 수 있었던 것이다.

　이제 음양오행, 상과 수, 오운육기를 비롯하여 토화작용, 인신상화, 금화교역을 공부한 마당에서 우리는 이러한 개념들을 통해 우리의 현실을 돌아보아야 하는 단계에 이르렀다. 현실을 무시한 철학이란 설 땅이 없는 것이다. 독자들이 이 책을 읽는 까닭이 학문적인 소양을 쌓으려는 목적 때문일 수도 있겠지만 더 나아가 자신의 인생에 보탬이 될 수 있는 그 무엇을 찾을 수 있다면 더욱 보람 있는 일이 될 것이다.

비록 필자가 인생을 달관한 사람은 아닐지라도 성현들이 밝혀놓은 지혜를 가감 없이 소개하고 그로 인해 각자의 삶에서 더 많은 영감을 얻을 수 있다면 조금 부족한 부분이 있을지라도 의미 없는 일이 되지는 않을 것이다.

우주는 규칙적이고도 정밀한 순환운동을 계속하고 있다. 누구도 우주의 운행을 놓고 '착하다', '나쁘다' 따지려고 하지 않는다. 그러나 무덤덤하게 돌고만 있는 줄 알았던 우주를 보면서 동양의 성현들은 이것이 '순수 생명'이라는 것을 깨닫게 되었고, 규칙적이고 절도있는 운행을 통해 '우주의 정신'을 읽어 내렸던 것이니, 우리는 '오운五運의 운행'을 통해 그 모습을 어느 정도 살펴볼 수 있었던 것이다.

또한 오운을 통해, 완벽하게만 운행하는 줄 알았던 우주가 실은 '삼양이음'이라는 불규칙을 갖고 있었고 그것이 오히려 태양과 지구를 비롯한 온갖 생명을 낳는 원인이 되었음을 알 수 있었던 것이다.

우주는 거대하다. 비록 불규칙한 면을 갖고 있더라도 우주는 그것마저도 감싸 안는 포용력을 갖추고 있는 존재인 것이다. 그러나 이것이 우주의 한 변방, 지구에 이르면 이야기가 달라진다. 지구는 우주가 재채기를 하면 몸살을 앓을 수밖에 없는 미소微小한 천체인 것이다. 타원의 궤도, 기울어진 자전축 이런 것이 바로 지구가 앓고 있는 몸살이다. 그리고 그 속에서 삶을 영위하고 있는 인간도 역시 이런 영향에서 벗어날 수 없다. 따라서 우리는 우주의 운행이 인간에게 어떤 영향을 미치고 있고, 또 조금이나마 그것을 극복하려면 어떤 선택을 해야 하는지 알아보려는 것이다.

인간의 수명은 100년을 넘기기 힘들다. 그러나 오래 사는 문제보다 더 관심이 가는 것은 얼마나 건강하게 살 수 있느냐 하는 것이다. 아무리 오래 산다한들 건강하지 못한 몸으로 병석에 누워 세월만 보내야 한다면 누가 그것을 좋아하겠는가. 또한 육체적으로만 건강하다고 다 되는 것이 아니다. 고도로 발전한 현대사회는 복잡한 인간관계 때문에 정신적인 피로가 끝없이 쌓이게 되는 곳이므로 육체적 건강만큼이나 정신적 건강도 챙겨야 하는 것이다.

수많은 사람들이 앓고 있는 오만가지 병을 일일이 설명할 수도 없고 필자는 그런 능력도 없다. 또한 정신적인 문제에 대해서는 더욱 그렇다. 그러나 동양학은 다양하게 펼쳐진 현상을 설명하려는 것이 아니라 사물의 과정을 통해 본질을 밝혀내는 철학이다. 따라서 현실에 나타나는 현상은 수없이 다양하지만 과정을 통해 살펴보면 철학적인 문제로 귀결될 수 있는 것이다. 동양학이 어떻게 이 세상을 바라보고 또 우리에게 어떤 삶의 방식을 권하고 있는지 한번 알아보기로 하자.

{ 인간의 본질과 한계 }

인간을 만물의 영장靈長이라고 한다. 이것은 인간이 갖고 있는 능력이 여타의 동식물과 비교해 탁월하기 때문이다. 특히 인간이 갖고 있는 이성理性은 옳은 것과 그른 것, 아름답고 추한 것을 판단할 수 있도록 하여 인간을 진정 인간답게 만드는 능력이라고 우리는 알고 있다. 그러나 왜 인간이 이성을 지니게 되었는가 물으면 바로 꿀 먹은 벙어리가 되어 버리는 것이 현재의 학문이다. 이성이란 '신'이 부여한 것인가 아니면 진화 과정에서 얻은 것인가. 동양학은 이에 대하여 '오운론'을 통해 다음과 같이 대답하고 있다.

인간을 비롯한 모든 생명은 다 같이 우주라는 환경 속에서 그 기운을 받고 생성된 것이므로 지니고 있는 바탕도 우주와 동일한 것이다. 필자가 1권의 머리말에서 컴퓨터의 플랫폼, 즉 OS를 예로 든 것과 같이 인간과 모든 생명은 오운이란 바탕을 갖고 있는 것이다. 스스로 시작하고 또 결말을 지을 수 있는 순환, 이것은 우주는 물론 인간의 머릿속에서도 존재하는 것이다. 컴퓨터는 계산이 엉키면 '다운down' 되고 말지만 인간은 그런 걱정을 할 필요가 없다. 인간의 사고는 막힘도 없다. 모든 상상이 가능하고 또 결론을 지을 수 있다.

특히 오운의 다섯 가지 운運 중에서 '토'를 바탕으로 태어난 것이 바로 인간이기 때문에 인간은 '토'의 조화력과 '중中'의 균형감각을 발휘하여 자율적으로 생명력을 발휘하고 수렴할 수 있는 능력을 갖게 된 것이다. 이러한 '토'의 작용을 현실에서 보면 인간이 자신의 기질에 맞는 것을 취사선택할 수 있고 또 기질끼리 부딪치는 모순적인 상황에서도 지혜롭게 일을 끌러갈 수 있는 능력을 발휘하고 있는 것으로 보이는 것이다. 다시 말해 인간의 이성은 막연한 상상의 산물이 아니라 넘치지도 모자라지도 않는 정신의 균형에서 발휘되는 것이다.

인간은 이성적인 행동을 통해 이상理想을 실현해갈 수 있는 것이다. 이런 관점에서 바라보았을 때, 인간이 이성적이라는 것은 흔히 말하는 영리함, 똑똑함 보다는 정신의 순수함, 즉 타고난 운을 순수하게 발휘할 수 있는 능력이 된다는 것도 알 수 있다.

그러나 인간의 이성은 타고난 천적을 갖고 있으니 그것은 바로 감성感性이라는 것이다. 감感이란 현실과 부딪치면서 갖추게 되는 것이니 이것은 바로 육기에서 비롯되는 것이다. 우주가 갖고 있는 불균형을 그대로 반영하고 있는 지구의 환경 속에서 나타나는 육기는 정상적인 이성의 작용을 방해하고 인간을 이기적이고 주관적인 행동으로 몰아넣는다. 그러나 육기가 단점만 갖추고 있는 것은 아니며 인간으로 하여금 재량을 지닌 '행동'을 가능하게 하는 것이니 이것도 인간에게 있어 무엇보다 중요한 특징이라 아니할 수 없다.

인간이 갖는 이중적인 사고나 행동은 바로 이러한 배경 속에서 나타나는 것이다. 만약 인간이 육기로 대변되는 이기적인 성향, 주관적인 판단을 멀리하고 타고난 바의 '운'을 순수하게 현실에 드러내 줄 수 있다면 그 사람은 아마도 오랜 세월 훌륭한 인물로 칭송받을 수 있을 것이다.

그러면 인간은 왜 이기적이고 주관적인 행동을 하게 되는 것일까.

무형의 '운' 즉 인간의 사고가 행동이라는 매개체를 거쳐 현실화 될 때, 이것을 형形을 만든다고 표현한다. 다시 말해 구체화되는 것이다. 따라서 '형'이 되는 것은 음기운을 쓰고 나타나는 것이다. 이 음기운은 필연적으로 양기운인 정신을 압박하면서 필요 없는 것은 과감히 자르고 필요한 것만 모아 품으려 하는 것이다. 누구도 자신이 생각한 바를 모두 행동으로 이루는 사람은 없다. 행동이란 수많은 생각 중에서 필요하다고 생각되는 것만 골라서 이루어지는 것이다.

만약 우주라면 그 무한한 공간속에서 품고 있는 모든 생각을 펼쳐 보일 수 있겠지만 육체라고 하는 한정된 수단만을 갖고 있는 인간으로서는 그 제약이 말도 못하는 것이다. 더구나 지축이 기울어 양기운이 태과한 상황에서는 인간이 음기운의 제약으로 인해 받는 마음고생이 더욱 극심한 것이다.

수렴시킬 수 있는 양기운도 적고 그나마도 성공적으로 결실을 맺을지 불확실한 상황에서 우리는 일단 '나부터 살고 보자'는 식의 선택을 할 수밖에 없다. 그것이 남에게 피해를 줄 수 있더라도 나와 내 가정을 지키기 위해서는 어쩔 수 없는 선택으로 내몰리고 마는 것이다. 이것이 이기적이고 주관적인 행동이 된다. 결과적으로 악惡이 되는 것이다. 한동석 선생은 이것을 '협소한 인간의 체구' 때문이라고 설명했다. 인간의 체구가 너무 작기 때문에 음양기운의 순환이 원활하지 않고, 토화작용도 제대로 일어날 수 없기 때문에 생기는 일이라는 것이다.

{ 육체는 정신이 뛰어노는 마당 }

'협소한 인간의 체구'는 구체적으로 인간에게 어떤 영향을 주는 것일까. 우리는 흔히 정신과 육체를 별개라고 생각하기 쉽다. 물론 정신은 오운, 육체는 육기를 바탕으로 하고 있다는 점에서 서로 다른 속성을 갖고 있는 것도 사실이다. 그러나 우리가 금화교역의 오육교역도를 통해 알 수 있듯이 정신과 육체는 음양처럼 서로 나뉘어 있으나 끊임없이 교류하고 또 서로 모습을 바꾸는 것이다.

인간의 육체는 정신이 뛰어노는 마당인 것이다. 그 마당이 좁고 장애물이 많다면 정신은 제대로 뛰어놀 수가 없다. 간심비폐신肝心脾肺腎으로 이루어진 오장五臟이 기氣의 순환을 제대로 시키지 못한다면 인간의 정신도 그 영향을 벗어날 수가 없는 것이다.

인간의 오장이 인간의 감정과 연결되어 있다는 점은 1권에 어느 정도 설명한 바가 있다. 즉 인간의 희노사비공喜怒思悲恐, 기쁜 마음은 심장, 성내는 마음은 간, 슬픈 마음은 폐, 두려운 마음은 신장, 그리고 생각하는 마음(여기서 생각思이란 것은 뜻意으로 굳어지지 않은, 머릿속을 떠도는 온갖 생각을 말한다)은 비장과 연결되어 있는 것이다.

	목	화	토	금	수
감정	노	희	사	비	공
장기	간	심	비	폐	신

인간의 감정과 장기의 오행

뒤집어 말하면 간의 기능이 지나치게 활성화되면 자주 성을 내게 되고, 심장의 활동이 지나치면 기쁜 마음이 들게 되는 것이다. 이것은 심장이 크면 웃는 사람이 된다는 뜻이 아니라 어떤 이유로 인해 심장이 활성화되는 경우를 말하는 것이며, 예를 들어 지능이 부족한 사람 중에서 항상 히죽거리며 웃음을 흘리는 경우를 볼 수 있는데 이는 음기운의 역할이 부족하여 정상적으로 사고의 수렴이 안 되다 보니 양기운이 태과하여 일어나는 현상인 것이다. 즉 오장의 균형이 무너지면 이것이 과도한 감정의 표출로 나타나게 된다는 뜻이다.

또 하나 우울증에 걸린 사람이나 노인에게 따뜻한 햇볕을 쬐도록 권하는 것도 양기운이 부족하여 발생하는 증세를 치료하는데 도움이 되는 것이니 햇빛은 단순히 몸만 따뜻하게 하는 것이 아니라 인간에게 양기운을 불어넣는 역할을 하는 것이다.

여하튼 인간의 협소한 체구는 커다란 오운의 순환이 이루어지는데 부족함이 많은 장소라 할 것이다. 따라서 인간은 정신이 요구하는 것을 수용하기 바쁜 존재가 되어 버리고 이 과정에서 수렴을 이루려다 보니 앞서 언급한 것과 같은 이기심과 독선이 자리 잡게 되는 것이다. 그러나 아무리 많은 시련이 닥친다 하더라도 인간이 쉽게 삶을 포기하지 않는 것처럼 우리는 상화와 같은 각종 수단을 동원하여 수렴을 이루어내고야 마는 것이다.

그중에서도 가장 중요한 것은 토화작용이다. 순간순간 닥치는 각종 모순을 조화하여 상생이 이루어지도록 하기 위해서는 무엇보다도 '토'의 작용이 원활해야 하는 것이다. 이것은 철학적인 표현이 돼서 그렇지 토화작용이란 사람 개개인에 있어서는 자기의 정신을 잘 추스르고 가족이나 주변사람들을 대하는 데 있어서 원만한 관계를 가능하게 하는 원동력인 것이다. 또한 사회적으로는 잘 짜인 경제, 사회, 문화 활동을 의미하는 것이니 사실은 모든 사회나 국가가 가장 관심을 갖고 있는 문제인 것이다.

  인간의 육체가 건강하다는 것은 건강한 정신을 갖추는 일차적인 조건이 되는 것이므로 우리는 먼저 이 문제에 대해 알아보아야 한다. 앞서 인간의 장기가 원활하게 기氣를 순환시켜야 건강할 수 있다고 했는데 과연 어떻게 해야 기의 순환이 원활해질 수 있을까.

{ 일상생활과 기의 순환 }

한동석 선생은 이 문제에 대해 먼저 '순천시 종지리順天時 從地理' 할 것을 권하고 있다. 요즘 식으로 말하면 자연의 이치에 맞는 생활을 하고 환경에 순응하여 살라는 말이다. 자연의 이치에 맞는 생활이란 무엇인가. 봄 여름은 방위적으로 양기가 발생하는 시기이므로 이때는 일찍 일어나고 늦게 잠자리에 들어 육체적으로도 양기운의 발생을 돕도록 하고, 가을 겨울은 음기운이 작용하는 시기이므로 일찍 자고 늦게 일어나 양기운이 몸속에 간직될 수 있도록 해야 한다는 뜻이다. 또한 일상생활에서도 야근 같은 것은 천시天時를 거스르는 행동이므로 가급적 해서는 안 된다고 권하고 있다. 그러나 아마도 이런 충고는 현대사회의 불규칙한 생활상에 비추어 '그림의 떡'과 같은 소리로 들릴 것이다. 따라서 필자도 '가능하면' 이런 생활을 하라고 한 발짝 물러나고 싶다.

그러나 다만 꼭 한 가지 알아야 될 것은 바로 '잠'에 관한 것이다. 한동석 선생은 본인의 충고대로 살지 않으면 사람은 결국 과로過勞하는 꼴이 되어 결과적으로 육체의 토화작용을 방해하게 된다고 하였다. 인간이 과로하면 양기운을 과도하게 뿜어내는 것에 해당하므로 '토'의 작용이 위축되어 비감卑監의 '상'이 되며 이는 운동경기에서 흥분한 선수들을 통제하지 못하는 비굴한 심판과 같은 모습이 되어 결국 인체의 균형이 깨어지게 된다는 것이다.

일하느라 공부하느라 밤을 새본 사람이라면 다음날까지 머리가 멍해 생각을 집중할 수 없었던 경험이 있었을 것이니 바로 이런 것이 양기운이 제대로 수렴되지 못하여 발생하는 현상인 것이고, 아직 하루 이틀 밤을 새도 끄떡없는 사람이라 할지라도 절대 함부로 자신의 건강을 과신해서는 안 된다는 것을 명심해야 할 것이다.

보통 우리는 피로를 풀기 위해 잠을 잔다고 알고 있다. 서양 과학에서는 인간이 왜 잠을 자야 하는가 하는 문제에 대해 아직도 명쾌한 해답을 찾지 못하고 있는데 그 까닭은 인간의 육체에 쌓인 각종 '피로물질'은 몇 시간의 휴식을 통해 다시 정상으로 돌아오건만 굳이 인간이 수면을 취하는 이유를 밝혀내지 못하고 있기 때문이다. 설마하고 생각하는 독자들이 있겠지만 분명 사실이다. 서양의 과학으로는 아직도 '잠이 해결해주는 부분'이 무엇인지 밝혀내지 못한 것이다.

'잠'이란 하루의 생활을 오행으로 나누어 볼 때 '수水'의 과정이다. 모든 양기운을 음기운으로 수렴시켜 새로운 하루를 열 수 있는 기운을 축적하는 과정이다. 보이지 않는 '기'의 수렴과정이므로 어떤 검사장비로도 관찰이 되지 않을 뿐인 것이다. 그러나 엄연히 있는 '존재하는' 과정이고 잠을 자지 못한다면 사람은 견딜 수가 없는 것이다. 수도 없이 언급했지만 '화'기운이 수렴되지 못하고 뿜어지기만 한다면 생명은 끝내 폭발하고 마는 것이다.

근래에 컴퓨터 게임에 중독된 젊은이들이 PC방에서 몇날 며칠을 잠도 안자고 게임에만 몰두하다가 돌연사를 겪었다는 보도를 종종 접하게 된다. 사람이 깨어있다는 것은 지속적으로 양기운을 발산한다는 것이며 잠을 자지 않으면 결국 인체의 양기운이 고갈돼 끝내 불상사를 겪게 되는 것이니, 잠이 무엇인지 보여주는 극적인 사례라 할 것이다.

{ 식생활과 호흡 }

다음은 식생활이 어떻게 토화작용에 영향을 끼치는가에 관한 것이다. 지금 식생활에 관심을 갖는 사람들이 부쩍 늘어나고 있다. 어떻게 하면 맛있는 음식을 먹을 수 있느냐 에서부터 몸에 좋은 음식을 통해 건강까지 챙기려는 사람, 또는 공해나 오염으로부터 안전한 먹을거리를 찾는 사람에 이르기까지 그 종류도 다양하고 관련 산업도 많이 발달해 있다. 그러나 동양학적으로 몸에 좋은 음식을 찾는 방법은 의외로 간단하다.

한동석 선생은 먼저 음식에 대하여 자기 몸의 반응부터 세심하게 관찰하라고 권하고 있다. 흔히 3대 영양소니 비타민, 미네랄이니 하여 몸에 좋다는 것은 가리지 않고 섭취하려는 자세에서 한걸음 물러나 자신의 몸이 어떤 음식을 바라고 있는가를 관찰하라는 것이다. 어떤 음식을 먹었을 때, 유난히 구미가 당기고 소화가 잘 된다면 그것은 몸이 그것을 절실히 원한다는 신호라는 것이다. 반면 아무리 좋은 음식이라도 몸이 잘 받지 않고 설사나 복통을 일으킨다던지 소화가 잘 안된다던지 구미가 당기지 않는다면 그것은 그 음식이 자기 몸에 맞지 않는다는 신호가 되는 것이다.

이것은 크게 두 가지 의미로 해석할 수 있다. 첫째는 음식이라는 것이 단순히 몸에 영양분 또는 에너지원을 공급하는 재료로서가 아니라 토화작용이라는, 순환과정을 돕는 존재가 되어야 한다는 의미다. 예를 들어 금기운 쪽으로 치우진 구조를 갖고 있는 몸에는 적절히 금기운의 활동을 제한하고 반대로 목기운을 불어넣는 음식이 좋을 것이고 화기운이 강한 몸이라면 수기운을 보충해주는 음식이 적절한 것이다.

이것은 음식을 약藥의 관점으로 바라보는 것이다. '약藥'이란 艹(풀 초)+樂(즐거울 락)으로 만들어진 글자이며 섭취함으로써 몸의 토화작용을 돕고 상생을 일으키는 것을 말하는 것이다. 따라서 음식을 섭취함에도 몸의 반응을 잘 살펴서 상생을 일으키는 음식을 찾으라는 것이다.

艹   +   樂   =   藥
풀 초   즐거울 락   약 약

둘째는 같은 영양소라고 해도 그 안에 깃들어 있는 기운의 성질이 다르다는 의미이다. 같은 단백질이라고 해도 소의 단백질과 돼지의 단백질은 성질이 다르다. 생선의 경우는 더욱 그런 것이다. 해亥방위는 띠로 비유할 때 '돼지'를 의미하는데 '해'는 수기운이고 북방이므로 돼지고기에는 '찬 기운'이 담겨있는데 반하여 '소'를 뜻하는 축丑방위는 벌써 동방에 가까이 있어 양기운을 내포하고 있으니 '더운 기운'이 담기게 되는 것이다.

이것은 온도의 높낮음을 이야기하는 것이 아니라 무형의 기운이 갖고 있는 성질을 말하는 것이며, 각 생명의 속성에 따라 함유하고 있는 '기'의 형태가 다른 것이다. 따라서 각자의 체질에 따라 적절한 음식이 따로 존재할 수밖에 없다. 음식을 섭취하는 데에도 철학이 필요한 것이다. 뒤집어 말하면 동양학이 얼마나 실용적인 학문인가를 보여주는 반증이라고도 할 수 있을 것이다. 성현들은 동식물의 생김새와 자라는 환경 등을 종합하여 그 생물의 오행 성질을 구별하고 거기에 맞는 적용사례들을 집대성하여 놓았으니 본초강목本草綱目이나 동의보감東醫寶鑑같은 것이 대표적인 예이다. 자신의 몸에 맞는 음식을 알아보는 것은 한의사를 비롯하여 많은 전문가들이 있으니 도움을 받아보면 좋을 것이다.

또 하나 우리가 간과하기 쉬운 문제가 있으니 그것은 호흡에 관한 것이다. 요사이 단전호흡이나 기호흡이라 하여 새로운 건강법의 하나로서 사람들의 관심을 받고 있는 것이 바로 호흡이다. 호흡이란 보통 산소를 들이마시고 이산화탄소를 비롯한 각종 노폐물을 뱉어내는 것으로 알려져 있고 이것은 누구나 살아있다면 하는 것인데 왜 호흡법이 관심을 끌고 있는 것일까.

인간은 하늘의 '오운'과 땅의 '육기'를 종합하여 간직하고 있는 존재이다. 따라서 각자 그 원천, 즉 에너지원을 하늘과 땅에서 섭취하고 있는 것이다. 우리가 음식을 먹는다는 것은 궁극적으로 땅의 기운을 흡수하는 것이고 호흡을 한다는 것은 하늘의 기운을 흡수하는 것이다. 물론 다 쓴 기운을 배출하기도 한다.

호흡은 보통 폐로 한다고 알고 있다. 그리고 사실이다. 그러나 이것은 산소를 섭취할 때 하는 이야기이고 호흡이 산소를 포함한 하늘의 기운을 흡수하는 것이라 했을 때, 산소 말고 나머지 순수한 기운을 흡수하기 위해서 우리는 우리 몸에서 '기'의 원천이 되는 단전을 이용해야 하는 것이다. 관념적으로 의식적으로 숨을 아랫배까지 끌어들여 단전에 이르게 하면 이로부터 모든 기의 순환이 원활하게 이루어지게 되어 건강을 돕는 이치이다.

  일정한 원리에 따라 '기'를 흡입하고 또 그 '기'를 온몸으로 순환시키면 자신도 모르게 상쾌함을 느끼고 머리가 맑아지는 것을 경험하게 되는 것이다. 또한 일정한 자세를 취하면 원하는 부위에 기를 보낼 수가 있어 신체적으로 부족한 부위의 기를 북돋우는 데에도 아주 유용하다. 다만 무경험자가 제멋대로 기를 운용하면 엉뚱한 데로 기가 흘러들어가 마비현상을 일으키는 경우도 있다는 것을 명심해야 한다. 아주 유용한 만큼 부작용도 있는 것이다. 이것이 무협지에서 자주 나오는 주화입마 走火入魔 이다.

  기를 운용한다는 것은 강제로 기를 주입하는 것과 마찬가지이므로 마치 펌프질을 하는 것처럼 많은 양의 기가 흐르게 되어 이 같은 부작용을 일으키는 것이므로 반드시 평판이 좋은 수련 도장을 찾아 전문가의 도움을 받는 것이 좋다. 다만 가만히 정좌 靜坐 하여 복식호흡 腹式呼吸 을 하는 정도라면 굳이 비용을 들일 필요는 없겠으나 어느 경우라도 항상 조심할 것을 권한다.

{ 정신의 토화작용 }

육체를 건강하게 만드는 것도 중요하지만 그에 못지않게 정신을 건강하게 유지하는 것도 중요한 과제라 할 것이다. 그러면 건강한 정신이란 무엇일까. 이 역시도 토화작용이 잘되는 정신이 건강한 정신이 되는 것이다. 다시 말해 토화작용이 제대로 일어나지 않으면 정신도 병들게 되는 것이다. 병들은 정신의 대표적인 예가 바로 '욕심' 이다.

인간은 항상 욕심과 싸우고 있다. 종교적 가르침이나 예로부터 전해 내려오는 인생의 격언을 보면 항상 욕심이 모든 악의 근원이라는 것을 지적하고 있는 것이니 이것은 욕심을 다스리는 것이 얼마나 어려운 과제인가를 잘 보여주고 있는 예라 할 것이다.

그러면 욕심이란 과연 무엇인가. 원래 욕심이란 철학적으로 보았을 때, 금화교역의 원리를 반영한 것이다. 금화교역이 대화작용을 통해 일어나듯이 욕심이란 멀리 보이는 목표를 향해 자신이 갖고 있는 생명력을 현실화시키려는 의지를 반영한 것이다. 이런 원리에서 바라보면 욕심 없는 존재란 것은 있을 수가 없다.

그래서 욕심을 공욕公慾과 사욕私慾으로 구분하여 바라보고는 하는 것이다. '공욕'이란 국가나 민족 또는 인류를 위해 공헌하는 것처럼 순수한 욕심을 말하는 것이고, '사욕'이란 자기 자신이나 가족만 생각하고 행동하는 것을 의미하는 것이다. 다시 말해 '공욕'은 상생과 토화작용이 원활하게 이루어져서 '원하는 대로' 그 뜻을 이룰 수 있는 것을 말하는 것이고 반면에 '사욕'은 상생과 토화작용이 부족하여 자신에게는 이로울지 몰라도 궁극적으로는 남에게 해를 주는 것이므로 이것이 보통 말하는 '욕심'이 되는 것이다.

과연 '공욕'이라는 것이 가능하냐고 묻는다면 이것은 바로 우주에서만 가능한 것이라고 대답할 수밖에 없다. 오직 우주만이 순수한 정신을 지니고 있으므로 우주는 자신이 바라는 것, 즉 우주전체를 운행하고 생명을 낳는 모든 행위를 원하는 대로 이루어내고 있는 것이다. 이것은 '이상'이 '현실'로 펼쳐진 것이며 이성과 감성이 하나가 된 순수한 생명의 모습 그 자체이다.

반면에 인간이 갖는 욕심은 우주와 마찬가지로 어떤 것을 이루어보려는 뜻에서 출발하는 것은 같으나 그 과정에서 자기중심적인 생각을 벗어나지 못하고 마는 것이다. 이것은 앞서 언급한 협소한 인간의 체구로부터 비롯된 것이다. 다시 말해 정신이 활발하게 뛰어놀 수 있는 공간을 육체가 제공하지 못하므로 인간은 원천적으로 토화작용이 제대로 일어날 수 있는 조건을 갖추지 못하고 있는 셈이다. 이런 상황에서 보면 항상 양기운이 태과하여 수렴에 애를 먹는다든지 반대로 과도한 수렴기운이 작용하여 '의義'를 저버리는 결과를 낳게 되는 것이니 이것이 인간의 정신 속에서 욕심으로 나타나게 되는 것이다.

우리는 보도를 통해 종종 고위직에 있는 사람들이 부정을 저질러 법의 심판을 받는 모습을 접하게 된다. 돈벌이나 갖고 있는 재주가 그만그만한 사람은 특별한 이유가 없는 한 큰 욕심을 부리지 않는다. 그를 둘러싸고 있는 환경이 제약을 하고 있기 때문에 마음 씀씀이가 일정한 수준을 넘지 않는 것이다. 그런 사람이 갑자기 큰돈을 번다거나 높은 지위에 오르게 되면 마음이 그리는 음양의 순환이 커지게 되어 그 동안 발휘되지 않고 있던 그 사람의 내면이 드러나게 되고, 또 제대로 수렴이 안 되어 도를 넘어선 욕심이 발휘되는 것이다.

따라서 사람을 알려면 자리를 주고 일을 시켜보면 된다. 그러면 그 동안 감추어져 있던 마음의 바닥까지 드러내는 사람이 꼭 있기 마련인 것이다. 사람이 고위직에 있으면 보통 사람보다 훨씬 '부푼 마음'을 갖게 되고, 그것을 감당할만한 인격, 철학적으로는 토화작용이 일어나지 못하면 결국 망신살이 뻗치게 되는 것이다.

'양기운이 태과한 욕심'이란 글자그대로 턱도 없는 바람을 갖는다는 것이니 이루지도 못할 것을 바라는 행위인 것이다. 젊은이들은 양기운이 많은 존재이다 보니 그 양기운에 감정感情을 실어 외모가 잘생긴 사람을 흠모한다든지 과한 승부욕을 갖는 등의 욕심을 부리게 되는 것이니 이것을 일컬어 정욕情慾이라 한다. 결국 정욕은 남에게 뽐내고 싶은 마음, 즉 실체가 없는 과시욕誇示慾이 되고 마는 것이다.

반면에 '과도한 수렴기운에서 비롯된 욕심'은 모든 것을 자기가 가지려는 집착을 낳는 것이니 이 역시도 토화작용이 부족해서 생긴 결과이다. 흔히 나이든 사람은 재산이나 명예, 지위와 같은 것을 탐하는 것이니 이것이 적절한 수준에서 그친다면 모르되 항상 과욕을 부려 끝내 추한 모습을 보이면서 퇴장하는 경우를 흔히 접하게 되는 것처럼 결국 탐욕貪慾으로 발전하고 마는 것이다.

情欲 정욕 : 양기운이 태과한 욕심
貪慾 탐욕 : 과도한 수렴기운에서 비롯된 욕심

앞서 육체적 건강의 경우는 자신이 노력만 한다면 충분히 실천할 수 있는 것임에 비해 정신적 건강은 인간이 타고난 한계 때문에 극복에 더욱 많은 노력이 필요한 것이다. 욕심에 치우진 인생이란 인생의 결실을 맺기는커녕 남의 손가락질을 받고 후손에게까지 누를 끼치는 실패한 인생이 되고 마는 것이다. 따라서 항상 정신의 순수성을 유지하려 노력해야 하고 또한 토화작용이 원활히 이루어지는지 자신을 돌이켜봐야 하는 것이다.

그러나 대다수의 경우, 이러한 한계를 극복하지 못하고 정신이 '욕심'으로 기울어 지금 우리가 보고 있는 것과 같은 사회 현실을 낳고 있는 것이니 이것이 불가피한 면이 있다고는 해도 아쉬운 마음을 감출수가 없는 것이다.

{ 성악설과 성선설 }

다음은 건강한 사회에 대한 것을 생각해보도록 하자. 이 문제를 다루는데 있어 여러분들이 간혹 접하게 되는 성선설性善說과 성악설性惡說의 논쟁을 곁들여 설명해보고자 한다. 성선설과 성악설은 인간이 태어날 때의 본성이란 것이 원래 착한 것이냐 아니면 악한 것이냐 하는 논쟁이다. 이것은 동서양을 통틀어 많은 논쟁을 낳았던 주제이기도 하고 또한 아직도 뚜렷한 대답을 찾기 힘들어 누구나 궁금해 하는 문제이기도 하다.

인간의 정신이 '오운'을 바탕으로 하고 있다는 것은 수차 언급한 바가 있다. 그러면 이 '오운'이란 것이 착한 것인가 아니면 악한 것인가. 독자 여러분들은 어떻게 생각하는가. 과연 이 우주는 착한 것일까, 악한 것일까. 우주는 그저 '목적 없는 목적'을 갖고 덤덤하게 돌고만 있을 뿐이니 여기에 선악의 구분을 한다는 것은 무의미한 것이다. 오운은 '중中'을 지향할 뿐이니 누구도 여기에 선악을 빗대어 시비할 수가 없는 것이다.

그러나 굳이 따지자면 '오운'의 운행도 상생을 통해 이루어지는 것이니 여기에 '선함'이 갖추어져 있다고 볼 수도 있다. 반대로 대화작용을 통해 상극도 실현하는 것이니 '악함'이 없다고 볼 수도 없는 것이다. 이런 바탕을 가지고 인간은 태어나는 것이다.

갓 태어난 아기는 '오운'의 순수성을 그대로 유지하고 있다. 아직은 양기운이 충만해 있어 음기운의 영향을 덜 받게 되므로 일단 순수한 백지와도 같은 상태라고 볼 수도 있고 또는 선하다고 볼 수도 있다. 왜냐하면 상생과 상극이 동일한 가치라고는 해도 상극은 어디까지나 상생을 위한 것이므로 순수한 '오운'을 반영한다는 것은 '선함'을 더 갖고 있다고 볼 수 있기 때문이다.

양기운이 많다는 것은 무형의 기운이 많다는 뜻이니 아기의 피부는 솜처럼 부드럽고 정신은 맑은 것이다. 그러나 시간이 흐름에 따라 점점 골격은 굳어져 가고 피부는 거칠어지는 것이니 이것이 바로 음기운의 작용인 것이다.

음기운의 작용이란 것은 결국 인간에게 어떤 선택을 하라는 뜻이 된다. 음기운과 양기운의 승부작용 속에서 이상을 택할 것인가 현실을 택할 것인가 결정해야 하고, 이성의 말을 들을 것인가, 감정이 이끄는 대로 행동할 것인가 선택해야 하는 것이다. 그 선택의 결과에 따라 행동은 '선'이 될 수도 있고 '악'이 될 수도 있다. 토화작용이 잘 이루어진다면 당연히 그 결과는 상생지향적인 '선'이 될 것이고, 반대로 토화작용이 원활하지 못하다면 상극지향적인 '악'으로 기울고 마는 것이다.

그러나 인간의 육체는 협소한 환경 때문에 결국 음기운이 과하게 작용하는 결과를 낳고 이것은 필요이상의 상극으로 이어져 인간으로 하여금 점점 '악'에 기울게 하는 것이다. 딱 부러지는 결론이 아니어서 실망했을 수도 있겠지만 결국 인간은 착할 수도 있고 악할 수도 있으며 오직 본인의 선택에 의해 선악으로 갈리는 것이니 이것이 있는 그대로의 우리네 삶인 것이다.

성선설을 주장했던 맹자孟子도 또한 청소년에게 명산대천名山大川

을 바라보며 호연지기 浩然之氣를 기를 것을 권했던 것이니, 이것은 양기운이 충만한 시기의 청소년들이 그 양기운을 자연스럽게 끌어올려 발휘할 수 있는 환경을 마련해주어야 한다는 의미인 것이다. 이것으로 보아도 맹자가 단순히 '인간은 원래 착하다'는 식의 운명론자가 아님을 잘 알 수 있는 것이고 또한 공부에 치여 허우대만 커진 요즘의 청소년들이 측은해 보이는 까닭이기도 하다. 자식을 사랑하지 않는 부모가 있겠는가마는 그 결과는 오히려 청소년들을 상극으로 내몰고 있는 형국이니 이것은 개인의 잘못이라기보다는 사회상을 탓해야 할 문제일 것이다.

인간의 협소한 체구 못지않게 사회적인 환경도 인간을 '악'으로 내모는 경우를 얼마든지 볼 수 있다. 만약 사회적인 환경이 부족한 것이 없이 넉넉하고 생활이 윤택하다면 이것은 양기운이 원활하게 펼쳐지는 환경이 되는 것이다. 따라서 인간관계도 원만하고 생존경쟁도 적을 것이니 이런 경우는 당연히 '선한 사회'가 형성될 수밖에 없을 것이다. 그러나 생활이 빈곤하고 생존을 위해 치열한 경쟁을 겪어야 하는 사회라면 음기운이 과하게 작용하는 형국이니 당연히 상극이 주도하는 '악한 사회'가 되고 마는 것이다.

필자가 경제의 전문가는 아니지만 상식적으로 생각해도 경제의 원리는 '순환'이 아닌가. 돈이 원활하게 돌고 돌아야 그 사회가 경제적으로 윤택해진다는 것은 누구나 아는 사실이다. 따라서 어떻게 돈이 한 곳에 몰리지 않고 물 흐르듯이 돌아다니게 할 것인가가 경제정책의 제일 원칙이 되어야 할 것이고 이것은 단순히 사회가 부유해진다는 의미 외에 '선한 사회'를 만드는 바탕이 되는 것이다.

물론 사회의 문제가 '돈'만 갖고 해결될 리는 없다. 사회를 음양의 순환으로 바라보았을 때, 양기운이 순조롭게 상승한다는 것은 사회 구성원의 꿈과 희망이 자연스럽게 발휘된다는 것을 의미하는 것이고 음기운이 올바르게 수렴한다는 것은 그 사회가 지닌 '부富'나 문화 같은 것이 각 구성원에게 골고루 나뉘어 진다는 것을 말하는 것이다. 꿈같은 이야기지만 이것이 유교에서 꿈꾸었던 대동大同(크게 하나가 되는) 사회인 것이다.

참고로 자본주의 사회라는 것은 인간의 자발적인 동기를 끌어내는 데 탁월한 능력을 발휘하고 있으니 이것은 분열 발전에 치우친 것이고 반면에 공산주의 사회는 분배과정의 공평성에 무게를 두는 것이니 이것은 수렴 통일 과정에 치우친 것이라는 해석이 가능할 것이다.

{ 우주의 마음과 인간의 마음_ 1 }

이제 결론적으로 우주와 인간에 대해 이야기해보기로 하자. 우주와 인간은 '오운'이라는 같은 바탕을 지니고 있는 것이다. 그러나 우주는 '오운' 그 자체인데 비해 인간은 '육기'의 영향으로 인해 원래 우주가 지니고 있던 '이상'에서 벗어나 '욕심'을 부리는 존재가 되고 만다.

이러한 우주와 인간의 마음을 구분하기 위해, 우주의 마음은 생물지심生物之心이라 하고 인간의 마음은 성물지심成物之心이라 한다. 다시 말해 우주는 '우주의 삼라만상을 낳아주는 마음'을 지니고 있다는 것이다. 이것은 우리가 흔히 말하는 일반적인 마음은 아니다. 순수한 무형의 마음이고 이상적인 마음이다. 우주는 사심私心을 갖지 않고 중中을 지키기 때문에 우리가 코스모스Cosmos라고 부르듯 균형과 질서를 지닌 우주를 만들어 놓았다는 것이다.

生物之心 : 우주의 마음, 삼라만상을 낳아주는 마음

반면에 인간의 마음을 '유형의 사물을 이루려는 마음'이라고 하는 것이니 이것은 '육기'가 '오운'이 던져준 기운을 '형形'으로 만드는 과정과 동일한 것이다. 즉 인간은 우주가 부여한 무형의 기운에 자신의 생명력을 보태 유형의 사건이나 물질로 만들어 내는 존재인 것이다. 우주가 던져준 재료를 이용해 '인간의 손때'가 묻은 사물을 만들고 있는 것이다.

成物之心 : 인간의 마음, 유형의 사물을 이루려는 마음

바로 이 '인간의 손때'가 문제가 되는 것이다. 이것은 '인간다움'을 반영하고 있기 때문에 그 자체로서 인간은 존재의 의미를 찾게 되는 것이지만 순수했던 재료를 버려놓는 결과도 동시에 가지게 된다. 한마디로 '욕심'을 부리는 것이다. '인간다움'이 없다면 그것처럼 무미건조하고 밋밋한 삶이 없을 것이고, 간직하고 있자니 욕심으로 인해 온갖 '악'이 펼쳐지는 모순된 현실.

동양의 성현들이 가장 관심을 기울였던 것도 바로 이러한 문제였다. 어떤 분들은 어떻게 해야 인간이 욕심을 버리고 우주의 순수한 마음을 회복할 수 있는가 하는 문제에 관심을 가졌고 또 어떤 분들은 인간이 사심私心을 가지고 각자의 삶을 살아가는 것이 도대체 어떤 의미를 갖는 것인지에 관심을 기울였다.

이것이 바로 우리가 알고 있는 성리학性理學이라는 학문이다. 우주의 순수한 마음이 인간의 마음에 깃들 때, 어떤 변화를 겪고 또 그것을 인간이 어떻게 활용하고 있는지, 어떻게 하면 순수하게 활용할 수 있는지를 밝히려는 학문이라는 것이다.

먼저 성性이란 무엇인가. 우주가 갖고 있는 순수한 정신을 인의예지仁義禮智라고 했을 때, 인간은 이것을 희노비공喜怒悲恐으로 바꾸어 간직하게 되는 데 이것을 일컬어 성性이라고 한다. 또한 '중용中庸'에서 '천명지위성天命之謂性'이라 했을 때, 하늘이 명한 바를 '성'이라 하는 것도 같은 맥락인 것이다.

주역 계사전에 '계지자선 성지자성繼之者善 成之者性'이라는 말이 있으니 이것은 인간의 성性이 어떤 과정을 통해 형성되는 것인가를 설명하고 있다. '계(繼, 이을 계)'라는 것은 우주가 던져주는 것을 이었다는 뜻이니 바로 '오운'을 말하는 것이요, 그것이 선善하다는 것은 바탕이 순수하다는 뜻이다. 일반적인 선악이 아니라 우주가 추구하는 궁극적인 선을 말하는 것이다.

그리고 그 '선'을 실현하는 것이 '성性'이라 했으니 이것은 우주가 던져준 오운이 인간에 깃들 때, 성性으로 변한다는 뜻인 것이다. 즉 '성'이란 순수한 우주의 마음이 음기운을 쓰고 사람의 마음으로 변한 것을 말하는 것이다.

이러한 '성'을 놓고 생각할 때, 인간이 본래 타고난 우주의 마음을 사심으로 더럽히고 있으므로 마음을 정화하여 근본을 되찾아야 한다는 생각을 당연히 해볼 수 있을 것이다. 이러한 생각은 오운의 순수성에 중점을 두고 있는 것이므로 '이理'를 중요시한다 하여 주리론主理論이라 한다. 반면에 인간이 갖고 있는 '기질'의 한계는 필연적인 것이므로 이것을 가능한 한 올바른 행동으로 이끈다면 이것이야말로 우주의 마음을 제대로 실현하는 것이라고 생각해 볼 수도 있는데 이것은 '기氣'를 중심으로 생각하는 것이므로 주기론主氣論이라 하는 것이다.

필자가 굳이 주리론 주기론 같은 성리학의 내용을 언급하는 것은 이처럼 동양의 학문은 음양오행이나 오운육기를 바탕에 깔고 생각하면 이해하기도 쉬울 뿐 아니라 전체적인 그림을 그려낼 수 있다는 것을 보여주려는 것이다.

성리학에 관한 것은 많은 자료가 있으니 그것을 참고하면 될 것이고 지금 필자가 이야기하려는 것은 조금 방향이 다른 것이다. 그것은 왜 그토록 동양의 성현들이 '성'의 문제에 관심을 기울였는가 하는 것이다.

{ 우주의 마음과 인간의 마음_ 2 }

　공자, 맹자의 사상을 성리학이라는 학문으로 한 단계 비약시킨 주자는 중국뿐만 아니라 한국과 일본에도 지대한 영향을 끼쳤다. 그런데 왜 주자는 '성'에 대해 많은 관심을 기울였던 것일까.
　주자는 남송南宋시대의 사람이다. 그리고 주자의 성리학이 이루어지는데 바탕이 되었던 다섯 명의 학자가 있으니 이를 북송5자北宋五子라 부른다. 북송5자는 각기 소옹(邵雍, 호는 강절), 주돈이(周敦頤, 호는 렴계), 장재(張載, 호는 횡거), 정호(程顥, 호는 명도), 정이(程頤, 호는 이천)를 말하는 것으로 성리학의 성립과정을 배울 때 꼭 마주치게 되는 인물들이다. 이들은 각기 스승과 제자이거나 학문적으로 영향을 끼쳐 마침내 주자에 이르러 학문적으로 집대성된 것이 바로 성리학인 것이다. 각 인물들의 학문적 업적은 각종 자료를 참고하기 바라며, 필자가 북송5자를 소개한 까닭은 그 중 두 인물, 즉 소강절과 주렴계를 소개하기 위해서이다.
　소강절 선생은 『황극경세서皇極經世書』라는 유명한 저서를 남긴 인물이다. 그는 '수數'를 통해 우주와 자연의 이치를 밝히고자 하였으며 우리가 배운 상수학象數學을 확립한 사람이다. 그의 학문을 간략히 설명하자면 사물의 모든 변화는 수의 변화를 동반하며 수의 조합을 통해 만물의 변화를 근원적으로 파악할 수 있다는 것이다.
　예를 들어 지구상에 존재하는 생물은 우연적으로 생겨난 것이 아니고 각 생명이 타고 태어나는 도수度數를 넘지 못하며 따라서 생물이 생겨날 수 있는 종류가 한정되어 있다는 것이다. 황극경세서에서 그는 동물과 식물의 전수全數가 30,720, 동물과 식물의 용수用數가 152, 그리고 동물과 식물의 통수通數가 289,816,576이라고 소개하고 있다. 필자의 학문이 짧아 전수와 용수 그리고 통수가 정확히 어떤 수를 말하는지는 모르겠으나 그가 어떤 생각을 갖고 있었는지 짐작은 할 수 있을 것이다.

　우주는 보이지 않는 어느 한 점에서 시작하여 지금과 같은 광대무변한 우주가 되었다. 그래서 만약 이 우주의 모든 것을 도로 한 점으로 수렴시킬 수 있다면 그 결과는 바로 '무無'가 되는 것이다. 우주가 무한정 팽창하는 것이 아니라면 어느 순간 팽창이 멈추는 한계점에 도달하게 되고 이런 가설을 바탕으로 그 한계점을 계산해보려는 물리학자가 반드시 있었을 것이다. 마찬가지로 생물이 무한정 생겨나고 새로운 종도 계속 생겨나는 것이 아니라면 분명 그 한계가 있는 것이고 소강절 선생은 그것을 밝히려 했던 것이다.

　그러나 소강절 선생이 단순히 '숫자'에만 집착했던 것은 아니다. 앞서 상수학은 철학이 담긴 질質의 수학이라고 했듯이 그 속에는 선생만의 철학이 담겨있는 것이다.

　우주와 인간의 관계를 생각해보자. 생각하기 쉽도록 우주를 모든 기운이 뭉쳐있는 한 점의 중심이라고 놓고 이 중심이 분열하여 사방팔방으로 흩어져 간다고 했을 때, 분열해가는 각각의 개체는 분명 우주의 한 부분이다. 우주와 같은 성분을 지니고 있는 것이다. 그러나 점점 중심에서 멀어져가는 각각의 개체는 근본을 망각한 채 자신만의 개성을 띠면서 화려한 비행을 계속한다. 개체 하나하나는 작디작은 부분에 불과하지만 이들 전체가 모이면 그것이 바로 우주가 된다. 그리고 도수度數가 꽉 차면 이들은 수렴을 시작하여 다시 한 점으로 모이게 되는 것이다.

성리학에서 말하는 '성性'은 이렇게 각각의 개체가 띠고 있는 마음이다. 그러나 이것은 단순히 각 개체의 개성個性을 말하려는 것이 아니라 전체가 모여 우주의 마음을 실현해간다는 의미에서의 '성'인 것이다. 이 연결고리를 놓치면 성리학을 심리학의 한 부류 정도로밖에 이해하지 못하는 것이다. 인간과 우주가 연결되어 있다는 것, 성리학이 정말 말하려한 것은 바로 이것이다.

그러면 소강절 선생은 공간적으로 개개의 인간이 우주의 마음을 받아 내린 것만을 이야기했을까. 당연히 그럴 리는 없다. 선생은 또한 우주의 마음이 시간적으로 어떻게 전개되는 것인가에 대해서도 언급하고 있다. 이것이 그 유명한 원회운세론元會運世論인 것이다. 우주의 마음이 인간을 통해, 정확히는 역사를 통해 어떤 과정을 펼쳐 가는가를 설명하려는 것이 바로 원회운세론이며 이것은 우주의 본체를 다룰 때 언급하게 될 것이다.

또 다른 성리학의 태두는 주렴계 선생이다. 주렴계 선생은 태극도설太極圖說을 남긴 분이며 선생 역시 태극도설을 통해 인간과 우주의 관계를 밝히고자 했던 것이다. 주렴계 선생을 통해 우주의 본체를 뜻하는 '무극無極'이라는 개념이 처음 제시되었으며, 또한 '무극'이 인간을 비롯한 모든 생명의 본체인 '태극'과 어떻게 연결되어 있는지 설명하고 있다.

'무극'과 '태극'은 다시 인간의 삶과 역사를 통해 현실에 드러나

'행동하는 우주의 마음', 즉 황극皇極과 연결되게 되는데 그래서 소강절 선생의 저서명이 『황극경세서』가 되는 것이다. 즉 소강절 선생은 현실에 드러난 우주의 마음(황극)이 어떻게 세상을 다스리고 있는가(경세)를 밝히려고 했던 것이다(무극과 태극, 황극에 관한 것은 우주 본체론에서 다룬다).

정리해서 이야기하자면 우주는 자신의 마음을 인간에게 나누어 주고 있지만 전부를 주지는 않는다. 시시각각 변하는 우주의 운행 속에서 그때그때 기운을 받아 내려 태어나는 것이 인간이다. 우리가 다양한 사주팔자를 타고 태어나는 것을 각기 조금씩 우주의 마음을 받아 내린다는 의미로 해석해 볼 수 있는 것이다.

아마도 지구상에 있는 모든 인간의 마음을 합쳐도 우주의 마음을 복원해 내기는 힘들 것이다. 그리고 각각의 인간에게 깃든 마음은 현실화된 우주의 마음이라는 뜻에서 이를 '성'이라 부르는 것이다. 그리고 인간은 이 '성'을 바탕으로 하고 육체라는 매개체를 통해 사물을 만들어가는 것이니 이것이 바로 성물지심成物之心이 되는 것이다.

결국 인간 하나하나는 제멋대로 제 마음대로 살고 있는지 몰라도 그것이 인류라는 단위가 되면 지구라는 공간은 우주의 마음을 실현하는 마당이 되는 것이다. 물론 육기가 지배하는 지구는 많은 제약과 방해요소를 갖고 있는 것도 사실이지만 그럼에도 우리는 토화작용과 인신상화, 그리고 금화교역을 통해 이상을 실현해보려는 인간의 노력을 읽을 수 있는 것이다.

오히려 그러한 방해 요소가 있음으로 인해, 인간이 이상을 실현하려는 바램은 더욱 간절한 것이 되고, 만약 이상이 실현된다면 그 어느 것과도 견줄 수 없는 값진 열매가 될 수 있는 것이니 이것이 동양학이 보는 우주와 인간의 관계이다.

{ 화생火_ 물질은 어떻게 만들어지는가 }

지구에는 인간만 존재하는 것은 아니다. 초목과 동물을 비롯한 온갖 생명들이 거대한 자연을 이루면서 생존하고 있는 것이다. 따라서 이러한 생명체들이 어떻게 생존하고 있는가를 살펴볼 필요가 있는 것이다. 일반적으로 물질物質이라는 표현은 무생물을 지칭하는 것으로 사용하고 있으나 동양학에서는 유형有形을 지닌 모든 것을 일컬어 물질이라고 하는 것이니 이 점을 혼동하지 않았으면 한다.

또한 생명이 발현하는 현상을 보통 탄생이라고 부르고 있으나 동양학에서는 이것을 화생化生이라고 하는 것이니 이것은 무형이 유형으로 변화하면서(→ 화) 생명이 탄생한다는 것(→ 생)을 표현하기 위함이다.

결국 '화생'이라는 표현 속에 동양학에서 물질을 바라보는 모든 시각이 다 담겨있다고 할 것이다. 즉 물질이라는 것은 무형이 유형으로 변화한 것이니 이것을 오행으로 바라보면 양기운으로만 꽉 차있는 '수'에서 '목', '화'로 전개되는 과정이 바로 '물질의 화생'이 되는 것이며 이 과정에서 내부에 차있던 양기운이 소모되게 된다.

그리고 다시 '토', '금'의 과정을 거치면서 새로운 양기운이 수렴되어 새로운 생명을 창조하게 되는 것이다. 만약 이 과정에서 수렴작용이 제대로 일어나지 못한다면 물질은 도로 무형의 기운으로 '변變'하여 흩어지고 마는 것이다.

따라서 '물질의 화생'이란 결국 금화교역 작용을 바탕으로 하고 있는 것이다. 이 부분을 좀 더 구체적으로 살펴보면, '수'라는 것은 원래 형체가 없이 오직 생명력 즉 에너지만으로 가득한 상태를 상징하는 것이다. 그리고 이러한 '수'가 지구의 자전을 통해 양기운이 동動하는 방위에 서게 되면 '목'을 생生하는 것이다.

'수'가 '목'을 생生하는 과정을 먼저 오운에서부터 살펴보자. '갑목'은 '기토'의 대화작용으로 인해 '갑토'로 변하면서 운행運行을 시작하고 '을목'은 '경금'의 대화작용으로 인해 '을금'으로 변화하며 '병화'는 '신수'의 대화작용으로 인해 '병수'로 변하면서 동북방에서 동방에 이르는 변화를 나타내고 있다.

즉 토→금→수로 진행되는 '형形'을 갖추려는 의도가 발휘되고 있는 상황이다. 그러나 오운은 '운'일 뿐이므로 이것은 아직 실제 '형'을 갖춘 것은 아니다. 다만 '뜻'이 그렇다는 것이다.

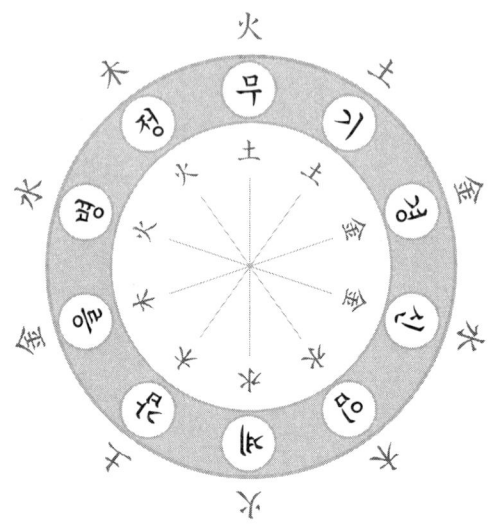

오운도

이러한 '운'의 운행이 '육기'와 결합되면 어떤 상황이 벌어지는 것일까. '육기'도 기본적으로는 '오운'의 변화와 비슷하다. 즉 '인목'은 '신금'의 대화작용과 이에 따른 자화작용을 거쳐 '인상화'로 변화하고, '묘목'은 '유금'의 대화와 자화작용을 거쳐 '묘금'이 되며 '진토'는 '술토'의 대화와 자화작용을 거쳐 '진수'가 되는 것이다.

따라서 '육기'의 변화는 상화 → 금 → 수로 진행되고 있다. 그러나 이것이 '오운'과 다른 점은 이것이 현실에서 벌어지는 일이라는 점이다. 앞서의 '오운'을 바탕으로 하되 '수'라는 무형의 기운을 '금', '수' 기운이 깃든 행동을 함으로써 '유형'으로 변화시키고 있는 모습이 구체적으로 담겨있는 것이다.

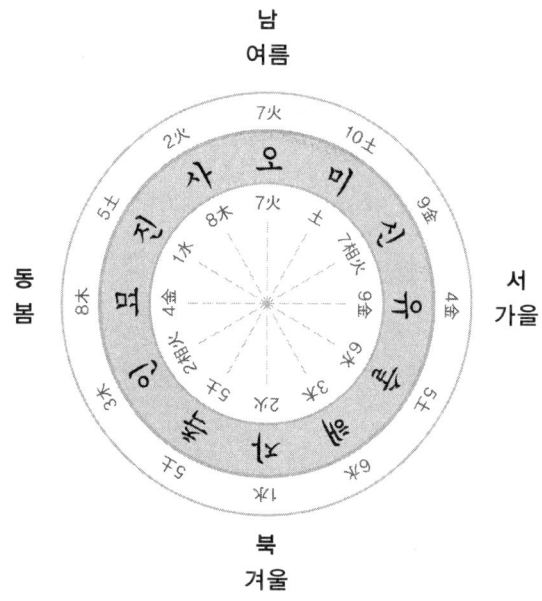

육기변화도

그러나 이런 식으로 설명하면 이해가 어려울 것이니 예를 들어보도록 하자. 우리는 식물이 자랄 때, 뿌리로부터 수분과 영양분을 공급받고 또 광합성 작용을 통해 에너지를 받아들인다는 것을 배워서 알고 있다. 식물에 물을 주면 쑥쑥 자라는 것을 보고 고대에는 물이 식물로 변한다고 생각한 사람들도 있었지만 사실은 물속에 포함된 각종 영양분이 식물의 성장에 영향을 끼친다는 것을 모르는 사람은 없을 것이다.

이런 과정을 동양학의 관점으로 보면 식물이 뿌리로부터 수분과 영양분을 흡수하는 것이 바로 '금'의 과정이다. 또한 광합성을 통해 태양이 보내는 양기운(에너지)을 몸속에 간직하는 것(이것을 생물학에서는 에너지의 고정이라고 한다)도 마찬가지로 '금'의 과정이다. 식물은 단순히 양분과 에너지를 몸속에 받아들이기만 하는 것이 아니라 이것을 토대로 성장을 계속하는 것이니 이것은 바로 '수'의 과정이다.

그리고 이런 모든 과정에는 어떤 균형이 자리 잡고 있다. 식물은 물을 무한정 주고 햇볕을 무한정 쬔다고 해서 마구 자라지는 않는다. 예를 들어 식물이 물을 흡수하는 원리인 '삼투압' 같은 것이 흡수하는 물의 양을 조절하고 있는 것이니 이것은 '토'가 작용하고 있다고 볼 수 있다.

결국 앞서 설명한 원리들이 실제 식물의 성장에 고스란히 반영되고 있는 것이다. 또한 이런 원리를 통해 바라보면 사실 모든 생명이 어떤 형태로든 영양분과 산소 및 햇볕을 몸속에 간직하여 에너지원으로 삼고 또 섭취하는 양을 스스로 조절하고 있음을 알 수 있다.

물론 음식을 먹는 것은 '유형의 것'을 섭취하는 것이니 이것이 과연 무형이 유형으로 변화하는 것이냐는 물음이 있을 수 있겠지만 섭취한 음식이 바로 살이 되는 것이 아니라 에너지로 변화한 다음에 다시 육체를 이루는 바탕이 되는 것이니 큰 차원에서 무형이 유형으로 변화한다고 보아도 무리는 없을 것이며 이것을 동양에서는 물질의 화생과정이라 부른 것이다.

{ 물질은 어떻게 변화하는가 }

　인간은 '오운' 중에서도 '토'를 바탕으로 생겨난 존재이므로 이를 신기神機라 부른다는 것을 설명한 바가 있다. 따라서 '신기'는 자율성이 강하므로 웬만해서는 환경의 영향을 거의 받지 않는다. 그러나 동물이나 초목의 경우, 나고 자라는 환경의 영향을 받지 않을 수 없는 것이니 이에 따라 많은 변화를 겪게 된다. 현대 과학에서는 이것을 '진화론'이라는 관점에서 바라보기도 하나 동양학에서 이야기하는 물질의 변화는 진화론과는 좀 다른 것이다.

　즉 환경에 따라 그 환경이 제공하는 '기운'을 바탕으로 성장하는 고유의 종種이 발생한다거나 같은 종이라도 환경의 영향으로 인해 모습이 바뀌게 되는 경우를 보게 되는데 이것을 물질의 변화라고 말한다.

　추운 지방에서는 추운 지방에서 살 수 있는 생물이 화생하고, 더운 지방에서는 더운 지방에서 살 수 있는 생물이 화생하는 법이다. 이것을 오행의 관점에서 바라보면 각기 목 화 토 금 수의 기운이 우세한 지역이 있을 수 있고 그에 따라 특수한 오행기운을 간직한 생물이 자라나는 것이니 이것을 변화라고 보는 것이다.

　예를 들어 우리가 귀한 약재로 취급하는 녹용鹿茸의 경우를 보자. 사슴은 추운 지방에서 많이 자라는데 추운 지방에서 자라다 보니 반대로 몸에 양기운이 많게 된다. 그래서 사슴은 언제나 껑충껑충 뛰어다니는 것이니 이것을 양기운이 많아 기운이 솟구치는 것으로 해석한다. 그리고도 남아도는 사슴의 양기운은 머리에 뿔로 형상화되니 이것이 녹각鹿角이며, 녹용이란 사슴의 뿔에서도 꼭대기에 갓 자란 부드러운 부위를 말하는 것이다.

음속에서 자라는 양, 그 양기운에서도 가장 신선하여 아직 굳지 않은 부위를 상징하는 녹용은 그래서 양기운을 북돋우는 귀한 약재가 된다. 물론 비과학적이라고 무시하는 사람도 있지만 녹용을 섭취하여 그 효능을 몸소 체험한 사람이 한둘도 아닌 이상 함부로 무시할 대상은 결코 아닌 것이다.

이런 방식으로 지구의 다양한 환경은 그에 맞는 다양한 생명의 종種을 화생하는 것이며 이것은 각기 고유한 방식으로 특정한 기운을 간직하고 있다. 이런 원리를 이용하여 인체에서 일어나는 각종 비정상적인 현상, 즉 오행기운의 균형이 깨져 병을 얻게 되는 경우, 여기에 상응하는 기운을 지닌 식물이나 동물을 이용하여 몸의 균형을 되찾도록 하는 것이 동양의학의 기본 원리이다.

앞서 인간 개개인의 마음은 별것 아닌지 몰라도 인류 전체가 되면 우주의 마음을 반영할 수 있다는 것을 설명한 것과 같이 다양한 동, 식물도 역시 하나하나는 미약한 존재이지만 전체가 모여 우주의 마음을 실현해가고 있다고 볼 수 있다.

결국 '변화變化'라는 것은 전체全體인 하나에서 나온 다양한 모습이다. 이것을 오행을 통해 본체인 '수'가 목 화 토 금의 과정을 거쳐 다시 '수'로 돌아오는 과정으로 설명하는 것이니 우주 삼라만상은 물론이고 지구에서 서식하는 인간과 동물, 식물은 모두 근원이자 전체인 하나에서 갈라져 나온 다양한 모습이 되는 것이고, 이것은 무한정 분열만 하는 것이 아니라 어느 시점에서는 '미토'의 중재를 거쳐 다시 하나로 환원하게 되는 것이다.

그러나 이러한 거대한 순환은 그냥 일어나는 일이 아니라, 그 속에서 다양한 생명이 '화생' 하고 그 생명은 각자의 역할을 통해 '존재'하고 마침내 결실을 맺어 '존재의 의미'를 찾게 되는 것이니 이것이 우리가 보고 있는 생명의 모습이다.

{ 변화와 종種 }

 (이 부분은 꼭 필요해서라기보다도 동양에서 물질을 어떻게 바라보는가 하는 관점을 전하기 위해 서술하는 것이며 이것이 오랫동안 정체돼온 동양학을 현대과학과 연결시켜주는 고리가 될 수 있지 않을까 하는 바람에서 언급하는 것이니 부족한 부분이 있더라도 후학의 분발을 기대해 본다.)

 종種이라는 것은 생물 분류의 기본 단위이다. 현대 과학에 빗대어 말한다면 '고유의 유전자를 갖고 있는 존재' 정도가 될 것이다. 따라서 같은 종끼리는 서로 짝짓기가 가능하나 다른 종끼리는 이것이 애초부터 불가능한 것이다. 현대의 과학자들은 아직도 왜 이러한 '종'이 생겨나는지 명확한 결론을 내리고 있지 못하나 동양학에서는 이것을 물질 변화의 기본 단위로 보고 있다.

 앞서도 언급했듯이 물질은 아무렇게나 생겨나는 것이 아니다. 물질이 환경의 영향을 받기는 하지만 그렇다고 환경이 물질을 만드는 것은 아닌 것이다. 그렇다면 과연 어떤 원리로 '종'이 생겨나는 것일까.

 다양한 '종'이 발생하는 것은 기본적으로 '오운'의 영향을 통해서이다. 일단 크게 분류해서 '토 금 수 목 화'의 다섯 운을 기본으로 하여 이런 운을 받아들여 화생하는 존재가 있고 이것이 다시 분화를 거듭하여 다양한 생물의 종이 발생되었다는 것이다. 물론 그중에는 환경의 영향을 이기지 못하고 멸종하는 생명도 있었을 것이고 인간처럼 온 지구를 제 것처럼 누비고 다니는 '종'도 있다.

그러나 어떤 종이라도 이것은 결국 자체적인 순환을 하고 있는 존재라는 의미를 갖는다. '종'은 씨앗 또는 정자精子로 수렴되었다가 형체를 지닌 물질로 화생하여 활동한 후에 다시 씨앗 또는 정자로 수렴되는 존재이다.

그러면 어떻게 '종'이 분화를 거듭하게 되었을까. 우리가 알다시피 인간은 처음부터 이 지구상에 있었던 존재는 아니다. 처음에는 원시적인 형태의 생명만이 존재하다가 초목이 지구를 뒤덮을 때도 있었고 이후 양서류 파충류 포유류 등의 순서로 생명이 발전한 끝에 인간이 나오게 된 것이다. 이것이 소위 진화론이라 하여 생물이 점진적으로 환경을 비롯한 다양한 원인에 의해 발전해 온 것으로 보는 견해이다.

그러나 동양학의 관점은 좀 다르다. '종'은 기본적으로 화생한 것이라고 보기 때문에 양서류가 파충류로 또 포유류로 점차 바뀌어 갔다는 견해는 인정할 수가 없다. 이것은 현대과학에 있어서도 어느 정도 증명되고 있는데 예를 들어 양서류가 파충류로 진화해 간 것이라면 이 두 생물의 중간적인 특징을 지닌 생물이 있음직도 한데 그런 것을 전혀 발견할 수가 없기 때문이다. 이것을 소위 잃어버린 고리missing link라 하여 진화론을 부정하는 사람들이 흔히 제시하는 논리이다.

동양학에서 바라보는 '종'의 분화는 기본적으로 그 물질이 얼마나 '운'을 담을 수 있느냐는 기준으로 바라보는 것이다. 즉 식물보다는 동물이, 양서류 보다는 파충류, 포유류의 순으로 '운'을 담을 수 있는 '형形'을 갖추고 있다고 본다. 담을 수 있는 '운'이 클수록 그리고 그것이 '토'에 가까울수록 그 물질은 '자율성'을 갖게 되는 것이다.

원시적인 생명체만 존재하던 지구에서 보다 효율적으로 '운'을 담을 수 있는 초목이 생겨나고 이 초목이 지구로 투사되는 운을 흐트러트리지 않고 더 많이 담을 수 있게 되자 이를 바탕으로 보다 강한 운을 지닌 물질이 화생하게 된다. 이런 과정이 반복되어 최종적으로 자율성이 우주와 비슷한 수준에 이른 인간과 같은 종이 화생하게 된 것이다.

결국 이것은 현대 과학에서 보는 진화의 방향성과 크게 다른 것은 없다. 그러나 물질 속에 깃든 '운'과 자율성이라는 관점은 오직 동양학에서만 제시하는 것으로, 앞서 인간을 비롯한 모든 생명이 우주의 마음을 반영하고 있다는 시각과 함께 어떻게 물질이 오랜 시간에 걸쳐 우주의 마음을 반영해 왔는가 하는 것을 설명하게 되는 것이다.

{ 사물을 어떻게 관찰하는가_ 1 }

이번에는 동양에서는 어떤 원칙을 가지고 사물을 관찰해 왔는가를 이야기하고자 한다. 공자孔子는 주역 계사전에서 근취저신 원취저물 (近取諸身 遠取諸物, 諸는 어조사 '저'로 읽는다)이라고 한 바 있다. 이것은 가까이는 자신의 몸에서 관찰하고 멀리는 물질에서 관찰하라는 뜻이다.

모든 물질의 변화라는 것은 너무도 다양하기 때문에 아무런 원칙 없이 접근하면 그저 혼란스러운 변화일 뿐이다. 그러나 아무리 다양한 변화가 일어난다 해도 여기에는 분명 어떤 원리가 있는 것이기 때문에 그 원리를 따라 사물을 보면 그 변화를 바라볼 수 있게 되는 것이다.

近取諸身 : 가까이는 자신의 몸에서 관찰하라

먼저 '근취저신'에 대해 생각해보자. 사람이 행동을 하게 되면 그 행동 속에는 반드시 어떤 의도가 담기게 된다. 그러나 막상 행동을 하다보면, 벌어지는 현실은 원래의 의도와는 전혀 다른 결과를 낳기도 한다. 모든 사람들이 속에 품은 뜻과 겉으로 하는 행동이 일치한다면 아무런 문제도 없겠지만 현실이 꼭 그렇지는 않다는 것을 굳이 설명할 필요는 없을 것이다. 이 경우, 관찰자의 입장에서는 도저히 행동하는 사람의 본심을 정확히 파악하기가 어렵다. 이렇게 내면에서 일어나는 변화를 관찰한다는 것은 쉬운 일이 아니다.

이런 경우, 공자는 내면의 변화를 관찰하는 데 있어 '자신' 만큼 좋은 대상이 없다고 했다. 적어도 자신은 자신의 거짓 없는 의도를 알고 있을 것이고 그것이 막상 행동으로 나타날 때 어떤 변화를 겪는가를 유심히 관찰해보라는 것이다.

우리가 자신을 '나' 라고 지칭할 때 이것은 나의 육체만을 말하는 것은 결코 아니다. '나' 는 나만의 정신세계를 갖고 있고 이를 토대로 행동하고 있는 존재이다. 그러나 '나' 는 '나' 의 주인이면서도 때로는 '나' 의 행동을 모두 통제하기가 힘들다는 것을 느끼고는 한다. 또는 나의 육체가 바라는 것을 제대로 이해하지 못하는 경우도 있다.

예를 들어 오늘따라 구미가 당기는 음식이 있을 경우, 이것을 그냥 '아, 오늘따라 이 음식이 유난히 맛있구나' 하는 정도로 인식하고 만다면 이것은 육체가 전하려는 신호를 전혀 듣지 못한 것이다. 앞서도 말했지만 이것은 그 음식을 통해 섭취할 수 있는 영양분이 지금 부족하다는, 육체가 보내는 신호임에도 사람은 자신과의 대화조차 제대로 못할 때가 많다. 자기가 자기를 관찰한다는 것은 필자가 강조하는 '나의 발견' 을 위해서도 필수적인 것이다.

또 다른 예를 보자. 우리는 보도를 통해 종종 정치인들이 서로 대립되는 사건을 놓고 공방을 벌이는 모습을 보게 된다. 한 정치인이 자기가 옳다면서 저쪽이 거짓말을 하고 있다고 주장하고 또 다른 정치인은 자기야말로 억울한 피해자이며 불순한 음모의 피해자라고 항변한다. 누가 옳은가 하는 것은 중요하지 않다. 다만 누가 보더라도 어느 한쪽이 거짓말을 하고 있다는 것은 분명해 보이지만, 이런 경우 증거가 없는 이상 함부로 추측하기도 어려운 상황이다.

그 중에 거짓말을 하고 있는 사람의 마음을 들여다볼 수 있다고 가정해보자. '비록 내가 거짓말을 하고 있지만 큰일을 하기 위해서는 어쩔 수 없다.', '증거가 없으니 저쪽도 꼼짝 못하지만 좀 미안하군.', '이번 일이 잘 마무리되면 공을 인정받아 좋은 자리 하나 떨어지겠지.' 등등. 그 사람의 마음속에는 온갖 생각들이 스쳐갈 것이다. 비록 아무도 모르지만 오직 자신만은 진실을 알고 있는 것이다. 내가 어떤 생각을 품고 있는지, 그것이 나에게 어떤 행동을 하게 하는지, 그리고 어느 정도의 결과를 기대하는지 따져본다면 충분히 알아낼 수 있는 것이다.

동양학은 보이는 것과 보이지 않는 것이 어떻게 서로 관계를 맺으면서 변화를 일으키는지를 살펴보는 데 탁월한 능력을 발휘한다. 따라서 자신의 내면을 관찰하고 그런 경험이 반복되면 지금까지 배운 많은 원리들이 사람의 행동에 실제로 나타나고 있음을 깨닫게 된다. 이미 이런 관찰이 수천 년 동안 이루어져 지금의 동양학이 이루어진 것이니 새로 학문을 정립하기 위해 수고할 필요는 없을 것이고 다만 확인을 위해 활용한다면 족할 것이다. '근취저신'이란 이렇게 자신을 대상으로 삼아 변화를 관찰하는 방법을 말하는 것이다.

{ 사물을 어떻게 관찰하는가_2 }

다음은 '원취저물'에 대한 것을 알아보자. 사물의 변화를 오운육기를 통해 관찰한다는 것은 쉬운 일이 아니다. 필자가 아쉬움을 느끼는 것은 동양학의 발전이 주자朱子 이후로 사실상 맥이 끊어져 김일부, 이제마, 한동석 같은 분들이 나오기까지 더 이상의 학문적인 발전이 없었고 더구나 학자들의 관심이 주로 정신적이고 형이상학적인 면에 치우쳐 사물의 변화를 과학적으로 검증하는데 별다른 노력을 기울이지 않아 이런 분야에 대해서는 매우 취약하다는 사실이다.

遠取諸物 : 멀리는 물질에서 관찰하라

앞서 필자는 지축의 경사로 인해 발생한 육기를 불규칙한 변화로 설명하고 이러한 무질서가 쌓이고 쌓여 더욱 무질서한 모습을 보인다고 했는데 이것은 단기적인 관점에서 그렇다는 것이며 장기적으로는 이러한 무질서도 커다란 주기를 갖게 된다.

예를 들어 우리가 사용하는 육십갑자六十甲子 같은 것이 대표적인 사례인데 이것은 열 개의 천간과 열두 개의 지지가 조합을 이루어 크게 육십년을 주기로 변화가 되풀이 된다는 것이며 이밖에 앞서 소개한 소강절 선생의 원회운세론元會運世論같은 것도 변화의 주기를 설명하고 있다.

여기서는 단지 원취저물의 사례를 소개하려는 것이니 너무 복잡한 이론은 생략하고 큰 줄거리만 설명하고자 한다. 서기로 2007년을 정해년丁亥年이라 하고, 2008년의 간지干支는 무자戊子, 2009년은 기축己丑 등으로 해마다 간지가 붙는다는 것을 모르는 사람은 없을 것이다. 이것은 단순히 해를 구분하기 위해 붙이는 것이 아니라 실제로 해당 년에는 해당하는 기운이 지구에 작용한다는 의미이다.

예를 들어 정해년에서 정丁은 '화'이므로 '정'과 상생관계에 있는 '토'에게 이로운 '운'이 작용하고 '정'과의 대화작용을 통해 '목운'으로 변하는 '임수'에게도 '운'을 발휘할 수 있는 계기를 제공한다. 반대로 '화'와 맞부딪쳐 좋을 것이 없는 '수'도 있고 '화'에게 기운을 제공하는 '목'의 경우, '목'의 입장에서는 '화'를 위해 일만 실컷 해주는 모습이니 별로 내키지 않는 상황이 될 수도 있다. 물론 이것은 단기적인 시각에서 그런 것이고 지금은 열심히 일만 하지만 몇 년 뒤에 자신에게 이로운 해가 찾아오면 다 보답을 받는다고 생각하는 것이 올바른 생각이라 할 것이다.

'정'은 '오운' 소속이므로 이것은 '운' 즉 정신적이고 관념적인 영향이라면 육기에 속하는 해亥는 현실적인 측면에서 영향을 끼치게 된다. '해'는 '수'이므로 '수'를 통해 양기운을 공급받는 '목'은 유리한 입장이고 상극 관계에 있는 '화'나 '수'를 도와주어야 하는 '금'에게는 불리한 기운으로 작용하게 된다.

그러나 인간을 비롯한 모든 물질은 '운'따로 '기'따로 존재할 수 있는 것이 아니므로 결국 이 두 기운이 영향을 끼치면서 어느 기운은 서로 상쇄되기도 하고, 어느 기운은 두 배로 강력하게 해를 끼치기도 하는 등 수많은 변화가 발생하는 것이다.

따라서 이러한 '운기'의 영향을 정밀하게 가늠하여 적용하지 않으면 그 영향에 대한 해석이 사람마다 달라지는 상황이 발생하기도 하는 것이니 이것이 같은 사주팔자를 들고 가도 명리학자 마다 해석이 다른 이유이다.

또한 내경 內經 을 보면 이렇게 주기적으로 운행하는 '운기'를 따라 각기 오행 기운을 타고 태어난 물질의 동정 動靜 관계가 정리되어 있으니 만약 이것이 과학적인 검증 작업을 거쳐 학문화 될 수 있다면 동양학의 위상을 높이는데 기여할 수 있을 것이니 필자가 아쉬워하는 것은 바로 이런 점이다.

온고지신(溫故知新, 옛것을 익히고 그것을 미루어서 새것을 앎)이란 말도 있듯이 동양의 성현들이 오랜 세월, 많은 노력을 기울여 관찰 정립한 것을 현대의 발전된 장비와 기구를 동원해 확인할 수 있다면 그야말로 바람직한 것이 될 것이니 이것은 후손들에게 주어진 책임이라 하겠다.

{ 현대 과학과 동양학 }

　현대 과학의 발전은 눈부시다. 비록 과학의 발전이 꼭 인간에게 좋은 영향을 끼쳤느냐 하는 것은 별개로 논의할 문제지만 누구도 현대의 과학이 과거에는 감히 상상조차 못할 발견들을 해내고 있다는 것을 부인할 수는 없을 것이다. 그러면 이러한 과학의 발전과 동양학은 어떤 관계를 갖고 있을까. 동양학이 형이상학적이고 관념적인 것만을 대상으로 하는 학문이 아닌 이상 이 둘 사이를 서로 연결할 수 있는 공통점을 찾아보는 것도 의미 있는 일이 될 것이다.

　한동석 선생은 특히 현대 물리학의 여러 발견에 대해 흥미 있는 논리를 제시하고 있으니 이 부분을 중심으로 해서 동양학과 현대 과학의 연결점을 찾아보려 하는 것이며 이를 토대로 과학자들이 새로운 영감을 얻을 수 있다면 매우 보람 있는 일이 될 것이다.

　먼저 원자의 구조에 대해 살펴보자. 우리는 원자의 중심에 양성자陽性子, proton와 중성자中性子, neutron로 이루어진 원자핵이 있고 그 주변을 전자電子, electron가 회전하고 있다는 사실을 잘 알고 있다. 이것은 우리가 지금까지 설명한 음양 운동과 정확히 일치하는 모습이다.

　음양 운동에서 양기운은 내부에 존재하고 그 주위를 음기운이 감싸면서 전반기 분열 성장 과정에서는 양기운이 외부로 확장하여 음기운을 밀어내고, 후반기 수렴 통일 과정에서는 음기운이 양기운을 감싸 안고 수축하는 과정을 겪는다고 설명했던 바 있다.

　마찬가지로 원자 구조에서도 물질이 에너지를 얻으면 전자는 보다

상위의 궤도로 이동하며 반대로 전자가 하위의 궤도로 이동하면 에너지를 내어놓는다. 또한 양성자는 양기운을 띠고 있지만 중심부인 핵에 자리 잡고 있으면서 체體의 역할을 하고 반대로 음기운인 전자가 부지런히 움직이는 용用의 역할을 하는 모습도 음양의 구조를 띤 것이라 할 수 있다. 즉 사물이 음양의 구조를 띠고 운동하는 모습은 물리학에서도 똑같이 발견되는 사실이다.

또 하나 재미있는 것은 중성자의 역할이다. 중성자는 글자 그대로 중中의 성질을 갖고 있어서 양전기나 음전기를 띠지 않는 것이니 이것은 바로 '토'의 모습 그대로이다. 원소에 있어서 원자핵에 중성자가 일반 원소보다 많이 들어있는 것을 동위원소라고 부르는데 이것은 질량이 일반 원소보다 크지만 띠고 있는 성질은 다름이 없는 것이니 우리가 상수학에서 배운 대로 1, 2, 3, 4에 5를 더하면 6, 7, 8, 9가 되어 양적으로 확대되지만 갖고 있는 목화금수의 성질은 그대로인 것과 마찬가지이다.

이 중성자는 동위원소를 만들뿐만 아니라 우리가 잘 알고 있는 원자폭탄의 원리, 즉 핵분열核分裂, nuclear fission 반응에서도 중요한 역할을 하고 있다. 우라늄과 같은 방사성 물질을 분열시켜 막대한 에너지를 얻어내는 과정에서 이 방사성 물질을 분열시키는데 바로 중성자가 필요한 것이다. 따라서 중성자는 양토陽土, 즉 5토의 역할을 하는 존재인 것이다. 사물이 5토의 중재를 통해 분열 성장하는 것과 마찬가지로 핵의 분열이 일어나는데 중성자가 작용한다는 것은 매우 의미심장한 일이라 아니할 수 없을 것이다.

그러면 10토의 역할을 하는 원소는 무엇일까. 근래에 들어 핵분열

반응을 통해 에너지를 얻는 원자력 발전이 각종 오염사고와 환경에 대한 부정적인 영향으로 인해 논란이 많은 것에 대해 새로운 대안으로 떠오르고 있는 것이 핵융합 核融合, nuclear fusion 반응이다. 핵융합 반응은 핵분열과는 달리 몇 개의 원소가 뭉쳐 새로운 원소를 만들어내는 것이다. 태양과 같은 항성에서 엄청난 에너지를 만들어낼 수 있는 원리이며 수소폭탄을 만드는 원리로도 잘 알려져 있다.

일단 이름부터가 융합이니 이것은 사물의 수렴 통일 과정과 맥이 닿아있음을 짐작할 수 있다. 이런 핵융합 반응이 일어나면 반응 과정에서 탄소가 생성되게 되는데 이 탄소는 이후에 일어나는 융합반응을 촉진시키면서 스스로는 변화 과정 끝에 다시 탄소로 돌아오는 탄소순환을 일으키는 것이다.

한동석 선생은 이 탄소를 10토에 비견할만한 존재라고 평가하였다. 즉 사물의 융합 과정에서 촉매(觸媒, 반응 도중에 소모되지 않고 단지 반응속도만을 증가시키는 물질) 역할만을 할 뿐, 중용을 지켜 현실에 참여하지 않는 10토와 그 모습이 같다는 것이다. 또한 핵융합 반응은 아무렇게나 일어나는 것이 아니라 반응이 시작되려면 상상할 수 없을 정도의 높은 온도가 필요한 것이니 이 역시 화기운이 극에 달한 후에야 작용하는 미토의 상 象과 일치한다고 할 것이다.

또한 화학 化學 이라는 학문은 크게 무기 無機 화학과 유기 有機 화학으로 구분하고 있는데 이것은 화합물이 탄소를 지니고 있느냐 없느냐에 따른 구분이다. 유기 화학이란 살아있는 생명체에서 만들어지는 화합물을 다루는 것인데 이것의 궁극적인 기준이 바로 탄소의 유무라는 것은 탄소라는 존재가 의외로 생명체의 형성에 결정적인 역할을 한다는 것이니 이 역시 10토가 기반이 되어야 생명이라고 부를 수 있다고 보는 동양학의 원리와 같은 것이다.

  이상으로 간단히 동양학과 현대 과학이 일치하는 면에 대해 언급해 보았다. 소개가 너무 간단하여 아쉬운 감이 있으나, 이것은 필자가 부족한 탓이므로 역시 더 뛰어난 후학이 나와 이런 부분을 좀 더 보완해 주기를 바라는 것이 필자의 심정이다.

8장
정신과 자유

8장_ 정신과 자유

왜 정신을 연구하려 하는가
우주정신과 건곤
우주정신을 대행하는 일월
일월과 수화운동
수화운동과 토화작용
토화작용과 정신
정신의 원동력 _ 율려
| SP | 정신이 현상으로 펼쳐지기까지
물속에서 자라는 인간정신
인간정신의 성립
인간정신과 자유
정신의 운동과 기혈
태아의 정신을 기르려면
인간 정신의 우열
인간 정신과 수명
인간과 총명
종교정신과 도
정신의 생사

{ 왜 정신을 연구하려 하는가 }

　이제 우리의 여행도 종착지에 가까워지고 있다. 본 장의 정신론精神論과 다음 장의 본체론本體論은 동양학의 핵심이자 우주와 인간의 가장 근본적인 문제를 다루는 것이다. 이것은 새로운 이론을 배우려는 것이 아니라 지금까지 공부한 것을 토대로 더욱 심도있는 해석을 가하려는 것이다.

　다시 한 번 강조하건대 한동석 선생의 『우주변화의 원리』는 지금껏 없던 새로운 원리를 제시한 책은 아니다. 그러나 동양의 여러 고전古典에 이곳저곳 나뉘어 쓰여 있던 것을 하나로 모아냈다는 것만으로도 그 위대함은 이루 말할 수가 없는 것이다. 그중에서도 정신론과 본체론은 한동석 선생이 자신의 생명을 불살라 쓴 걸작중의 걸작이다.

　앞서도 몇 번 언급했지만 지금까지의 인류문화라는 것은 이 우주가 정말 신神적인 존재의 창조품인지 아니면 스스로의 원리에 의해 생겨난 것인지 뚜렷한 결론을 내리지 못하고 있다. 더구나 인간의 정신이 어떤 원리에 의해 생성되고 또 어떻게 작용하는 것인지 아무런 해답을 제시하지 못하고 있는 것이다.

　그러다 보니 가장 궁금한 주제이면서도 이 부분에 대해서 '인간의 정신은 원래부터 있다고 치고' 구렁이 담 넘어가듯 다른 주제로 넘어가곤 했던 것이다. 물론 당대의 철인哲人이나 석학碩學들이 고의로 그런 행동을 했다고 생각하지는 않는다. 너무도 막연한 주제이고 어디서 어떻게 파 들어가야 입구를 찾을 수 있는지조차 알 수 없는 대상을 놓고 그들도 어쩔 수 없었으리라는 것을 짐작할 따름이다.

한동석 선생도 조심스러워 하기는 마찬가지였다. 스스로의 행동을 '당돌한 일'이라고 했을 정도로 '정신'이라는 주제는 함부로 접근하기 어려운 무게감을 갖고 있는 것이다. 필자도 정신론을 소개하려는 이 순간 긴장감이 도는 것을 어찌할 수가 없다. 필자의 잘못된 붓놀림 하나가 동방東方의 대성大聖과 현철賢哲의 노력에 누라도 끼칠까봐 심장이 두근거리는 것도 사실이다.

공자는 그의 모든 저술著述을 '술이부작述而不作'이라고 표현했다. 오직 성인들의 가르침을 있는 그대로 써내려갈 뿐述, 하나도 자신의 머리로써 보태는 것作이 없었다는 것이다. 필자의 심정이 이렇다. 그저 있는 그대로 소개만 할 수 있다면 더 이상 다행스런 일이 없는 것이다. 어쨌든 이미 시작한 일을 마무리하지 않을 수도 없다. 이하에 한동석 선생이 정신론을 쓰게 된 심경의 글을 소개하면서 이제부터 정신론을 시작해 보도록 하자.

우주에는 일월日月과 지구가 있고 음양과 오행이 있어서 이것으로써 만물을 기르고 있는 것이다. 이러한 환경에서 살고 있는 것이 바로 나(自我, 자아)다. 그러므로 나는 나를 믿고 있으며, 또한 나를 의심하지 않는다. 그런즉 인간인 나(정신)는 내(정신)가 무엇인지를 알 수 있어야 하고 또 알아야만 할 것이다. 지금 신비의 문고리를 어루만지기만 하고 있는 내가 나(정신)를 찾고 또 그의 정체를 논해 보려는 것은 다만 이와 같은 나로서의 욕구에서 출발한 것이다. 그런즉 이것은 구름 속에서 튀어나오는 번개를 붙잡으려는 우도(愚圖, 어리석은 의도)일지도 모른다. 그러나 번개가 엄연히 있기 때문에 이러한 우도도 존재할 수가 있는 것이다. 그러므로 나는 나를 찾으려는 것이 분에 넘치는 우도인 줄을 알면서도 이것을 포기하지 못하는 것이다.

{ 우주정신과 건곤乾坤 }

인간정신을 논하기에 앞서 우주정신의 문제를 먼저 살펴보는 것이 바른 순서일 것이다. 동양학에서는 우주의 발생과정을 크게 태역太易, 태초太初, 태시太始, 태소太素의 단계로 바라보는데 우선 이것부터 살펴보기로 하자.

'태역'이란 우리가 흔히 이야기하는 혼돈의 우주를 말하는 것이다. 이것은 아직 '유有'가 있기 전의 순수한 '무無'의 상태를 의미하는 것으로 장차 '유'로 진행되어 간다는 뜻에서 태太자를 붙이고 혼돈상태의 변화이므로 역易자를 붙여 '태역'이라 칭하는 것이다. 이것을 굳이 비유하자면 현대 과학에서 이야기하는 빅뱅Big Bang이전의 우주라 할 수 있을 것이다.

다음 단계는 '태초'이다. 이것은 이제 막 움직임을 시작하여 보이지 않는 기氣만이 꿈틀대고 있는 단계를 말한다. 마찬가지로 현대 과학에 비유하자면 빅뱅이 시작되어 고온, 고밀도의 에너지만이 가득한 상태라 할 수 있을 것이다. 태초의 단계가 지나면 '태시'가 된다. '태시'에 이르러서야 비로소 형태를 갖춘 것을 볼 수 있다고 하는 것이니 음양의 기운이 서로 엉겨 붙어 어떤 형태를 갖추기 시작한 것을 의미하는 것이다. 빅뱅이후 에너지가 물질화되기 시작하여 수소부터 차례로 원소가 만들어지는 시기가 바로 이때와 비교될 수 있을 것이다.

마지막 단계는 태소이다. 이제부터 본격적으로 음양운동이 시작될 수 있는 상황이 된 것이다. 과학적으로는 원소가 뭉쳐 화합물을 만들기 시작하는 단계로 보면 될 것이다. 이후의 과정은 물질이 모여 별을 이루고 은하를 이루어 우리가 밤하늘에서 보는 것과 같은 광활한 우주가 펼쳐지게 되었다고 보면 될 것이다.

태 역	未見氣也(미현기야)
태 초	氣之始也(기지시야)
태 시	形之始也(형지시야)
태 소	質之始也(질지시야)

우주의 발생과정 (열자〈천서편〉에서 발췌)

우주가 이런 과정을 통해 생성되었다고 했을 때, 과연 무엇을 우주정신이라 부르는 것일까. 우주는 태양계와 같이 작은 천체에서 은하계와 같은 거대한 천체에 이르기까지 순환하면서 존재하고 있다. 별들에게도 탄생과 소멸이 있다는 것은 이미 잘 알려진 사실이다. 지금도 우주 어딘가에서는 별이 생겨나고 있고 또 소멸되기도 한다. 우주는 끝도 없이 펼쳐져있는 공간을 의미하기도 하고 또 그 안에서 생성과 소멸을 겪는 별들을 의미하기도 한다.

우주가 펼치고 있는 무한한 공간은 모든 별들이 존재할 수 있는 바탕이자 근원이기 때문에 이것을 역易에서는 '건乾'이라 한다. 우리는 흔히 태극기의 건괘를 하늘에 비유하지만 하늘이라는 것은 지구를 중심에 놓고 표현하는 것일 뿐, 우주에서 바라보는 공간은 순수한 하늘 곧 '건'이 되는 것이다.

반면에 우주에 펼쳐져있는 수많은 별들을 일컬어 '곤坤'이라 한다.

지구도 '곤'이고 태양도 '곤'이다. 무형의 우주기운이 유형으로 형상화 된 것이 바로 '곤'인 것이다. '곤'이 있어야 물질이 '화생化生'할 수 있는 것이다. 아직 우리는 지구 외에 생명이 살고 있는 별을 알고 있지 못하지만 '곤'이 생명을 화생시킬 수 있는 모태라는 것은 단 하나의 예로도 충분한 것이다.

결국 우주의 거대한 음양운동은 '무한한 공간'과 '수많은 별들'로 구체화 되었던 것이고, 이런 우주의 음양작용을 가능하게 하는 원천, 상징이 바로 '건'과 '곤'이 되는 것이다. 그래서 동양학에서는 '건곤'을 바로 우주의 정신精神이라 부른다. 정신이란 정精과 신神을 합친 말이다. '정'이란 생명의 기운이 응축되어있는 모습으로 장차 현실에 드러나게 되는 원천을 말하는 것이며, '신'이란 '정'을 바탕으로 생명이 현실에 드러나는 상황을 말하는 것이다.

'정'은 '신'으로 표출되며, '신'은 다시 '정'을 수렴시켜 서로 무궁한 순환의 원천이 되는 것이다. 그리고 우주의 '건'과 '곤'은 각기 '정'과 '신'의 작용을 하는 주체이기 때문에 이를 우주의 정신이라 부르는 것이다. 다시 말해 '건'은 텅 빈 공간이 아니라 무한한 우주의 생명력을 담고 있는 것이고 '곤'은 그러한 우주의 생명력이 실체화 되어 나타난 존재이며 또한 이 '곤'을 바탕으로 우주의 이상을 현실화 하는 물질의 화생이 이루어지게 된다.

{ 우주정신을 대행하는 일월日月 }

'건곤'은 우주의 정신이지만 이것은 순수한 정신이므로 우리는 '건곤' 대신에 보다 현실화된 모습을 통해 우주를 바라보게 되는 것이니 이것이 우리가 말하는 천지天地이다. 즉 우주정신인 '건'과 '곤'은 '천'과 '지'를 이루어놓게 되는 것이다. 뒤집어 말하면 '천'과 '지'가 만들어질 수 있는 순수한 원천, 핵심적인 근원을 바로 '건곤'이라 부르는 것이다.

따라서 '천지'라는 바탕 하에서 모든 물질이 화생되는 것이지만 단순히 하늘과 땅이 있다고 물질이 화생되는 것은 아니다. 물질이 화생되기 위해서는 '건곤'을 대행하는 기운의 주체가 필요한 것이다. 무슨 뜻인가 하니 물질이 화생되기 위해서는 현실적으로 물질에게 음양의 기운을 던져주는 존재가 필요하다는 것이다. 지구를 중심으로 바라보았을 때, 지구상의 모든 생명체에 음양의 기운을 던져주는 존재는 과연 무엇일까. 동양학에서는 이런 음양기운의 주체가 바로 일월日月, 즉 태양과 달이라고 이야기한다.

일단 태양이 지구상에 있는 모든 생명체에 양기운을 던져주고 있다는 점에 대해서는 누구라도 공감할 수 있을 것이다. 만약 단 하루라도 태양빛이 없다면 아마도 수많은 생명체가 죽음을 면치 못할 것이고 상상도 못할 재앙이 닥칠 수도 있다. 이렇듯 태양이 지구상의 생명체에 절대적인 영향을 미치고 있다는 점에 대해서는 쉽게 이해할 수 있지만 달이 지구상에 음기운을 던져주는 주체라는 것은 선뜻 공감하기 어려운 대목이라고 할 것이다.

여성의 생리주기가 달의 주기와 관련이 있으며 또 인간의 감정에도 영향을 준다는 이야기들이 있으나 이를 비과학적이라 하여 부정하는 사람들도 있다. 그러면 어떤 근거로 동양의 성현들은 달이 음기운을 던져준다고 생각했을까. 달에 관한 동양의 생각을 가장 잘 보여주는 것이 바로 음력 陰曆이다.

음력은 태음력 太陰曆이라고도 하는데 달의 주기에 맞추어 달력을 만든 것을 의미한다. 달을 태음이라고 부른 자체부터가 달을 음기운의 근원으로 보고 있다는 증거인 것이다. 그리고 이 태음력을, 인간이 하늘과 땅으로부터 받아 내리는 기운, 즉 사주팔자를 뽑아낼 때 사용한다는 것을 모르는 이는 없을 것이다. 따라서 결론은 뻔하다. 만약 태음력을 기준으로 뽑아낸 사주팔자, 더 정확히 이야기하자면 오운육기의 운행에 대한 해석이 타당하다면 인간은 태양과 더불어 달의 영향을 받는 것이 확실하고, 아니라면 동양의 성현들이 잘못 생각했던 것이 된다.

이 시대에 달이 던져주는 기운의 상 象을 볼 수 있는 인물이 눈에 띠지 않음을 안타깝게 생각하면서 일단 우리는 인간이 사주팔자를 통해 다양한 우주의 기운을 받아 내린다고 생각하는 입장이므로 결국 인간은 태양의 양기운과 더불어 달의 음기운을 받고 살아가는 존재가 되는 것이다. '건곤'으로 상징되는 우주의 정신은 '천지'를 만들어 놓았고 '천지'는 다시 태양과 달을 만들어 비로소 지구상에 물질이 화생할 수 있는 토대가 마련된 것이니 이로써 태양과 달은 우주정신을 대변하는 존재가 된 것이다.

{ 일월과 수화운동水火運動 }

'건곤'의 대행자로 나선 일월日月, 즉 태양과 달은 지구에 각기 양광陽光과 음광陰光을 던져주게 되니 이로부터 지구에 물질이 화생되게 되는 것이다. 그러나 여기에도 전제가 있다. 즉 태양과 달이 각기 양기운과 음기운을 던져준다고 해서 이것이 바로 생명의 탄생으로 이어지는 것은 아니라는 것이다. 이것은 오직 지축이 기울어야만 가능하다.

만약 지축이 기울지 않았다면 태양과 달이 던져주는 기운은 서로 섞이지 않고 각자 따로 놀게 된다. 해가 뜨면 달이 지고 달이 뜨면 해가 지는 식이니 음양의 기운은 서로 제 역할만 할 뿐 두 기운의 교류가 일어나지 않게 되는 것이다. 결국 '삼양이음'으로 시작되어 최종적으로 지축의 경사로 이어진 우주의 불균형은 여기까지 영향을 미치고 있는 것이다.

태양의 양광은 지구를 덥히고 달의 음광은 지구를 식히는 작용을 하는 가운데 지축의 경사로 인해 두 기운이 서로 교류하면서 오랜 시간이 지나자 지구에는 삼음삼양三陰三陽의 기氣가 발생하기 시작한다. 이것이 우리가 육기를 통해 알아보았던 풍(風, 목), 화(火, 군화), 습(濕, 토), 열(熱, 상화), 조(燥, 금), 한(寒, 수)이다. '상화'는 뿌리가 없는 '화'이므로 이것을 '열'이라 표현한다는 것만 주의하면 된다.

우리가 육기를 통해 공부했듯이 '풍화습'은 '열'로 발전하고 '열'과 '조'는 '한'으로 수렴되어 육기의 운행이 이루어지게 된 것이다.

다시 말해 '열기熱氣'는 '물'로 수렴되고 '한기寒氣'는 '불'을 만드는 원천이 되었던 것이다. 이것은 현실의 물과 불을 지칭하는 것이기도 하고 모든 물질의 수화水火 운동을 의미하는 것이기도 하다. 태양으로부터 전해진 양기운은 사물의 분열을 이끌었을 것이고, 달이 던져준 음기운은 이것을 식혀 사물을 응축시키는 가운데 수화운동이 일어나고 이것이 물과 불을 만들게 된 계기가 되었다는 것이다.

현대 과학으로도 아직 지구상의 물의 기원에 대해 정확한 설명을 못하고 있다는 것을 알고 있는가. 지구 표면의 2/3를 차지하고 있는 엄청난 양의 물이 도대체 어떻게 형성되었는지 알 수가 없는 것이다. 다만 이 물이 모든 생명의 보고寶庫가 되었고, 과학자들이 다른 천체에서도 물의 증거를 찾으려고 갖은 노력을 기울이는 것은 물이 있음으로서 생명체 또한 존재할 수 있다는 방증이 되기 때문이다.

그러면 동양학에서는 물의 기원에 대해 어떤 설명을 하는지 계속 살펴보기로 하자. 지구에 태양과 달이 던져주는 열기와 한기가 서로 교류하게 되면서 여기에 습기濕氣가 발생하게 된다. '습기'란 것은 성질상 '토'이지만 동시에 음양의 기운이 교류하는 가운데 최초로 발생한 기운의 응결체란 의미이다. 음양의 기운이 교류한다는 것은 미未를 넘어서 신申에 까지 영향을 미치는 상화를 말하는 것이고 여기서 수렴을 매개하는 '미'의 작용으로 발생하는 것이 바로 습기이다. 습기가 발생한 후에도 지속적으로 한열의 기운을 받은 지구에서 드디어 습기가 응결되어 물이 이루어지게 된다.

물이 많을수록 습기 또한 많아지게 되고 습기는 양기운을 받아 상승하다가 높은 곳에서 한랭한 기운을 만나면 비가 되어 내리면서 물의 양은 차츰 불어나게 된 것이다. 또한 습기가 된 물은 수화운동을 통해 태양의 양기운과 달의 음기운을 더욱 효율적으로 가두는 역할을 함으로써 이것이 장차 물질이 화생할 수 있을 만큼의 '운'으로 작용하게 되는 것이다.

그러면 왜 지구에서만 물이 발견되는 것일까. 자전축이 기울어 있는 천체가 지구만 있는 것도 아닌데 유독 지구에서만 음양의 교류가 일어나고 있는 까닭이 당연히 궁금할 것이다. 한동석 선생도 이 부분은 특별히 언급하지 않았기 때문에 필자가 감히 추론을 해본다면 이것은 지축의 경사도와 공전주기에 그 원인이 있다고 생각된다. 즉 $365\frac{1}{4}$이라는 정도수 360에 근접한 공전주기를 갖게 되데 그 원인이 있다는 것이니 이것은 음양의 교류가 적절한 수준에서 이루어질 수 있었던 원인을 제공했다는 것이다.

바꿔 말하면 다른 천체에서는 자전축의 기울기가 달라 음양의 교류가 과하게 일어나거나 부족했기 때문에 습기가 발생할 수 있는 조건이 만들어 지지 않았고 너무 길거나 짧은 공전주기 또한 음양의 교류를 방해했을 것이기 때문이다. 대부분의 천체가 지구에 비해 너무 뜨겁거나 차가운 표면온도를 보이고 있는 것을 볼 때 지구만이 적절한 음양교류가 가능한 환경을 가지고 있었다는 가정이 아주 일리 없는 이야기는 아닐 것이다.

{ 수화운동과 토화작용 }

일월日月이 던져주는 '열기'와 '한기'가 물과 불을 만들어 지구상에 본격적으로 '수화운동'이 일어나게 되었지만 수화운동을 한다고 해서 이것이 곧 정신이 되는 것은 아니다. 다시 말해 그저 분열과 수렴을 되풀이 한다고 해서 이것을 정신이라 부를 수는 없는 것이다.

그러면 수화운동은 어떻게 해서 정신을 이룰 수 있는 것일까. 이것을 위해 다시 한 번 지구에서 '물'과 '불'이 만들어졌던 상황을 되새겨보자. 물과 불이 만들어지기 위해서는 반드시 음양의 교류가 일어나야 했던 것이다.

태양이 던져주는 양기운과 달이 던져주는 음기운이 서로 교류하여 그 가운데 습기의 발생, 즉 토화작용이 일어났기 때문에 궁극적으로 물과 불이 생겨날 수 있었던 것이다. 만약 토화작용이 일어나지 않았더라면 양기운은 양기운대로 음기운은 음기운대로 서로 떨어져서 다니게 되므로 이런 경우 어떤 물질이 화생하거나 변화가 일어날 수가 없는 것이다.

이것을 어렵게 생각할 필요는 없다. 예를 들어 남녀가 만났을 때 서로 눈빛만 교환한다고 모든 것이 이루어지는 것이 아니다. 서로 음양의 교류가 있어야 그 속에서 어떤 변화가 일어나는 것과 마찬가지로 어떤 '만남'이 있어야 상생을 일으키건 상극을 일으키건 '토'가 작용할 계기가 만들어지는 것이다.

지구상에 본격적으로 '수화운동'이 일어났을 때, '토'는 어떤 작용을 했을까. 먼저 습기를 발생시킨 '토'는 이 습기가 더욱 분열하여 구름과 같은 기운으로 변했을 때, 이것을 식혀 물을 만드는 기토己土의 작용을 하고, 물이 다시 분열하여 불을 만드는 갑토甲土의 작용으로 점차 영역을 넓혀갔던 것이다. 결국 토화작용이 갑기토 운동을 했다는 것은 음양을 교류시켜 변화를 일으켰다는 말과 같은 의미인 것이다.

 이렇게 시작된 수화운동, 즉 '수'와 '화'의 순환은 토의 작용으로 인해 '멈추지 않는 순환'을 할 수 있게 된다. 이때부터 비로소 영원한 순환이 이루어지게 된 것이다. '토'는 상생을 일으키고 '금화교역'을 일으켜 영원한 음양 순환을 가능하게 하는 존재라는 것을 다시 한 번 상기해 보면서 지구상에 본격적으로 '토화작용'이 일어나게 되었다는 것의 의미를 헤아리면 좋을 것이다.

 수화의 운동이 갑기토의 작용으로 순환을 지속하게 되면서 이 속에는 더 많은 '운'이 담기게 된다. 물론 아직은 아주 미약한 수준에 불과하지만 '물' 속에 더 많은 생명력이 담기게 됨으로써 지구 최초의 생물은 아마도 물속에서 화생하게 되었을 것이다. 이 원시 상태의 생물은 우리가 보았을 때, 아직 기립지물氣立之物에서도 가장 낮은 수준의 것이었겠지만 이런 생명체가 '운'을 조금이라도 더 담을 수 있게 되면 이렇게 축적된 생명력을 바탕으로 더 많은 '운'을 지닌 생명체가 화생할 수 있었던 것이다.

 이후부터 초목이 화생하고 동물이 화생하는 과정은 우리가 상식적으로 알고 있는 바와 다를 것이 없다. 생물의 진화에 대한 구체적인 사항들은 전문가에게 맡기면 될 것이고 여기에서 이야기하고자 하는 것은 '토화작용'으로 지속적인 순환이 이루어지고, 순환이 계속되면서 내부에 축적된 생명력, 즉 '운'은 보다 고차원적인 물질의 화생으로 이어졌다는 사실이다.

{ 토화작용과 정신 精神 }

　건곤으로 대변되는 우주의 정신은 무한한 공간과 수많은 별이 존재하는 지금의 우주를 만들어 놓았다. 그리고 건곤을 대행하여 양기운과 음기운을 지구에 던져주고 있는 태양과 달은 다시 그 기운을 그대로 본받은 '수'와 '화'를 지구에 생성시켜 음양의 순환이 가능하도록 하였던 것이다. 여기에서 하나 빠뜨리지 않아야 할 것은 바로 '지구' 자체이다.

　'수화'의 운동은 지구라는 환경이 없이는 상상할 수 없는 것이므로 태양과 달이 던져주는 기운을 머금을 수 있는 존재의 중요성은 두말할 필요가 없는 것이다. 이러한 지구의 역할을 일컬어 '곤덕 坤德'이라고 한다. '건'이 던져주는 양기운을 품을 수 있는 음기운의 주체를 총체적으로 일컬어 '곤'이라 하는 것이며, 특히 지구처럼 생명의 탄생을 가능하게 하는 '곤'의 역할을 두고 천도지덕 天道地德에 비유하여 '곤덕'이라 한다. 한마디로 지구가 지니고 있는 '어머니의 마음'을 뜻하는 것이다.

　정신이라는 것이 '정 精'과 '신 神'의 작용이라는 것은 앞서도 언급한 바가 있다. 그러나 모든 물질이 다 '정신'을 갖고 있는 것은 아니다. 초목처럼 음양의 순환이 외부의 기운에 의해 좌우되는 경우, 자기의 '운'을 발휘하는 것이 미약하므로 스스로 생명을 조절할 수가 없다. 환경의 영향을 통해 약간의 변화를 만들어 낼 수는 있지만 스스로 어떤 선택을 하지는 못하는 것이다.

그래서 이것을 '기립지물'이라고 하거니와 '내경 內經'에 보면 '근어외자 명왈기립 根於外者命曰氣立'이니 기지즉화절 氣止則化絕'이라고 하였던 바, 이것은 '생명의 뿌리를 외부에 두고 있는 것을 기립이라고 하는데 이것은 '기'가 끊기면 생명활동 化이 끊긴다'는 말이며 결국 초목은 아주 미약한 '운'만을 지니고 있으므로 여기에 '정신'이 있다고 하지는 않는 것이다.

반면에 '신기지물'은 어떨까. 내경에는 '근어중자 명왈신기 根於中者命曰神機니 신거즉거식 神去則機息'이라고 하여 '생명의 뿌리를 내부에 두고 있는 것을 신기라고 하는데 이것은 '신'이 떠나면 몸의 활동 機이 멈춘다'고 설명하고 있다. 즉 '신기'는 생명의 근원을 자신의 내부에 간직하고 있는 존재라는 뜻이 되며, 이런 경우야 말로 '정신'을 갖고 있다고 하는 것이다.

결국 정신이란 자기 스스로 생명활동을 하는 존재만이 지닐 수 있는 것이다. 정신의 첫째 조건은 자율성이다. 자율성이란 스스로 조절할 수 있는 능력을 말하는 것이니 이것은 결국 '토화작용'을 말하는 것이다. '토'를 통해 넘치고 모자라는 것을 조절할 수 없다면 생명활동을 유지하는 것이 불가능한 것이니 이를 통해 '정신'이란 '중 中'을 근본으로 하고 있다는 결론에 도달하게 되는 것이다.

정신의 두 번째 조건은 자동성 自動性이다. 이것은 생명활동의 원인이 외부에 있는 것이 아니라 스스로의 의지에 의해 활동할 수 있다는 것을 말하는 것이며 또한 생명활동에 필요한 음양기운의 공급도 내부적으로 이루어진다는 의미이다. 물론 인간도 호흡을 하고 음식을 섭취해야 하는 것이지만 이를 통해 내부에서 음양의 기운을 만들어

낼 수 있다는 의미이며 이것은 뒤에서 자세히 다룰 것이다.

정신의 세 번째 조건은 앞서도 말한 영원성 永遠性이다. 영원성이란 정신의 활동이 지속적인 순환 속에서 일어난다는 의미이며, 결국 '금화교역'의 원리를 말하는 것이다. '정'이란 '금수' 기운으로 생명력을 포위하여 수렴시키는 작용을 말하는 것이고, '신'이란 '정'을 기반으로 '목화' 과정에서 생명력을 발휘하는 작용인 것이다. 즉 '정신'이란 표현 속에 금화교역의 '상'이 이미 담겨있는 것이다.

일월 日月이 우주정신을 대행한다는 것은, 태양이 던지는 양기운이 바로 우주의 '정'이요, 달이 던지는 음기운이 바로 우주의 '신'이라는 의미이다. 물론 '정'과 '신'은 상대적인 것이므로 태양과 달의 역할을 반대로 생각해도 상관없다. 중요한 것은 '일월'이 던져준 우주의 '정신'이 '수화'를 만들고 '토화작용'을 가능하게 함으로써 이것이 궁극적으로 인간의 '정신'을 만들게 되었다는 그 계승과정에 있는 것이다.

인간은 결국 우주의 정신을 바탕으로 수화운동을 하고 스스로 '토'를 만들어 '정신'을 갖추게 된 것이니 이로써 인간을 소우주 小宇宙라 부르게 된 것이다. 비록 그 역할이나 운동과정이 우주에 비해 한없이 미약한 것이 사실이지만 그러나 인간은 우주를 흉내낼 수 있는 유일한 '소우주'이므로 인간이 지고 있는 책임의 막중함이란 이루 말할 수가 없는 것이다.

한동석 선생은 이를 지적하여 '나는 내가 무엇인지를 알 수 있어야 하고 또 알아야 한다'고 강조하였던 것이다. 그러면 인간의 정신이 구체적으로 어떻게 작용하고 있는지 또 어떻게 해야 '정신'을 발휘할 수 있는 것인지 살펴보기로 하자.

{ 정신의 원동력_ 율려律呂 }

　인간의 정신은 우주정신인 건곤을 바탕으로 하고 있다. 건곤을 대행하여 일월이 있고 인간이 일월의 기운을 받아들여 정신작용을 한다는 것이 동양학의 가르침인 것이다. 하지만 아마도 이런 과정을 쉽게 납득하지 못하는 사람도 많을 것이라 생각한다. 언뜻 듣기에는 인간이 햇볕을 쬐고 달빛을 쬐어서 정신이 생겼다고 말하는 것처럼 들릴 것이기 때문이다.
　물론 동양학에서 말하려는 것은 건곤-천지-일월-수화-인간정신으로 이어지는 계승과정을 주목하는 것이지만 그렇다면 '건곤 또는 일월이 어떤 방식으로 인간의 정신에 영향을 끼치고 있는가' 하는 의문이 들 수밖에 없는 것도 사실인 것이다. 인간이 우주와 어떤 형태로든 연결되어 있는 '소우주'라면 과연 그 연결고리는 무엇인가 하는 의문에 대한 성현들의 대답, 그것이 바로 '율려律呂'이다.
　율려라는 것은 율동律動과 여정呂靜을 합친 말이다. 다시 말해 '율'은 사물을 동動하게 하는 것이고 '려'는 사물을 정靜하게 하는 것이니 이것은 곧 음양이 작용하는 면에 중점을 둔 표현이다. 그러나 더 정확하게 이야기하자면 이것은 '순수한' 음양의 동정動靜을 말하는 것이다.
　우리가 보고 있는 사물의 음양은 순수한 음양이 아니다. 다들 음과 양이 섞여있으면서 어떤 것은 양이 우세하고 어떤 것은 음이 우세하여 그냥 음양이라고 규정할 따름이다. 반면에 '율려'라고 하는 것은 순수한 음과 양이 작용하는 모습인 것이며 따라서 모든 음양운동의 바탕에는 율려가 있는 것이다.

우선 율려에 대한 이론적인 바탕을 알아보기로 하자. 한동석 선생은 지구가 하루에 360도의 자전운동을 하는데 이것을 분分으로 따지면 1,440분이 된다고 하였다. 즉 1도度는 4분이라는 것이다. 그런데 지구가 1,440분의 자전운동을 하는 가운데 대부분의 과정에서는 앞서 말한 '순수하지 못한 음양', 즉 혼성混成 음양이 작용하고 있으며 순수한 음양이 작용하는 것은 오직 36분에 불과하다는 것이다.

한 가지 아쉬운 것은 한동석 선생은 순수음양의 작용이 36분이 되는 이치에 대해서는 언급하지 않았다는 점이다. 그저 율려의 작용도수가 36이라고 한 후에 바로 구궁팔풍운동을 통해 율려의 작용에 대

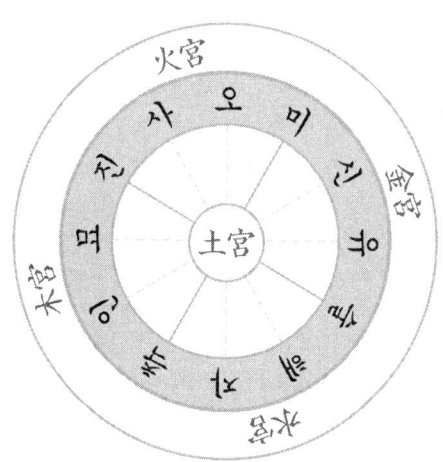

구궁팔풍도

한 설명을 하고 있다. 필자도 항상 이 부분이 궁금했으나 이미 유명을 달리하신 분에게 물을 수도 없는 것이고 하는 수 없이 나름대로 추론을 해 보았으니 이 점을 감안하며 읽어가기를 바란다.

율려의 작용은 구궁팔풍운동을 통해 나타난다. 율려란 순수한 음양의 운동이므로 일단 사정위四正位에서 기본적으로 작용하고, 사정위를 보좌하는 사유위四維位에도 순수한 음양운동을 매개하는 율려의 운동이 나타나는 것이다. 이렇게 여덟 개의 방위에서 율려가 작용하는 바, 이것은 율려가 작용하는 방위가 그렇다는 것이지 그 자체가 율려란 뜻은 아니다.

그러면 율려는 어디에 있는가. 그곳은 바로 여덟 개의 방위가 작용하는 중심점인 '토궁', 즉 '중'의 자리이다. 모든 음양운동을 가능하게 하는 중심, 이것을 '토'라고도 부르지만 우리는 이 자리를 일컫는 또 다른 말을 배운 바 있으니 그것이 바로 '태극'이다. 현실의 우주가 음과 양으로 나뉘어 운동하게 하는 가장 근원적인 핵심, 이것이 '태극'이며 따라서 태극을 우주의 운동의 '본체'라고 한다. 그리고 율려란 태극의 움직임을 말하는 것이다.

우리는 1권에서 태극은 양의兩儀를 낳고, 양의는 사상四象을 낳으며, 사상은 팔괘八卦를 낳는 과정을 배운 바 있다. 역학易學에서는 '토'라는 개념이 없기 때문에 팔괘로서 그친 것일 뿐, 팔괘의 운동과정에는 이미 '토'의 역할이 내재되어 있는 것이다. 따라서 '토'를 넣어서 설명한 구궁팔풍운동이나 팔괘는 사실상 한가지이다.

팔괘, 즉 건, 태, 리, 진, 손, 감, 간, 곤은 누가 보아도 순수한 음양의 기운을 상징하는 것이며, 마찬가지로 구궁팔풍도의 '목궁', '화궁',

'금궁', '수궁' 역시 오행으로 표현할 수 있는 가장 순수한 기운을 상징한다.

이렇게 순수한 음양기운을 간직한 여덟 방위와 중앙에서 사방으로 기운을 파견한 '토궁'을 하나의 단위로 치면 총 아홉 개 방위만큼('토궁'의 작용을 모두 합쳐 한 개 방위만큼의 역할을 한다고 본다는 뜻이다)의 순수한 음양운동이 있다고 볼 수 있다. 360도의 순환에서 9도 만큼의 순수한 음양운동, 이것이 1,440분의 자전운동에서 36분(9도×4분)만큼의 율려작용으로 확장되어 나타난 것이다.

율려는 흔히 음악 또는 '가락'에 비유한다. 동양의 음악은 우주의 정신을 받아 내린다는 취지에서 '육율六律'와 '육려六呂'를 악기의 기본으로 삼고 곡을 만들었던 것이니 이것은 율려를 음율音律로 생각했다는 의미인 것이다. 마치 인체에서 심장의 고동이 몸 전체에 퍼지는 것처럼 우주가 지니고 있는 순수한 음양의 리듬rhythm이 온 우주를 울리고 인간에게까지 영향을 미친다고 보았던 것이다. 그래서 율려성律呂聲이라는 표현도 있다.

그러나 이것은 비유일 뿐, 율려가 리듬이건 기운이건 과연 어떻게 우주의 순수한 기운이 인간에게 작용을 미치느냐가 우리의 관심사항인 것이다.

전체적인 음양의 운동에서 1,440분 중에 36분만이 순수한 음양운동이라는 의미를 다시 한 번 생각해보자. 약분하면 40분의 1만큼만 율려가 작용한다는 의미이다. 이것이 도대체 무슨 뜻일까.

우리가 하루를 살아가는 모습을 지켜보면, 대부분의 시간이 몹시 '일상적인' 활동으로 채워진다는 것을 알 수 있다. 아침에 일어나고 세수하고 밥 먹고, 학교로 직장으로 갔다가 저녁에 집으로 돌아오고 또 잠자리에 들고, 이런 모습들은 누구라도 특별할 것이 없는 일상적인 모습이다. 그러나 하루가 이런 일상적인 것들로만 채워지는 것은 아니다. 어느 순간 우리는 '고유한 행동'을 하게 되는데 예를 들면 남다른 생각, 남다른 행동, 그리고 남다른 결과 같은 것을 말하는 것이다. 오직 나만이 할 수 있는 생각, 또는 나만의 개성이 묻어나는 행동, 더 정확히 말하자면 나만의 '생명력'을 발휘하는 순간. 이런 순간이 하루 중에 얼마나 될까.

하루 24시간을 분으로 따지면 역시 1,440분이므로 36분씩이나 이런 순간을 맞이할 수가 있을 것인가. 생명력이 발휘되는 것은 글자그대로 '순간'일 뿐이고 나머지는 그 여파로 인해 행동을 지속시켜 나갈 뿐이니 이것을 순수한 음양기운이라고 말하기는 어려울 것이다. 그러나 이런 순간이 없는 것도 아니다. 하루 중에서 '개성'을 드러내는 순간이 없는 사람은 없다. 다만 얼마나 이런 작용을 할 수 있느냐가 문제인 것이다.

라디오의 조절기를 돌려 주파수를 맞추면 우리는 방송을 들을 수 있다. 그런데 하필 그 방송은 하루에 36분밖에 방송을 하지 않는다. 그 시간을 잘 맞추면 방송을 들을 수 있는 것이고 딴 데 한눈팔다 방송을 놓치면 그것으로 그만이다. 라디오의 상태 또한 중요한 변수가 된다. 낡은 라디오라면 잡음이 많아 깨끗한 방송을 듣기 어려울 것이고 항상 손질을 해놓아 상태가 양호하다면 크고 맑은 방송을 들을 수 있을 것이다.

율려는 바로 이런 의미를 갖는다. 우주는 순수한 음양의 리듬을 전

우주에 내보내고 인간은 그 리듬을 받아들이면서 생명력을 비축하게 되는 것이다. 그리고 인간이 자신의 생명력, 즉 '운'을 발휘하는 순간을 율려가 작용한다고 보는 것이다.

 율려가 작용하는 순간이 많으면 많을수록 우리는 그 사람을 '개성' 있는 사람, '남다른' 사람, 그리고 '인간의 일반적인 한계를 뛰어넘은 위대한 사람'으로 평가하는 것이다. 그리고 이 모든 것은 율려를 받아 내릴 수 있는 바탕, 즉 정신의 순수성에서 판가름 나게 되는 것이다. 그러니 당연히 궁금할 수밖에 없다. '어떻게 하면 순수한 정신을 갖게 되는 것인가' 하고 말이다.

{ 정신이 현상으로 펼쳐지기까지 }

여기서 잠깐 서양 철학에서는 정신의 문제를 어떻게 다루고 있는지 간단히 살펴보도록 하자. 필자가 소개하려고 하는 것은 독일의 철학자 헤겔의 이야기이다. 헤겔의 변증법은 워낙 유명한 이론이어서 철학의 전공자가 아니더라도 한번쯤은 접해보았을 것이다.

헤겔은 어떠한 개념이라도 반드시 대립되는 개념을 갖게 된다고 하였다. 즉 개념 Thesis은 대립 개념 Antithesis을 갖고 있기 때문에 필연적으로 모순이 발생하게 되며 이 둘의 갈등은 종합 개념 Synthesis으로 지양止揚되게 된다는 것이다. 이것이 소위 정正-반反-합合의 변증법이다.

사물은 계속적인 정-반-합의 과정을 통해 보다 높은 차원으로 발전하게 되며 이것이 더 이상 대립개념이 없을 정도로 보편적인 개념으로 발전하게 되면 그것이 바로 '이념理念'이 된다. 이런 과정을 통해 성립된 '이념'을 그는 '절대정신'이라고 불렀다. 결국 현실은 절대정신에 도달하기 위한 과정이 되기도 하고, 이것을 절대정신의 관점에서 바라보면 변증법적 과정은 절대정신이 하나씩 현상現象으로 드러나는 과정이라고 볼 수도 있다.

다시 말해 헤겔은 인간의 역사가 발전한다고 생각한 것이다. 우리가 역사 속에서 마주치는 다양한 의견의 대립은 더 나은 의견이 나오면서 해소되고 이런 과정을 반복하면서 끝내 궁극의 이념에 도달하게 되리라고 보고 이것을 절대정신이라 불렀던 것이다.

헤겔의 변증법은 우리의 경험에 비추어 봐도 일견 설득력이 있다. 그러나 하나하나 따져보면 무언가 아쉬운 점을 느낄 수가 있는 것이니 예를 들어 왜 개념은 꼭 대립 개념을 갖게 되는가, 그리고 종합개념이 반드시 나오게 된다고 어떻게 확신할 수 있는가 하는 점들이다. 필자가 헤겔 철학에 시비를 걸려는 것은 아니지만 서양철학에서 자주 등장하는 이런 식의 전제前提, 즉 '어떤 것이 있다고 치고' 논리를 전개해가는 방식에는 문제가 있다고 생각한다. 만약 헤겔의 변증법을 동양학을 공부한 사람에게 설명한다면 그는 대번에 참으로 일리 있는 의견이라고 할 것이다.

오운 육기를 배운 우리들은 왜 개념에는 필연적으로 대립개념이 나타나게 되는지 너무도 잘 알고 있다. 이것은 대화작용의 또 다른 표현에 불과한 것이다. 사물이 순환을 유지하기 위해서는 대립되는 존재가 던져주는 대화작용이 꼭 필요하다. 그리고 대화작용을 받은 존재는 이를 통해 한 단계 진전된 과정으로 넘어가게 되는 것이며 이것이 동양학으로 바라본 종합 개념이 되는 것이다.

따라서 사물이 변증법적으로 발전한다는 것은 순환과정에서 양기운이 주도하는 분열 발달과정과 정확히 일치하고 있다. 그리고 분열 발달 과정의 끝에는 잘 알고 있듯이 '미'를 통해 '십토'라고 하는 절대 중화의 조화정신이 작용하게 되는 것이니 이것이 우리가 알고 있는 바의 '절대 정신'이 되는 것이다.

그가 사물의 모순 대립, 동양학으로 이야기하면 상극의 과정이 발전을 이끄는 원동력이 된다고 본 것은 서양철학사에서 획기적인 것이다. 이것은 쉽게 말해 '악'도 역사의 과정에서 역할이 있다고 본 것이나 마찬가지인 것이기 때문이다. 그가 동양적인 '중'의 개념에 대해 얼마나 알고 있었는지는 모르겠으나 서양의 철학 풍토 속에서도 이런 생각을 해냈다는 것은 그의 천재성을 여실히 증명하고 있다고 할 것이다.

그러나 헤겔의 변증법은 여기까지만이다. 그의 말대로 변증법적으로 발전하는 사물이란 내재된 생명력을 현실에 드러내는 과정을 갖는 것은 맞지만 이 절대 정신이 어떻게 다시 생명력을 수렴시키는지에 대해서는 일언반구도 없는 것이다.

그의 철학은 절대 정신이 인간의 역사를 통해 현상화 된다는 일방 통행의 논리일 뿐, 인간이 우주의 정신을 품어내고 그것을 통해 새로운 순환을 일으킬 수 있다는 수렴, 통일의 논리가 없다. 조금 과장되게 비유하자면 이것은 단막극의 시나리오이다. 그러나 동양학은 영원히 진행되는 연속극을 말하고 있는 것이다.

'절대 정신'은 현상에 드러나기만 하는 것이 아니라 인간의 정신에 내재되어 우주의 이상을 실현해가게 되는 것이다. 인간은 절대정신이 펼치는 '현상'을 바라만보는 관객이 아니라 우주와 더불어 이상을 실현해가는 '동반자'다.

현실을 바라보면 이런 관계는 더욱 잘 드러난다. 분열 발전이란 것은 결국 양적인 성장을 말하는 것이다. 인류역사를 발전이라는 측면으로 바라보았던 헤겔이 지금 현 시대를 바라본다면 과연 이것이 절대정신이 현상화되는 세상이라고 할 수 있겠는가.

오직 질적인 성숙만이 진정 절대정신을 현상화시킬 수 있는 것이며 이것은 그 정신을 내면에 수렴시켰을 때만이 가능한 것이다. 인간이 인생의 절반을 선천적인 것, 즉 주어진 것에 기대어 사는 것은 맞다. 이것은 하등 이상할 것이 없다. 그러나 인간에게 후천적인 것이 없다면 도대체 무슨 재미로 인생을 살겠는가. 자신이 보고 겪은 것을 내부에 수렴하고 그것을 토대로 하여 자신만의 결실을 맺을 수 있어야 비로소 제대로 된 인간이라 할 수 있는 것이다.

선천적이라 하는 것은 '정精'을 기반으로 하는 것이고, 후천적인 것은 '신神'이 작용하는 과정이다. 정신이란 무슨 별다른 기운이 인간의 심장이나 뇌 속에 존재한다는 뜻이 아니라 '정' 작용과 '신' 작용을 하면서 자신의 존재를 확립해가는 과정을 말하는 것이다.

헤겔이 인간의 역사를 절대정신이 현상화되는 기나긴 과정으로 보고, 또 그 과정이 변증법적으로 이루어진다고 본 것은 대단한 것이다. 그러나 동양학을 제대로 접해본 사람에게는 새로울 것이 없는 '당연한' 이야기가 되고 만다는 것 또한 어쩔 수 없는 사실이다.

{ 물속에서 자라는 인간정신 }

이제 인간의 정신에 대해 이야기할 단계이다. 인간 정신이 우주 정신과 같은 바탕을 지니고 있다는 것은 수없이 언급한 바 있지만 그러나 우주는 우주이고 인간은 인간이다. 따라서 그 과정에는 당연히 차이가 있을 수밖에 없다. 그래서 인간 정신에 대해 논하기 위해서는 제일 먼저 인간의 육체가 어떤 기반을 갖고 탄생하는가부터 살펴야 하는 것이다.

인간은 어머니가 임신을 하는 순간부터 양수羊水 속에서 자라난다. 사실 이것은 인간에 국한된 것이 아니라 모체에서 생명을 기르는 포유류나 알을 낳는 조류 역시 물속에서 생명을 기르고 있음을 알 수 있다. 보통은 이것을 그저 태아를 보호하고 장차 분만을 수월하게 하기 위한 장치정도로 알고 있는 것이다. 그러나 만약 이 정도의 의미라면 태아의 보호수保護水라고 부르면 될 것이지 굳이 양수, 즉 '생명을 기르는 물'이라고 표현할 필요는 없다. 그러면 왜 모든 생명은 물속에서 길러지는 것일까.

임신姙娠이라는 것은 남성의 정精을 여성의 난자로 포위하는 단계로부터 시작된다. 한동석 선생은 여성의 난자란 피血의 핵核이며 이것이 토화작용을 하여 궁극적으로 생명력을 통일의 과정으로 이끄는 것이라고 하였다. 분열하려는 '정'을 잘 이끌어서 수렴의 길로 인도하는 존재라는 것이다.

그러나 난자에 포위된 '정'은 이미 인신상화의 상태에 접어들어 성급히 분열하려고 할 것이고, 때문에 포위하려는 난자를 거칠게 밀어내게 되므로 자연의 섭리는 이런 양기운의 태과太過 상태를 조절하기 위해 인체에 있는 금수金水 기운을 동원하게 되는 것이니, 이것이 바로 양수이다. 즉 물기운으로 양陽의 분열과정을 조절하고 있다는 것이다.

이런 과정은 우리가 수없이 언급했던 양기운의 분열과정을 그대로 보여주고 있다. 즉 내부의 양기운이 분열발달하려는 것을 일차적으로 '토'가 조절하고, 이차적으로 '금수' 기운이 들어와 조절하고 있는 모습인 것이다.

따라서 '양수'란 단순한 보호의 기능만 갖고 있는 것이 아니라 양기운의 분열을 조절하기 위해 반드시 필요한 존재이며 그래서 '기르는 물'이라 하는 것이다.

앞서 우리는 우주의 정신이 일월을 동원하여 생명을 화생할 때, 지구라는 환경이 없다면 이 모든 것이 불가능하다는 것을 강조하여 이를 곤덕坤德이라 표현한 바 있다. 마찬가지로 여성의 난자는 이런 '곤덕'을 발휘하고 있는 것이다. '정'이 갖고 있는 무형의 생명력은 난자를 통해 조절되지 않으면 그 정신이 깃들 수 있는 형形을 갖출 수가 없는 것이다. 인간이 육체라는 형形이 없다면 생명을 담고, 정신을 활동시킬 수 있는 근거지가 없는 것이므로 이것을 인간이라 부를 수는 없는 것이다.

이렇게 인간은 탄생하는 과정부터가 음양의 균형을 통해 이루어지는 것이다. 남성의 '정'은 무형의 '신'으로 발전하려 하고, 여성의 난자는 이러한 '정'을 감싸고 분열을 조절하여 '형'을 갖출 수 있도록 모든 노력을 아끼지 않는 것이니 이 과정에서 '양수'도 동원되고 있는 것이다.

만약 '양수'가 없다면 양기운의 분열을 조절하지 못하여 '형'을 만드는데 실패하거나 부족한 '형'이 만들어질 가능성이 높아진다는 의미이며, 이것은 육체적인 문제뿐만 아니라 태아의 정신에도 영향을 미칠 수밖에 없는 것이다. 반대로 '양수'를 통해 토화작용이 원활하게 일어날 수 있다면 이것은 건강하고 튼튼한 '형'을 만드는 것은 물론, 균형을 갖춘 정신을 형성하는 데에도 이로울 것임은 말할 필요도 없다.

또한 인간의 형形, 다시 말해 육체라는 것은 양기운인 생명과 정신을 포위하고 있는 존재라는 것을 새삼 이해할 수 있다. 건강한 육체라는 것은 체격이 크거나 힘이 센 것만을 의미하는 것이 아니라 토화작용이 잘 이루어져 내부의 기혈순환이 원활한 육체를 말하는 것이니 '양수'는 이러한 육체의 형성에서도 중대한 역할을 하고 있는 것이다.

결국 인간은 태중에서건, 태어난 후이건 정신을 이루는 양기운과 육체를 이루는 음기운이 적절히 조화된 상태가 꼭 필요하다는 것을 새삼 느낄 수가 있으니 이렇게 양기운과 음기운이 균형을 갖춘 가운데 인간 정신은 형성되어 가는 것이다.

{ 인간정신의 성립 }

    이렇게 '양수' 속에서 자라는 인간의 정신은 이후 어떠한 변화를 겪을까. 정신이란 자율성을 바탕으로 하는 것이다. 자율성이란 그 동력이 외부에 있는 것이 아니라 내부에 갖추어져 있는 것을 말한다. 그렇다면 과연 인체의 내부에서 수화운동의 동력원으로 작용하는 것은 무엇일까.

    다시금 우주 정신의 경우를 생각해보자. 천天과 지地란 우주의 무한한 공간과 수많은 별들을 말하는 것이고 그 정신을 담은 순수한 음양의 형태를 건곤乾坤이라 한다. 그리고 일월日月은 건곤을 대행하여 지구에 양기운과 음기운을 던져주는 것이니 일월이 지닌 순수한 음양기운을 일컬어 감리坎離라고 하는 것이다. '감리'는 음양의 순수성에 있어 건곤보다 한 단계 격이 떨어지는 것이 사실이나 또한 능히 건곤을 대행할 자격을 갖추고 있다. 이 감리정신이 지구에 수화운동을 일으키고 모든 생명을 화생시킨 것이다.

    감坎이 인간의 기운을 수렴시켜 통일에 이르게 하면 이것을 정精이라 하고, 리離가 분열과정을 주도하는 가운데 일어나는 것을 신神이라 한다. 즉 인간 정신은 '감리'를 바탕으로 하고 있다는 것이다.

    또 하나 인간 정신을 이야기할 때 빼놓지 말아야 할 것이 있으니 그것은 '곤덕坤德'에 관한 것이다. 일월이 감리운동을 할 때 '수화' 기운의 상극성을 조절하는 지구라는 존재가 없었더라면 생명의 화생에 이를 수 없었을 것이니 이것은 바로 '토'를 바탕으로 하는 것이다.

인간이 육체라는 형形이 없이는 정신을 수용할 수 없다는 점은 앞서 설명한 바와 같다. 그러나 육체는 단순히 정신이 깃드는 '껍데기'가 아니다. 육체는 적극적으로 인체의 수화운동을 일으키고 또 그 과정을 조절하는 '곤덕'을 지닌 '형'인 것이다. 따라서 인간의 정신이 원활히 '정'과 '신'의 작용을 펼치기 위해서는 '곤덕'을 지닌 육체의 도움이 절대 필요한 것이다.

물론 '육기'를 바탕으로 하는 육체 때문에 정신이 방해를 받기도 하고, 이기심과 욕심을 일으키는 주체로 작용하기도 한다. 그러나 육체 없는 인간이 있을 수 없듯이 이것은 필요악이고 인간이 극복해야 할 대상인 것이지 절대 무시하거나 소홀히 할 대상이 아니라는 것을 명심해야 한다.

필자가 이렇게 장황하게 인간 정신의 근원을 설명하는 것은 인간 정신의 바탕과 한계를 명확하게 인식시키기 위함이다. 인간은 비록 우주 정신을 바탕으로 태어난 '소우주'이지만 이미 감리정신으로 인해 한 단계 순수성이 떨어져 버렸고 이후 정신이 육체에 깃들게 되면서 또 한 번 순수성을 상실하여 혼음혼양混陰混陽이 되고 만 것이니 당연히 인체의 토화작용에 있어서도 우주는 말할 것도 없고 지구만큼의 '곤덕'을 발휘하기도 어려운 지경에 처하게 된 것이다.

그러면 원래의 의문으로 돌아가 인체에서 수화운동을 하는 동력원에 대해 알아보자. 인간의 신체에서 일월을 대행하고 있는 것은 다름 아닌 심장心과 신장腎이다. 신장은 인체에서 수기운의 주체로서 모든 기운을 수렴하여 정精을 형성하게 되고, 심장은 화기운의 주체로서 기운을 발산하여 신神의 작용을 가능하게 한다. 즉 심장과 신장이 일월을 대신하여 음양을 교류시키고 있는 것이다.

그리고 인간의 육체가 감리정신을 받아들이는 '곤덕'을 발휘하고 있는 것처럼 인체내부에서 심장과 신장의 수화운동을 조절하는 '곤덕'을 발휘하고 있는 장기는 비장脾이다. 비장이 인체에서 '토'를 자화自化하는 주체가 됨으로써 심장과 신장의 상극을 조절하고 있는 것이다.

이것은 앞서도 누차 이야기했듯이 건곤이나 감리에 비해 한참 부족한 작용을 할 수밖에 없다. 그러나 이만한 바탕을 가지고서도 인간은 자율적인 수화운동을 할 수 있는 것이다. 인간은 섭취하는 음식, 들이마시는 공기를 통해 하늘과 땅의 기운을 받아들이고 이것을 '정'으로 만들어 신장과 단전丹田에 간직하고, 심장의 기운을 이용해 생명활동을 하면서 '신'으로 펼쳐낸다. 그리고 이 모든 과정의 중심에 비장이 있는 것이다.

인체가 토화작용을 잘 할 수 있으면 이 모든 과정이 원활하게 돌아가면서 인간 정신은 일월을 대행하고 천지를 대행하여 자신의 존재를 펼쳐보이게 되는 것이며, 만약 토화작용이 잘 이루어지지 않는다면 인체의 수명은 물론이요, 정신 작용에 있어서도 사심과 사리사욕에 빠져 인생을 소모하고 마는 것이다.

{ 인간정신과 자유 }

이번에는 인간 정신이 어떻게 작용하는가에 대하여 알아보기로 하자. 한동석 선생은 이 문제를 '자유自由'라는 주제를 통해 설명하고 있다. 그러나 이것은 독자들에게 약간의 혼란을 가져다 줄 수 있는데 왜냐하면 동양학에서 말하는 '자유'라는 것은 우리가 지금까지 알고 있던 '자유'와는 상당히 다른 것이기 때문이다.

우리는 흔히 '자유'를 '타인에게 얽매이거나 구속되지 않고 자기 뜻대로 행동하는 일'로 알고 있다. 인간은 역사를 통해 인간을 압박하는 수많은 제약과 싸워왔다. 신분의 억압, 인종의 억압, 빈부의 억압 등등 인간을 차별하고 행동을 제약하는 많은 제도 및 사고방식을 타파하기 위해 수많은 희생을 치르면서 여기까지 이르게 된 것이다. 그러나 이렇게 해서 수많은 자유를 누리게 된 인류의 삶은 어떤가. 좋은 제도를 만들어 놓으면 꼭 그것을 악용하려는 사람들이 나타나는 것처럼 자유를 누리는 사람만큼이나 방종으로 치닫는 사람들이 있는 것이 지금의 현실이다.

책임을 지지 않는 권리만큼이나 위험성을 내포하고 있는 것이 바로 자유이다. 스스로 조절되지 않는 자유는 오히려 압제보다도 더 무질서한 상황을 만들 수 있는 것이다. 이런 식으로 보면 '인류가 과연 자유를 감당할만한 존재인가' 하는 의구심이 들기도 한다.

바로 여기서부터 동양학의 '자유론'이 필요하게 되는 것이다. 동양에서도 자유를 '타인에게 얽매이지 않고 내가 뜻하는 바대로 하려는 것'이라 생각하는 것은 크게 다를 바가 없다. 그러나 결정적인 차이는 바로 그 자유의 대상이 무엇인가 하는 부분이다.

우리는 여러 가지 제도가 미비한 까닭에 부자유를 느끼기도 한다. 이런저런 제도, 법률 등이 하고자 하는 바를 못하게 제약하는 경우도 많다. 그러나 정작 우리가 부자유를 느끼는 것은 이런 경우만이 아니다. 나를 믿지 못하고 도와주지 않는 사람들, 내가 갖고 있는 능력을 과소평가하는 사람들, 내가 품고 있는 진심을 오해하고 되레 나를 의심하는 사람들. 어디다 하소연 할 데도 없고 내 속을 뒤집어 보여줄 수도 없는 답답한 심정. 인간관계, 사회생활에서 느끼는 온갖 '걸림돌' 이야말로 동양학에서 관심을 갖는 '자유'의 대상이다.

왜 인간은 뜻하는 바를 다 실현할 수 없는 것인가. 왜 하고 싶은 일을 다 할 수는 없는 것인가. 이것은 인간이 자유를 얻기 위해 그동안 싸워왔던 제도나 편견, 억압의 문제 보다 훨씬 근원적인 것이다.

'토화작용'이란 무엇인가. '토'는 편벽된 기운이 만나 벌어지는 온갖 모순을 중재하여 한 차원 높은 단계로 이끄는 중화中和의 힘이다. 인간이 어떤 형태이건 방해를 받아 자신이 바라는 바를 수행하지 못한다면 동양학에서는 이것을 '토'가 부족한 것으로 본다. 다시 말해 자유라는 것은 자기가 하고 싶은 바를 행하는데 아무런 방해를 받지 않는 것임과 동시에 '어떤 방해가 있더라도 이것을 능히 화해해 가면서 나아갈 수 있는 힘'을 말하는 것이다.

수많은 비난과 편견 속에서도 꿋꿋이 자신의 뜻을 지켜 마침내 만인의 인정을 받게 된 사람들의 이야기를 우리는 잘 알고 있다. 동양학에서는 이런 사람들이야말로 진정 '자유로운' 사람이라 보는 것이다.

이것은 '고집'이 아니다. 때로는 상황이 불리하여 물러날 줄도 알고 때로는 강하게 자신의 생각을 펼쳐 보일 줄 아는 균형감각, 이것이 바로 '토'이며 자유의 모체이다.

'목 화 금 수'로 이루어진 세상은 편벽된 기운의 집합소다. 이 속에서는 필연적으로 모순과 갈등이 발생할 수밖에 없다. 그러나 인류가 싸움만 일삼았던 것은 아닌 것처럼 그 속에서 모순을 조화하고 갈등을 풀어주는 인물들이 있었기에 인류는 이만큼 진보할 수 있었던 것이다.

'정'작용이란 수렴과 통일을 기반으로 하는 것이다. 쉬운 예로 남의 이야기를 들을 줄 알아야 한다. 남의 의견을 수렴하여 내부에 받아들일 수 없는 사람은 포용력이 부족한 것이며 이것은 '정'작용이 부족한 것이다. 사실 '정'작용만 제대로 해도 그 사람은 벌써 존재감이 있는 것이다. 자신은 한마디도 하지 않고 남의 이야기를 들어주기만 했을 뿐인데도 이미 남다른 사람, 포용력이 있는 사람이 되어있는 것이다.

'신'작용은 분열과정을 통해 자신의 생명력을 발휘하는 것이다. 이것은 일방적으로 자기의 기운을 내쏘기만 하는 것은 아니다. 상대방이 받아들일 수 있는 생각, 그 사람의 입장을 배려한 생각을 던져야 또 다른 '정'작용이 가능한 것이지 자기의 기운만 발휘한다면 그것은 수렴되지 못하고 분산하여 흩어진 '화'와 같다. 아무도 자신의 말에 귀 기울이지 않는 상황이 오고 마는 것이다.

'정'이 부족하면 '신'이 제대로 될 리가 없다. 마찬가지로 '신'이 제대로 되어야 또 다른 '정'이 만들어지는 것이다. 무엇을 재료로, 어떤 상황에서, 누구를 상대로 정신작용을 할 것인가는 각자에게 달린 일이다. 그러나 정신작용이 원활하게 이루어지면 그 사람은 존재의 가치를 찾게 될 것이고, 자유로운 인간이 될 것이며, 마침내 우주의 이상을 실현하는 경지에 이르게 되는 것이다.

다시 현실로 돌아가 보자. '토'가 사물을 조화한다는 것은 현실적으로 너무 강한 것은 약하게 하고 너무 약한 것은 강하게 한다는 뜻이다. 이것은 균형을 잡으려는 마음을 가지고 있기 때문이고 그것을 '중中'이라 부른다. 현실에서 강한 것을 약하게 하고 약한 것을 강하게 하려면 어떤 행동을 해야 하는가. 일일이 사례를 들 수는 없는 것이니 여러분들은 '토화작용'에서 설명한 '진 술 축 미' 네 개의 토만 잘 기억하고 있으면 된다.

세상이 편벽되다고 해서 매일 투쟁만 벌어지는 것은 아니다. 자세히 주변 상황을 살피면 '토'가 부족하여 자유롭지 못한 경우를 얼마든지 관찰할 수 있을 것이니 처음에는 조금씩 그 역할을 해주면 된다. 이것은 이론적인 설명이라 미심쩍은 마음이 들기도 하겠지만 '토'를 바탕으로 한 조언이란 일반적인 충고와는 격이 다른 것이고 그것을 실감하게 될 것이다.

이렇게 상황을 잘 가려서 조금씩 '토'의 역할을 해주면 그것이 바로 나의 '정신'이 된다. 그리고 수많은 사람들과 정신을 교류하다보면 마침내 동양학의 정신론이 왜 만고의 진리인지를 스스로 알게 될 것이다.

완벽한 자유를 누릴 수 있는 유일한 존재는 사실 '우주' 뿐이다. '우주'는 지금껏 아무런 제약 없이 자신의 정신을 온 우주에 실현시켜

왔다. 그리고 앞으로도 그럴 것이다. 그러나 인간은 '감리'를 바탕으로 정신을 부여받았고, 협소한 육체의 제약을 받고 있으며, 또한 심장과 신장의 수화운동이 원활하지 못하여 결국 편벽된 사심私心과 집착에서 헤어 나오지 못하는 것이다.

그러나 그럼에도 인간은 '소우주'다. 그래도 인간만큼 '토화작용'이 왕성한 생물은 없는 것이다. 따라서 우리는 자유로워지기 위해서도 올바른 정신작용을 위해 애써야 하는 것이다. 온갖 방해가 있어도 능히 그것을 조화하여 마침내 자신이 원하는 바를 이룰 수 있는 힘, 이것을 어떻게 포기할 수 있단 말인가.

{ 정신의 운동과 기혈氣血 }

　이번에는 인간의 신체에서 '정'과 '신'이 생성되고 활동하는 원리를 보다 구체적으로 살펴보기로 하자. 인체에서 심장과 신장이 각기 '감리 정신'을 대행하여 '수화' 운동을 하는 주체가 된다는 것은 앞서 이야기한 바와 같다. 이것을 방위로 바라보면 신장을 북방으로 생각하여 해자축인묘진亥子丑寅卯辰 과정에 해당하는 것으로 보고, 심장은 남방으로 보고 사오미신유술巳午未申酉戌 과정에 해당한다고 본다.
　'정'이란 것은 기본적으로 수렴과정을 말하는 것이므로 이 역시 해자축인묘진에서 생生하는 것으로 보면 되고, '신'이란 분열과정에 해당하므로 사오미신유술에서 작용한다고 보는 것이다. 그러나 이것은 글자그대로 기본적인 방위를 말하는 것일 뿐, '정'이 오로지 해자축인묘진에서만 생성되고, '신'이 오직 사오미신유술에서만 작용한다고 볼 수는 없다.
　우리는 오행의 과정을 통해 음양이 어떻게 복합적으로 작용하는지에 대해 배운바 있다. 예를 들어 분열발달 과정을 양기운이 주도하는 것은 맞지만 그 과정에서 금수기운이 얼마나 중요한 역할을 하고 있는지도 잘 알고 있고, 마찬가지로 수렴통일 과정을 음기운이 주재하지만 그 속에 담긴 양기운의 중요성에 대해서도 충분히 배운 바 있는 것이다.
　이것은 체용體用 관계일 뿐이다. '정'이 체가 되면 '신'이 활동하고

'신'이 체가 되면 '정'이 수렴되는 것이다. 반대로 생각해도 아무런 문제가 없다. 인간의 '정신' 작용이라는 것이 무슨 절차를 따라 일어나는 일이 아니고 언제든지 생각나면 행동하고 행동함으로써 생각을 수렴할 수 있는 것이므로 절차를 따진다는 것은 '운'을 지닌 '신기'에게 어울리는 것이 아니다. 다만 그 기본을 설명하기 위해 방위를 언급하는 것이므로 이 점을 감안하고 생각하면 된다.

그러면 인체의 심장과 신장이 어떻게 인간의 '정신'과 연결되게 되는 것일까. 이 과정을 매개하는 것이 바로 인간의 기혈氣血, 즉 '기'와 '피'이다. 심장이 인체에서 온 몸에 피를 공급하는 기관이라는 것을 모르는 사람은 없겠지만 이 '피'가 단순히 산소와 영양분을 실어 나르는 수단에 그치는 것이 아니라 그 속에는 '신神'이 작용할 수 있는 근원이 담겨있다.

또한 신장이 단순히 수분을 조절하고 노폐물을 거르는 기관에 그치는 것이 아니라 '기'를 저장하는 단전과 짝을 이루어 인체의 동력원이 된다는 것을 1권에서 이미 언급한 바가 있다. 신장을 근거로 하는 '기'는 '정' 작용과 밀접한 연관을 갖게 되는 것이다.

물론 '피'도 동맥과 정맥이 있는 것처럼 '양' 작용과 '음' 작용을 모두 하고 있고, '기'도 발산하는 '기'와 수렴되는 '기'가 있을 것임은 당연하다. 그러나 기본적으로 심장이 하고 있는 '양' 작용에 맞추어 '피'를 통해 '신'이 활동하고, 신장이 하고 있는 '음' 작용에 맞추어 '기'를 통해 '정'이 수렴한다고 보는 것이다.

간단하게 비유하자면 '신'이란 결국 인간의 행동 같은 것으로 구체화 된다고 보았을 때, 인간의 행동이란 심장이 온몸에 피를 전해주기 때문에 가능한 일이라고 생각하면 된다. 이로서 심장心-피血-신神으로 이어지는 '신생神生' 과정이 확립되는 것이다.

또한 '정'이란 경험과 사고思考를 내면에 수렴하는 '보이지 않는 과정'이므로 이 속에서 신장과 단전을 중심으로 일어나는 '기'의 수렴과정이 작용하고 있다고 보면 되는 것이다. 따라서 정精-기氣-신장腎으로 이어지는 '정생精生' 과정이 형성된다.

중요한 것은 '정' 작용과 '신' 작용 사이에 기혈이라는 매개체가 존재한다는 사실이며 이것만 알고 있으면 된다.

정신과 기혈의 관계

그러면 이렇게 정신을 매개하는 기혈은 어디에서 온 것일까. 이것은 당연히 우리가 섭취하는 음식물과 호흡하는 공기에서 만들어지는 것이다. 인체는 수화운동의 원동력을 내부에 갖고 있다. 그러나 원료까지 내부에서 생산할 수는 없으므로 부득이 음식을 먹고 호흡을 한 후에 이것을 소화시켜 마침내 피와 기를 만들어 내는 것이다.

그런데 이 원료가 되는 음식물과 공기라는 것이 어떤가. 이것은 건곤-천지-일월-감리의 많은 단계를 거치고 이어서 초목-초식동물-육식동물로 이어지는 먹이사슬을 거친, 말 그대로 혼음혼양混陰混陽

의 집합체인 것이다. 우리가 마시는 공기 또한 각종 공해나 오염 같은 영향은 둘째로 치더라도 순수한 음양의 기운을 마시는 것은 아닌 것이다.

원료가 이렇다 보니 이를 바탕으로 기혈을 만들고 또 그 기혈을 바탕으로 정신작용을 하는 인간이 순수한 정신 활동을 한다는 것은 애초부터 가능성이 희박한 것이다. 예를 들어 육식肉食이란 것은 애초부터 '화기운'이 가득한 것이다. 때문에 육식을 하면 힘이 세지고 활동력이 증가하는 것은 분명하다. 그러나 그만큼 순수한 정신 작용을 방해하는 요소를 갖고 있는 것이다.

또한 전설처럼 전해오는 신선神仙이 생식生食과 이슬만 먹는다는 말은 음식에 일체의 '화기운'이 더해지지 않은 음식만을 먹었다는 뜻이니 이것은 정신의 순수성을 유지하고 싶어 했다는 말과 같은 의미인 것이다.

그러면 우리는 어떻게 해야 할까. 정신의 순수성을 유지하기 위해 신선처럼 생식만 해야 하는 것일까. 천만의 말씀이다. 인간의 역사는 '신선'이 만들어온 것이 아니다. 음식물과 호흡은 인간 정신의 중요한 재료이다. 그러나 다르게 보면 이것은 '재료'에 불과한 것이다. 이것은 선천적인 것이고 주어진 것이므로 여기에 순종하여 따른다고 해서 하등 이상할 것이 없다. 중요한 것은 '재료'보다 '정신을 어떻게 운영하는가'에 달려있다. 이것은 '토'의 역할을 중시하라는 뜻이다.

인간이 동물보다 우위에 설 수 있는 것은 먹는 것이 달라서가 아니다. 인간이 동물보다 영장靈長한 것은 '갑토운'을 받아 '토'를 중심으로 한 자율성을 갖고 있기 때문이고 따라서 승부는 '재료'에 있는 것이 아니라 '토화작용'에 있다. '토'는 이질적인 기운을 조절하고 중화하는 존재임을 수도 없이 설명했거니와 '토화작용'만 제대로 된다면 음식으로 인한 제약정도는 충분히 넘어설 수 있는 것이다. 그래서 한동석 선생도 자기 몸이 바라는 음식을 제대로 알고 그것을 섭취하는 것이 중요하다고 강조한 것이다.

'미토'를 기반으로 한 토화작용은 결국 후천적인 것을 말한다. 육식을 해서 몸에 '화기운'이 조금 많으면 어떤가. 그래서 넘치는 활력으로 올바른 행동만 한다면 그 사람이 '신선'보다 더 훌륭한 사람이다. 그래서 필자는 늘 '가치관'을 강조한다. 자신에게 가치 있는 것을 찾고 그것을 적극적으로 행한다면 그것이 바로 '성性'을 실현하는 것이다.

물론 음식과 호흡도 조절할 수 있으면 더욱 좋을 것이다. 그러나 그런 것에 얽매이기 보다는 자신의 정신을 바르게 활용하는데 더 노력을 기울여야 그것이 진정 '자유로운 사람' 아니겠는가.

{ 태아胎兒의 정신을 기르려면 }

이번에는 인간 정신을 어떻게 균형 있게 기를 것인가 하는 문제에 대해 생각해 보기로 하자. 일단은 인간 정신의 선천적인 여러 조건에 대해 알아보는 것이 순서일 것이니 그 첫 번째는 태아의 정신과 관련한 것이다.

태아는 아버지의 정精과 어머니의 혈血을 통해 길러진다는 것을 이야기한 바가 있다. 그런데 이 부정父精, 모혈母血에도 음양의 승부 관계가 있을 것은 당연한 것이다.

먼저 아버지의 정精에 대해 생각해보자. 정자精子란 것은 아버지의 기질을 고스란히 간직한 것이다. 아버지가 자신의 생리활동과 정신활동을 통해 스스로의 기질을 만들고 그것은 하나도 빠짐없이 정자에 담기게 된다. 이 말은 언뜻 들으면 잘 이해가 되지 않을 수도 있다.

왜냐하면 정자 속에 아버지의 유전적 특징이 들어있다는 것은 알고 있지만 아버지의 기질마저 담겨있다는 것은 쉽게 이해할 수 없는 부분이기 때문이다. 이유는 이렇다. 사람의 기질이라는 것은 오행 기운의 어떤 부분에 치우친 경우가 대부분이다. 예를 들어 '금기운'이 많은 사람이라면 그런 기질은 인체의 모든 생리작용에 그대로 영향을 주게 되고 심지어 정자도 '금기운'이 많은 정자가 만들어지게 된다. 이것은 그대로 태아에게 부여되게 되는 것이다.

그러나 태아가 반드시 아버지의 기질을 그대로 타고 태어나지는 않는다. 그것은 왜 그런 것일까. 바로 어머니 때문이다. 태아는 아버지의

'정'과 더불어 어머니의 '혈'을 통해 자라는 것이기 때문인 것이다.

어머니가 임신을 한다는 것은 아버지의 '정'을 어머니의 난자로 포위하는 순간부터 시작된다. 이때부터 정자와 난자 사이에는 음양의 승부작용이 펼쳐지는 것이다. 정자가 인신상화의 작용으로 분열을 하려고 하는 반면에 난자는 토화작용으로 정자의 분열을 조절하고 이차적으로 양수를 동원하여 금수기운으로 포위하게 되는 것이다. 이러한 음양의 승부 속에서 태아의 타고난 성품이 갈리게 된다.

만약 어머니의 난자가 토화작용을 순조롭게 하여 정자의 분열을 잘 조절할 수 있다면 '곤덕 坤德'이 잘 발휘되어 건강한 형 形을 갖추는 것은 물론 태아의 정신도 잘 길러질 것이요, 반대로 어머니의 난자가 오행 기운의 어느 한 쪽에 심하게 편벽되어 있다면 정자와 난자 사이에 모순이 발생할 것이고 이것이 태아의 육성에 좋지 않은 영향을 주리라는 것은 쉽게 짐작할 수 있는 것이다.

예를 들어 어머니의 난자에 음기운이 너무 많으면 정자를 무리하게 압박하여 원활한 분열을 방해하고, 반대로 양기운이 너무 많으면 분열이 심하여 장차 통일과정이 원만해지지 못하게 되는 것이다. 이와 같이 난자의 영향이 편벽되면 정자는 점차 아버지의 면모를 잃게 되면서 어머니를 닮아가게 되는 것이다. 결국 태아가 아버지를 닮느냐 어머니를 닮느냐 하는 문제는 어머니의 기질과 많은 연관이 있다는 것이다.

이것은 글자그대로 원리인 것이므로 필자는 있는 그대로 설명하는 것이지만 혹시나 이런 내용이 엉뚱한 시빗거리가 되지는 않을까 우려하여 한마디 더 하자면 이것은 전체적으로 보면 '씨앗'과 '밭'의 관계이므로 어느 쪽이 상대편을 탓하는 빌미가 될 수는 없다는 것과 아버지탓 어머니탓을 논하기에 앞서 자식을 위하는 부모라면 자신의 기질을 토화작용이 원활하게 이루어지는 기질로 만드는 것이 먼저라는 것을 유념해야 할 것이다.

부모의 정자와 난자 사이의 승부로 인해 태아의 타고난 성품이 갈리는 것은 태아의 입장에서 보면 100퍼센트 선천적인 것이다. 그러나 태아의 성품에 영향을 주는 것은 이것만이 아니다. 임신과정에서 태아를 기르는 중에도 부모의 후천적인 노력 여하에 따라 태아에게 많은 영향을 주게 되는 것이니 이것이 우리가 상식적으로 알고 있는 태교胎敎의 문제이다.

일반적으로 태아를 가진 어머니는 행동을 조심하고 마음가짐을 단정히 하여 아기에게 좋은 영향을 주려고 노력하는 것인 바, 이것은 지극히 자연스러운 행동이다. 어머니의 이런 자세는 모체의 토화작용을 돕고 이것은 고스란히 태아에게로 이어져 좋은 영향을 줄 것이기 때문이다. 그러나 때로는 태교를 잘 해줄 수 없는 환경에 있는 어머니도 있을 수 있는 것이기 때문에 이런 경우에 조심해야 할 몇 가지를 언급하고자 한다.

첫째는 임신 중에는 과도한 방사房事를 삼가야 한다는 것이다. 방사란 기본적으로 정기를 배출하는 것이므로 양기운을 수렴시켜야 할 모체에서 수렴작용을 할 정기가 부족하게 되어 태아가 점차 양기운으로 치우치게 될 우려가 있기 때문이다.

둘째는 너무 격한 감정을 일으키는 것을 주의해야 한다는 것이다. 감정이란 기본적으로 한쪽으로 치우진 오행기운을 반영하는 것이다.

너무 심한 희열喜悅이나 분노憤怒는 '목화木火' 기운을 일으켜 태아의 기질을 양기운 쪽으로 치우치게 할 것이요, 비탄悲嘆과 우려憂慮는 '금수金水' 기운으로 작용하여 태아의 기질도 음기운 쪽으로 향해 가게 되는 것이다. 물론 이것은 극단적인 경우를 말하는 것이고 일반적인 부모는 다 정상적인 아이를 낳는 것이지만 은연중에 이런 작용이 있을 수 있다는 것을 알고 조심한다면 더욱 건강하고 바른 정신을 가진 아이를 갖게 될 것이다.

{ 인간 정신의 우열 }

인간 정신은 이렇게 아기로 탄생하기 전부터 음양의 대립 속에서 우열優劣이 어느 정도 가려지고 있는 것이다. 그리고 탄생을 거친 후에도 이러한 음양의 대립 관계는 계속된다. '정' 작용과 '신' 작용은 음양의 기운을 바탕으로 일어나는 것이지만 이런 음양의 관계가 '토'의 조절을 받지 않는다면 정신 작용이 원활히 일어날 수는 없는 것이다.

다시 말해 '신'은 '정'을 바탕으로 활동하는 것이고, '정'은 다시 '신'을 바탕으로 생生하는 것이므로 만약 이 둘 사이에 균형이 잘 잡혀있다면 우리는 그러한 정신을 우수優秀한 정신이라 부르고 반대로 균형이 잘 잡히지 않았다면 그것은 열등劣等한 정신이 되는 것이다.

예를 들어 남의 말은 아랑곳하지 않고 자신의 생각만 떠들어대는 사람이라면 그가 비록 백치는 아니더라도 올바른 정신을 갖고 있다고 하기는 어려울 것이며, 반대로 자신의 생각을 제대로 표현하지 못하는 경우라도 마찬가지일 것이다. 정신이 올바르지 않다고 해서 반드시 비정상이라는 것은 아니다.

이것은 철학적인 판단을 말하는 것이고 '토화작용'을 기준으로 말하는 것이므로 함부로 일반인을 평가해서 쓸 수 있는 말은 아니라는 것을 절대 명심하기 바란다. 그러나 위와 같은 예의 사람이라면 항상 사회생활이나 대인관계에서 많은 제약을 받으리라는 점은 짐작하기가 어렵지 않은 것이다.

인간이 타고난 기질을 바꾼다는 것은 어려운 것이다. 이미 어떤 용도로 만들어진 기계를 다른 용도로 사용하려는 것만큼이나 어려운 것이 기질을 바꾸는 것이다. 그러면 인간은 그저 태어난 대로 살 수밖에 없는 것인가. 절대 그렇지 않다. 다시 한 번 강조하지만 인간에게는 '토'가 있는 것이다.

타고난 기질과 '토'는 어떤 관계를 갖고 있는 것일까. 유가儒家는 직접 '토'를 이야기하지는 않지만 그 원리에 대해서는 『중용中庸』이라는 경전을 통해 잘 설명해 놓고 있다.

중용의 첫 번째 구절이 앞에서 소개한 바 있는 '천명지위성天命之謂性'이고 이후의 구절이 '솔성지위도率性之謂道, 수도지위교修道之謂敎'이다. 인간의 기질을 성性이라 했을 때 '성'이란 하늘의 명命이므로 명을 거역하는 것은 있을 수 없는 일이다. 다시 말해 기질은 바꿀 수 없다는 것을 분명히 표현해 놓은 것이다.

그리고 다음 구절에서 이렇게 말하고 있다. '성'을 통솔하는 것을 '도道'라고 한다. 자신의 기질을 싫다고 버리거나, 다른 것과 바꿀 수는 없지만 그것을 통솔, 즉 거느리는 것은 가능하며 그것은 '도'를 통해서 가능하다는 것이다. 사람은 어느 한 사람도 쓸모없는 사람이란 없다. 정신이 우수하건 열등하건 간에 사람은 다 존귀하고 쓸모 있는 존재이다. 비록 장애인이라도 천사 같은 마음을 지닌 사람이 있는 반면에 사지가 멀쩡하고 머리가 비상해도 금수만도 못한 마음을 지니고 있는 사람이 있다.

누가 올바른 정신을 갖고 있는 존재인가는 말할 필요도 없을 것이다. 자신이 갖고 있는 기질을 잘 살피고 그에 맞는 행동을 한다면 그

것이 올바른 정신이며, 가치관이 있는 행동이다. 벌써 '토화작용'을 하고 있는 모습인 것이다. 그러나 더 좋은 것은 이렇게 동양학을 통해 '토화작용'에 대해 배우고 그것을 실천하는 것이며 이것은 경험에 이론을 갖추는 것이니 정신에 날개를 달아주는 격이 되는 것이다.

그러면 '도道'란 무엇인가. '도'는 우주가 운행하면서 걷는 법칙적인 '길'을 말하는 것이다. 우주는 제멋대로 운행하는 것이 아니라, 엄정한 법칙과 자율 속에서 운행하는 것이니 이것을 '도'라고 한다. 물론 이것은 제삼자에게 받은 것이 아니고 우주의 정신 속에 간직되어 있는 '길'을 말하는 것이다. 따라서 '도'는 바로 목화토금수의 운행이요, 율려의 법칙인 것이니 이 길을 올바로 걸을 수 있어야 '성'을 거느릴 수 있을 것임은 물론이다.

중용 제일장의 마지막 구절은 '수도지위교'이며 이것은 '도'를 닦는 것이 바로 '교敎'라는 의미이다. 이것은 우리가 배워야 할 것이 바로 '도를 닦는 법'이란 뜻이기도 하고, 모름지기 가르침이란 '도를 닦는 법'에 관한 것이어야 한다는 뜻도 된다. 결국 '성을 거느리는 방법'을 배우는 것보다 중요한 가르침은 없다는 뜻으로 이해하면 될 것이다.

만약 여러분이 오운 육기에 대해 알지 못하고 토화작용에 대해 배운 적이 없다면 위와 같은 중용의 구절은 그저 '좋은 말', 그러나 '뜬구름 잡는 말' 정도로 들릴 수밖에 없다. 시중에 나와 있는 여러 주석서를 보아도 온갖 장황한 해석이 붙어있을 뿐, 원리에 대한 설명이 없으니 막상 어떻게 하라는 것인지 알 수가 없게 되는 것이다.

'중용'이 마음만 먹는다고 쉽게 되는 일인가. 그러나 동양학을 이

만큼 배운 여러분은 다르다. 이것이 무슨 뜻인지 '감'이 오는 것이다. 또 이 말의 정확하고 근본적인 뜻을 알 수 있다.

　인간의 성품, 기질이란 것은 좋다 나쁘다 할 수 있는 대상이 아니다. 이것은 이끌고 거느리는 대상일 뿐이다. 자신이 타고 태어난 것을 미워하고 싫어해 봤자 자기만 손해이다. 우수한 정신과 열등한 정신이란 기질의 차이를 말하는 것이 아니다. 물론 '목화금수'에 치우친 정신은 올바른 작용을 하는 데 많은 어려움을 준다.

　일반적으로 똑똑한 사람은 '목화금수'의 승부과정에서도 얼마든지 나올 수 있다. '목기운'이 많으면 기억력이 좋고, '화기운'이 많으면 이해력이 뛰어나고, '금기운'이 많으면 분석 판단력이 뛰어날 수 있는 것이다. 그러나 이 모든 것은 '토'를 가진 총명한 사람과 비교할 수 없는 것이다. 따라서 후천적인 노력에 의해 얼마든지 총명을 되찾고 초인적인 정신을 가질 수도 있다는 것이 바로 동양학의 가르침인 것이다.

{ 인간 정신과 수명 }

이제 인간의 정신이 육체와 떼려야 뗄 수없는 관계가 있다는 것을 어느 정도 이해했으리라 생각한다. 부모로부터 물려받은 기질과 자신이 후천적으로 형성한 기질이 모두 육체에 영향을 미치고 이것이 또한 정신의 작용에도 영향을 주는 것이다.

이제마 선생의 사상체질이라는 것도 단순히 육체가 '목 화 금 수'로 편벽된 것만을 이야기하는 것이 아니라 각 체질별로 그 성격을 거론하는 것은 바로 이런 까닭이다. 인체에 있어 오행기운이 폐기肺氣 쪽에 기울어진 사람을 태양인이라 하고, 간기肝氣 쪽에 기울어진 사람을 태음인, 비기脾氣 쪽에 기울어진 사람을 소양인, 신기腎氣 쪽에 기울어진 사람을 소음인이라 하는 것이니 이것이 그대로 정신의 작용에도 영향을 미치는 것은 1권에서 설명한 바와 같다.

또한 이제마 선생은 사상체질을 구분할 때 원래 화火기운을 지닌 심장은 '토'로 변해가므로 체질을 구분할 때 심장의 영향을 따로 고려하지 않고 있다. 이것은 '토'가 가지는 중용의 정신을 중시하고 이것은 인간의 기질에 영향을 주지 않는다고 판단한 것이니 필자가 '토화작용'의 중요성을 강조했던 것과 같은 이치인 것이다.

인간의 정신과 육체가 어떻게 서로 연관되어 있는가 하는 것은 항상 철학의 관심사였다. 그러나 지금까지 정립된 심신관계론心身關係論이란 것은 육체와 정신이 분명 어떤 연관이 있는 것은 사실이나 그것이 어떤 메카니즘을 갖고 있는지 뚜렷하게 밝혀낼 수가 없었던 것이다.

그저 인체의 각종 호르몬이 감정의 변화를 통해 분비된다거나 반대로 육체적으로 분비된 호르몬이 감정에 영향을 미친다는 정도의 발견에 머물고 있다. 그러나 동양학은 이미 수천 년 전부터 심신관계에 대한 이론을 정립하고 이를 통해 어떻게 인간이 자신의 감정을 다스려야 하는가를 가르쳐왔던 것이다.

다음은 인간이라면 누구도 궁금해 할 수명壽命의 문제에 대하여 생각해보자. 과연 인간의 수명은 선천적으로 정해지는 것일까, 아니면 후천적으로 좌우되는 것일까. 먼저 결론부터 내린다면 인간의 수명은 선천적인 것이라고 답할 수밖에 없다. 이미 임신 단계에서부터 부모의 영향을 통해 타고난 기질이 정해지고, 또한 태중胎中에서 길러질 때 이차적으로 부모의 영향을 받은 아기는 이미 그 명수命數가 정해진 것이나 다름없기 때문이다.

다시 말해 인간은 탄생할 때부터 정신이 활동할 수 있는 영역이 정해지기 때문에 그 영역에서 활용할 수 있는 모든 율려수律呂數를 다 쓰게 되면 더 이상 생명활동을 유지할 수 없게 되는 것이다. 매우 운명론적인 해석이라 생각하겠지만 그렇게 심각하게 생각할 필요는 없다. 이것은 건강하게 태어난 아이는 오래 살고, 반대로 병약하게 태어난 아이는 오래 살기 힘들다는 상식을 이야기하는 것과 큰 차이가 없다. 다만 육체의 건강이 정신의 작용과도 관계가 있기 때문에 보다 포괄적인 해석을 한 것뿐이다.

또한 인간이 탄생과 더불어 어느 정도 수명이 정해져 있다 하더라도 이것은 얼마든지 후천적인 노력에 의해 더 연장될 수도 있고, 반대로 질병이나 방종한 생활로 인해 수명을 단축할 수도 있다. 언제든지

'재료'가 문제가 아니라 '어떻게 운영할 것인가'가 문제인 것이다.

음식과 호흡을 잘 조절하여 토화작용을 돕고, 정신적으로도 순수성을 유지하여 율려수를 많이 활용할 수 있다면 그 사람은 이로 인해 타고난 수명보다 더 살 수도 있고, 반대로 우수한 육체와 정신을 타고 태어났다 하더라도 후천적으로 육체를 돌보지 않고, 정신을 소모하는데 급급했다면 그 사람이 요절夭折했다 하더라도 하등 이상할 것이 없기 때문이다.

그러나 일반적으로 열등한 정신을 타고 태어난다는 것은 육체적으로도 음양의 갈등이 심하여 병에 걸릴 확률이 높고 대인관계 또한 원만하지 못해 항상 심사心思가 뒤틀리게 되니 이런 사람이 장수하기를 바라기는 어려울 것이다.

여기서 잠깐 동양학에서 이야기하는 인간의 수명과 흔히 이야기하는 운명運命의 문제를 생각해 보도록 하자. 예를 들어 어떤 사람이 불의의 사고를 당해 젊은 나이에 사망했을 때, 과연 이런 것도 타고 태어난 수명의 범주에 드는 것인가 하는 의문을 말하는 것이다. 당연히 이런 것은 인간의 명수命數에 해당되는 일이라고 할 수 없다. 물론 큰 틀에서 이 사람이 평상시에도 무모한 행동이 잦고, 경솔한 처신을 하는 사람이었다면 어느 정도 사고와의 연관성을 따져볼 수는 있겠지만, 역시 불의의 사고란 글자그대로 생각하지 못한 사고일 뿐이다.

수십 명의 관광객이 탄 버스가 교통사고를 당해 많은 사람이 죽었다고 했을 때, 과연 그 사람들이 한날한시에 죽는 사주팔자를 갖고 있을 수가 있겠는가. 이것은 개인적인 죽음이 아니라 하나의 시대상時代相을 반영하는 사건으로 보아야 할 것이다. 교통수단의 발달, 여가를 즐길 수 있는 여유, 이런 것들이 어우러져 대형 사고라는 시대상을 만들어 낸 것이다.

인간 개인이 그릴 수 있는 삶의 궤적에는 한계가 있다. 그러나 그것이 시대의 흐름이라고 하는 더 큰 순환에 편승하면 천리마 꼬리에 붙은 파리처럼 같이 천리를 갈 수도 있게 되는 것이다. 요즘 들어 인간의 평균 수명이 나날이 증가하는 것은 인간의 명수가 늘어났다기보다는 발전된 의학기술의 힘에 의한 것이니 이것도 시대상으로 바라보아야 하는 것이지 인간 개인 하나하나와는 큰 관계가 없는 것이다.

마지막으로 한동석 선생이 인간의 수명을 늘이는데 도움이 되리라고 권하는 것을 소개하고자 한다. 그것은 첫째, 자기 자신을 잘 알아야 한다는 것이다. 자신이 부여받은 기질의 특성을 정확히 알고 있어야 그에 대한 조절이 가능하기 때문이다. 예를 들어 양기운을 많이 타고 태어난 사람이라면 정신이 너무 외향적이 되는 것을 조심하고, 육체적으로도 안정에 주력하며, 음식물도 음기운을 지닌 것을 섭취하는 등 부족한 음기운을 보충하는데 힘써야 한다는 것이다.

둘째는 '자기 자신으로부터의 명령'에 잘 따르라는 것이다. 정기를 소모하는 행동이 심하여 피로를 느낀다면 이를 줄여야 하고, 어떤 음식을 먹었을 때 속이 편치 않았다면 이것은 육체가 그 음식을 거부한다는 '신호'이니 이런 명령을 잘 따라야 한다는 것이다.

셋째는 정욕情慾을 남발하지 않는 수양을 쌓으라는 것이다. 인간의 감정은 어디까지나 '목 화 금 수'의 작용이다. 따라서 자꾸 감정에 치우치면 '토화작용'을 방해하는 결과를 낳게 되는 것이다. 이 말은 감정을 갖지 말라는 뜻이 아니다. 인간은 기쁠 때는 기뻐하고 슬플 때는 슬퍼할 수 있는 것이다. 그러나 자제하기 힘들 정도로 감정에 휘둘리는 것은 주변에서도 좋게 볼 리가 없고 자신도 후회하기 마련이다. 항상 평정심 平靜心 을 유지하기 위해 애쓰고 수양 修養 을 쌓아야 한다는 것이다.

{ 인간과 총명聰明 }

　이제 독자여러분들이 가장 궁금해 할 '정신의 순수성' 문제에 대해 이야기할 차례가 되었다. 우리가 이처럼 인간 정신의 온갖 문제들을 배워온 것도 결국 어떻게 나의 정신을 순수하게 유지하고 나아가 더 밝고 맑은 정신을 가질 수 있는가 하는 방법을 배우기 위함이다.
　동양학에서는 이 문제를 인간의 총명聰明과 연관된 것으로 가르친다. '총명'이란 흔히 말하는 '똑똑함'과는 다른 것이다. 인간이 영리하다는 것은 '목 화 금 수'의 편벽성 속에서도 나올 수 있지만 총명은 '토'를 기반으로 하고 있기 때문에 출발점이 전혀 다른 문제인 것이다.
　총聰이란 귀가 밝다는 뜻이고, 명明이란 눈이 밝다는 뜻이다. 설마 이것을 시력이 좋고 청력이 좋아야 한다는 뜻으로 생각하는 이는 없을 것이고, 굳이 말하자면 이것은 '보이지 않는 것'에 대한 시력과 '들리지 않는 것'에 대한 청력을 말한다. 우리는 사물이 변화하기 전에 먼저 기미와 징조를 보이는 상象에 대해 배운 바 있다. 총명이란 바로 이 '상'을 보는 눈과 '상'을 듣는 귀를 말하는 것이다.
　즉 사물의 변화를 정확하게 바라보는 눈과 귀를 갖추는 것이 바로 총명인 것이다. 어떻게 사물의 변화를 정확하게 바라볼 수 있는가. 그 첫 단계는 내가 차분하게 가라앉아 있어야 한다는 것이다. 바로 앞에서 설명한 평정심平靜心을 갖춰야 하는 것이다.
　시중에는 온갖 명상冥想과 수행修行에 관해 가르치는 서적이나 단체들이 있다. 그러나 자신의 마음을 평정하게 유지하는 데에는 그리 거창한 이론이 필요 없다. 조용한 장소를 정하고 먼저 자신의 마음을 한 곳에 모아놓아야 한다. 이 항구 저 항구를 떠도는 배처럼 항상 움직이는 자신의 마음을 닻을 내리고 정박시켜 놓아야 한다. 우리는 너무 많은 자극 속에서 살고 있기 때문에 마음은 한시도 쉬지 않고 움직이고 있다. 이 마음을 가급적 붙들어 매고 고요히 가라앉혀야 하는 것이다.

조용히 정좌靜坐를 하고, 호흡을 단전으로 끌어들이기 위해 자세를 반듯이 하고 깊은 숨을 들이쉬면서 생각을 하나 둘씩 가라앉혀 가면 되는 것이다. 이 전에 몸을 풀기 위해 자연스러운 스트레칭 stretching 을 해두는 것도 좋을 것이다. 긴장을 풀고 생각을 가라앉혀 가다보면 도리어 이런 저런 생각이 더 떠오르는 것을 느낄 것이다. 이것은 그동안 정신 속에 감추어져 있던 기억의 파편들이므로 굳이 억지로 지우려 하지 말고 그대로 계속 생각을 가라앉혀 가면 된다.

사람의 마음이 '중'을 지향하면 그전에는 보이지 않던 것들을 보고 들을 수 있다. 마치 바둑시합을 할 때, 바둑을 두는 당사자는 전혀 모르지만 훈수꾼의 눈에는 잘못된 행보가 훤히 보이는 것과 같은 이치이다. 자신의 승부가 아니면 누구나 객관적으로 사물을 바라 볼 수가 있다. 그러나 그것이 나의 문제가 되면 판단이 흐려지는 것이다. 그 순간 내부의 기질이 작용하면서 인간의 마음을 속박하기 때문에 금수기운에 눌린 마음은 평소대로 행동하지 못하는 것이다. 운동선수가 큰 시합을 앞두고 정신 상담을 받거나 마인드 컨트롤을 하는 것도 같은 이치이다.

사람이 감정에 치우치면 사물을 올바로 바라볼 수 없다는 것을 이미 언급했거니와 만약 화가 나면 눈앞이 캄캄하고, 좋지 않은 일이 생기면 머리가 아픈 것은 감정이 정상적인 정신작용을 방해하는 가장 흔한 예이다. 제대로 된 판단을 내릴 수가 없게 되는 것이다. 가급적 감정을 자제하고 평정심을 유지하는 것이 총명을 갖추는 첫째 단계인 것이다.

둘째는 이성理性적인 생활을 해야 한다는 것이다. 인간의 이성이란 오운을 바탕으로 하는 것이다. 항상 이러한 철학서, 수양서修養書를 가까이 두고 틈틈이 읽으면서 정신 작용이 이성적인 방향으로 향할 수 있도록 힘써야 한다. 사물을 음양의 승부 작용과 오행의 순환 과정으로 바라보려는 노력을 해가면 처음에는 어렵지만 점차 익숙해지게 된다. 그리고 변화를 관찰할 수 있게 되는 것이다. 이 정도에 이르게 되면 사물의 변화를 훨씬 담담한 마음으로 바라볼 수가 있게 된다. 그러면 사물의 변화를 정확하게 바라볼 수가 있고 이것이 바로 총명인 것이다.

사람이 총명을 갖추게 되면, 그 사람이 '신神' 작용을 할 때, 객관적인 경험의 대상이 함께 발전하게 되고, 다시 '정精' 작용이 일어나면서 인식의 주체인 '나 자신'이 밝아지는 것이다. 쉽게 설명하자면, 인간이 정신 작용을 한다는 것은 '신'의 과정에서 사물의 바람직한 변화를 일으키게 되고, '정'의 과정을 통해 그 같은 경험이 내면으로 수렴되어 더욱 총명한 행동을 할 수 있는 바탕이 된다는 것이다.

이것은 결코 무리한 목표가 아니다. 필자의 경험도 그렇고, 사회적으로 존경받는 인사들을 보면 다들 마음을 다스리는 나름대로의 수행법 하나씩은 갖고 있는 경우를 쉽게 접할 수 있는 것이니 이런 노력이 어떤 결과를 가져오는지 보여주는 좋은 예가 될 것이다.

{ 종교정신과 도 }

　필자가 앞에서 소개한 것이 너무 간단한 내용만 다룬 것이 아니냐는 지적을 하는 분들이 있을 것이다. 당연한 지적이다. 총명을 갖기 위한 인간의 노력이 이렇게 개인적인 차원에만 머물렀을 리는 없는 것이다. 우리가 굳이 동양학을 거론하지 않더라도 인간이 순수한 정신을 추구한 것은 동서양을 막론하고 어느 시대에나 있었던 일이다. 그리고 이러한 인간의 노력이 하나의 가르침으로 성립된 것이 바로 종교宗敎인 것이다.

　종교는 인간의 생사生死와 선악의 문제를 통해 인간 정신을 밝음明으로 이끌고 나아가 우주 속에서의 인간의 존재를 밝히려는 것이니 이러한 종교의 가르침이 지향하는 것을 철학적으로는 '정신의 통일統一'이라 부른다. 다시 말해 인간이 본래의 총명을 되찾고 나아가 우주 정신과 합일하는 경지에 도달한다면 이것은 정신의 수렴이 완성된 것이므로 이것을 '통일'이라 표현하는 것이다. 이것은 '완전한 자유'가 될 것이고 '율려'가 도수度數를 온전하게 실현하는 경지인 것이다.

　따라서 이러한 종교 정신을 통해 인간 정신 통일의 궁극적인 목적지를 찾아보도록 하자.

　먼저 불교佛敎란 무엇인가. 한동석 선생은 불교의 목적을 '공空'의 항존처恒存處를 찾고 '공'에서 항존할 수 있는 지고지명至高至明한 인간을 창조하려는 데 있다고 하였다.

　'공'이란 모든 변화가 수렴되어 생명력을 품고 있는 적멸寂滅의 진경眞境이다. 동양학으로는 태극太極의 상象으로 표현하는 곳이 바로 '공'인 것이다. 이때의 태극은 현상계에서 '엔진'으로 작용하는 태극이 아니라 모든 사물이 수렴되어 음양의 정신만 갖고 있는 순수한 태극을 말하는 것이다.

이 '태극', 즉 '공'이 발현發現되면 사물은 무형에서 유형으로 화化하여 온갖 현란한 색채를 띠게 되는 것이니 이것이 바로 '색계色界'이다. 그러니 '색계'란 또 다른 세계가 아니라 '공'이 발현된 물질의 세계를 말하는 것이다. 인간의 정신과 육체는 이러한 현란한 변화에 취하여 자기가 떠나온 근본을 잊어버린 채, 사심私心과 정욕情慾의 삶을 살아가는 것이니 만약 총명을 되찾아 허상을 버리고 '진경'을 바라볼 수만 있다면 그 사람은 법신法身, 즉 진리화된 몸으로 화化하여 다시 '공'으로 돌아갈 수 있는 것이다.

이것을 철학적으로 바라본다면 결국 불교는 인간의 정신을 '공'으로 수렴해야 한다는 것을 가르치고 있는 것이다. 정신의 수렴은 과연 어디에서 이루어지는가. 이것은 '사오미신유巳午未申酉로 '신神'의 과정이 이루어진 후에 모든 생명력이 내부로 수렴된 '술戌'의 단계를 말하는 것이다.

'술'은 모든 변화가 수렴되어 정지한 곳이므로 마치 아무것도 없는 것처럼 보이고 그래서 '공'이라 불리지만 실은 모든 생명력이 내부에 간직되어 그렇게 보이는 것일 뿐, 무궁무진한 생명력을 감추고 있는 장소인 것이다. 그러나 서북방이라는 방위의 특성상 세속적인 변화와는 거리가 먼 한갓진 장소에 머물고 있는 셈이므로 사람들은 이것의 가치를 잘 모르고 오직 천변만화하는 물질세계에만 눈길을 보내고 있는 셈이다.

　이로 인해 불교는 출가하여 세속생활을 멀리하고 육체적 욕망을 초월하여 정신의 수렴을 구하는 신앙형태를 보이게 된다. 또한 정신의 수렴을 추구하므로 용맹한 정진을 한 고승 대덕의 경우, 그 불심佛心이 형상화된 사리舍利를 남기기도 하는 것이다. 또한 수렴하는 금기운을 바탕으로 하고 있으므로 그 이념을 자비慈悲라고 하는 것이니 이것은 중생을 슬픈 눈으로 바라보고 불쌍히 여기는 불심佛心을 말하는 것이다.

　다음은 선교仙敎에 대한 것이다. 한동석 선생은 '선교'를 '무無'를 목적으로 하는 것이며 '무'란 영원불멸永遠不滅하는 진기眞氣를 말하는 것이라고 하였다.

　'무無'라는 '진기'는 무한한 변화작용을 일으키는 근원을 말하는 것이며 만물이 타고 태어난 바의 정신을 발현시키는 것도 바로 여기에 달려있다. 그런데 선교는 이 진기를 보호하려고 하기 때문에 포신묵좌抱神默坐하여 진기가 달아날 수 없도록 하고 이로 인해 '신神'이 방종한 행동을 하지 못하도록 하는 것이다.

　이것을 철학적으로 다시 살펴보면 결국 '선교'는 '무'의 '상象'을 지닌 '미토未土'의 경지를 추구하는 것이다. 사물이 분열하여 온갖 현란한 변화를 일으킨 끝에 '십미토十未土'의 조화로 인해 다시금 수렴의 길을 걷고 이것이 무궁한 순환을 일으키는 근본이 되는 것인데, 이 '미토'를 굳게 지켜 '신'이 더 이상 작용하는 것을 막고 그 자리에 영원토록 머물러 있으려고 한다는 것이다.

　이것은 육체라는 형形이 주는 속박을 벗어버림으로써 인간적인

'성性'의 발현을 멈추려고 한다는 의미이고, 나아가 새로운 성性을 창조하여 그것으로 '신神'의 작용을 하려한다는 의미가 된다. 쉽게 표현하자면 인간이 우주로부터 부여받은 '성'의 한계를 극복하여 '신선神仙'이 된다면 이후로부터 새로운 '성'을 지닌 생명으로 태어나게 되고 이것은 더 이상 인간의 경지가 아닌 소위 삼청별계三淸別界로 들어가게 되는 것이다.

필자는 신선을 본 적이 없으니 이런 경지가 실제로 가능한지는 잘 모른다. 그러나 타고난 '성'을 바꾸려 한다는 발상부터가 이미 보통의 인간과는 차원이 다른 것이고 이것은 천명天命을 거부하고 순리順理를 거스르는 행동으로 해석될 수도 있다.

그래서 항상 '선교'는 대중과는 동떨어진 길을 걷게 되었을 것이다. 정신을 리셋reset하고 생명을 재부팅reboot한다고나 할까. 그러나 정신을 변화의 근원인 '무無'에 머물게 하여 '신'이 허튼 행동을 하지 않게 하려는 의도이므로 여하튼 정신을 근원에서부터 '통일'하려는 뜻이라고 보면 틀림이 없을 것이다.

다음은 유교儒敎에 관한 것이다. 한동석 선생은 유교의 목적을 인仁을 행하려는 것이라고 간단하게 설명하고 있다.

그러나 이것을 그저 남에게 어질게 행동하라는 것 정도로 생각한다면 큰 오산이다. '인'이란 자축인子丑寅의 변화과정에서 발생하는 우주정신을 이념화한 것이라는 것을 앞서 설명한 바가 있거니와 이것은 '정精'의 작용을 구체적으로 표현한 것이다. 다시 말해 '정'이란 '신神'이 하나로 통일되고 이것이 다시 분열 작용의 계기를 이루는 것을 말한다.

이 과정에서 '정'의 작용에 사심이 들어가고, 욕심이 작용하면 분열과정은 험난한 길을 걷게 될 것이므로 원래의 우주정신인 '인'을 발휘하고 '중中'을 통해 사물을 생生해주어야 한다는 것이다. 따라서 유교는 매우 현실적이다. 그리고 분열과정의 '정'을 다스리기 위해 항상 젊은 사람들에게 가르침을 베풀려 하는 것이다. 낳아만 준다고 다 생生이 될 수는 없듯이 제대로 기르기 위해 바른 교육을 하려고 하는 것이다.

『서경書經』을 보면 순임금이 우임금에게 전하는 말이라 하여 다음과 같은 구절이 나온다.

인 심 유 위　도 심 유 미
人心惟危　道心惟微

유 정 유 일　윤 집 궐 중
惟精惟一　允執厥中

보통은 이 문장을 '사람의 마음은 위태롭기만 하고, 도를 지키려는 마음은 극히 미미한 것이니 오직 정신을 하나로 모아 진실로 그 중정을 잡아야 한다'라고 해석한다. 물론 크게 틀린 해석이라 할 수는 없겠지만 유교의 핵심을 이루는 인심人心, 도심道心, 정精, 중中 등의 단어를 너무나 일반적인 의미로만 해석하고 있음을 알 수 있으니 이것을 우리가 알고 있는 동양학의 지식을 이용하여 다시 한 번 살펴보도록 하자.

'인심'과 '도심'을 인간의 마음, 도를 지키려는 마음으로 각각 해석하는 것은 있을 수 있는 일이다. 그러나 무엇이 인간의 마음인가. 이것은 우주정신보다 순수성이 떨어지는 인간의 마음을 말하는 것이다. 또한 '도심'을 '도를 지키려는 마음'으로 보기 보다는 글자그대로 '도의 마음', 즉 '우주의 마음'으로 바라보는 것이 '인심'이라는 구절과도 균형이 맞을 것이다.

그리고 '미微'는 '미미' 하다는 뜻보다는 미세함, 다시 말해 사물이 분열하여 작게 쪼개지는 모습을 말하는 것이다. 즉 우주정신이 분열 과정에 처해있으면 인간의 정신도 당연히 위태로운 지경에 처해 있게 된다는 의미가 된다. 그리고 유정유일, 흩어지는 '정'을 하나로 모아야 윤집궐중, 진실로 그 중中의 정신을 발휘할 수가 있다는 뜻이 되는 것이다.

이것을 다시 현대적인 의미로 바꿔보면 '분열 발달하는 세상 속에서 사람의 마음은 점차 위태롭게 될 것이니 그 마음을 하나로 모으려면 편파적이지 않게 중中을 잡아 주어야 한다'라는 의미로 해석되는 것이다. 그러면 궐중厥中은 어떻게 해야 하는가. 바로 여기서부터 인의예지를 비롯한 온갖 유교적 가르침이 나오게 되는 것이고 그에 대한 설명은 이미 앞에서 한 바가 있으니 그 목적은 단 하나, 중中을 실현하기 위함인 것이다. 철학적으로는 '토화작용'을 할 수 있어야 위태로운 세상을 살아갈 수 있다는 의미로 받아들이면 된다.

이상으로 불선유佛仙儒 삼교三敎의 가르침을 알아보았다. 세 종교는 모두 다 정신의 통일을 추구하고 있지만 정신의 순환 과정에서 각각 기본을 둔 점이 달랐기 때문에 언뜻 보면 서로 다른 종교인 것처럼 보이지만 실은 같은 원리에 기반을 둔 것임을 알 수 있다. 무엇을 중시하고 또 나에게 절실한 것이 어떤 것인가 하는 판단에 따라 취하는 행동도 달라질 수가 있는 것이다.

　다만 우리는 철학적인 면을 고찰하는데 중점을 두어 그 의미를 살펴보았을 뿐이니 이후의 판단과 선택은 전적으로 독자들의 몫이다. 또 하나 기독교에 대한 철학적인 해석은 왜 없는가 하는 질문이 있을 수 있는데 기독교는 창조주를 인정하고 또한 신앙대상으로 하는 것이니 순수한 음양의 기운을 우주의 정신으로 보는 철학과는 거리가 있는 것이고 불필요한 시비를 일으킬 필요는 없다고 생각되어 언급하지 않는 것이니 이 점을 양해해주기 바란다.

{ 정신의 생사 生死 }

인간의 정신은 우주로부터 받은 것이므로 항상 토화작용에 힘써 정신의 순수성을 유지하려고 해야 한다. 그리고 그 결말은 정신의 통일統一에 있는 것이다. 그러면 이렇게 통일을 이룬 정신은 궁극적으로 어떻게 되는 것일까.

다시 말해 인간의 정신이 의탁하고 있는 육체란 것은 언젠가는 죽는다. 육체의 율려수가 다하면 더 이상의 정신작용이 불가능하고 육체는 기능을 다하여 결국 육신의 죽음을 맞이하는 것이다. 그러나 과연 인간의 정신도 육체와 더불어 죽는 것인지 아니면 육신을 떠나서도 또 다른 삶을 살아가는 것인지 궁금하지 않을 수가 없다.

이것은 바로 인간에게 영혼靈魂, 혹은 신명神明이 있는 것인지 묻고 있는 것이다. 지금까지 영혼의 존재 여부를 놓고 온갖 탐구와 해석이 있어 왔지만 아직도 이것은 신비중의 신비이다. 있다는 사람도 있고 봤다는 사람도 있지만 누구하나 왜 신명이 존재하는지 뚜렷한 이유를 내놓지 못하고 있다는 것을 새삼 설명할 필요는 없을 것이다.

바로 이 문제에 동양학이 도전장을 내민 것이다. 물론 이것은 철학적인 해석이고, 이치적인 설명이지만 이런 문제를 건드리는 철학이 과연 있었을까 생각해보았을 때 이 시도가 갖는 막중한 책임을 실감할 수 있을 것이다.

그러나 언제까지 영혼의 존재를 '죽어봐야 아는 문제'로 놔둘 수는 없는 것이고, 사실 동양의 각종 문헌을 보면 곳곳에서 신명, 귀신의 문제를 언급하고 있는 것을 볼 수 있다. 그러나 어느 서적도 이 문제에 대해 구체적으로 언급하지 않았기 때문에 한동석 선생의 시도는 그 빛을 발하는 것이다.

그럼 본격적으로 정신의 생사生死에 대해 이야기해 보기로 하자.

인간의 육체는 정신이 깃드는 형形이다. 이것을 근거로 하지 않고는 정신 작용이란 불가능하다. 이것은 신기神機가 갖는 숙명이다. '기립지물'은 그 생명의 근원이 외부에 있기 때문에, 즉 우주로부터 율려를 받아 생장, 결실하는 것이기 때문에 한해살이 초목이 아닌 이상 겨울이 온다고 죽지는 않는다. 다만 깊은 잠에 빠졌다가 새봄이 되면 다시 새싹을 틔우는 것이다.

그러나 '신기'는 그 생명의 근원이 내부에 있기 때문에, 즉 내부로부터 율려를 만들어내는 존재이기 때문에 그 율려가 다하면, 다시 말해 율려를 더 이상 만들어낼 수 없으면 육신의 죽음을 맞이하는 것이다. 이것은 부분적으로도 똑같은 현상을 일으킨다. 예를 들어 몸의 한 부분이 썩는 병이 들었다면 이것은 그 부분의 율려 작용이 일어나지 않고 있다는 의미가 된다. 따라서 치료도 그 부분의 율려 작용을 회복시키는 원리로 이루어지는 것이다.

특히 썩는다는 것은 양기운의 기능이 부족하다는 의미이므로 이 부분에 율律 작용을 일으키면 새로 살이 돋게 되는 것이다. 그러나 몸 전체에서 율려 작용이 일어나지 못하면, 이는 결국 정신이 활동할 수 있는 환경을 더 이상 제공해주지 못하는 것이므로 정신은 육체를 떠나게 되고 이 순간부터 육체는 썩어가게 된다. 이것이 바로 '죽음'이다.

만약 육체와 정신이 별개라면 비록 육체가 노쇠하여 부분적으로 고장이 났다고 하더라도 정신이 오락가락하는 일은 없어야 할 것이다. 그러나 노쇠한 육체가 정신 작용을 방해하기 때문에 '치매'와 같은 병도 생기는 것인 바, 이렇게 정상적으로 작용하지 못하는 정신이 결국 육체와 더불어 소멸하는 것인지 아니면 육신을 떠나 다른 방식으로 생존하는 것인지가 우리의 관심사항인 것이다.

결론부터 말하자면 인간의 정신은 육체의 죽음과 더불어 같이 소멸하는 경우도 있고, 또는 육체를 벗어나 신명으로 존재하는 경우도 있다는 것이 동양학의 가르침이다. 결과적으로 영혼은 존재한다는 것이다. 그러나 이것은 육체가 없는 정신이므로 인간과 같은 작용을 할 수 있는 존재는 아니다.

따라서 이 부분을 이해하기 위해서 우리는 다시 한 번 인간 정신과 우주 정신의 차이가 무엇인지를 언급하지 않으면 안 된다. 인간의 정신은 육체를 매개체로 한 관능官能에 기반을 두고 있다. 즉 인간이 감각기관을 통해 받아들이는 온갖 감각感覺이나 지각知覺을 통해 인간의 정신이 작용할 수 있는 것이다.

인간이 갖고 있는 감각이나 지각, 기억이나 사고력, 그리고 이해력과 같은 것은 바로 인간 정신이 작용하는 데 중요한 토대가 되는 것이나 우주 정신에는 이러한 작용이 없다. 따라서 이런 차이를 통해 영혼이 어떤 생존방식을 갖게 되는지 알아보려는 것이다.

인간의 생리작용生理作用은 심장心(토)을 주체로 하고 폐(목), 비(화), 간(금), 신(수)이 각 방위에서 작용함으로써 이루어지는 것인데, 이들 폐비간신의 작용을 바로 관능이라고 한다. 즉 이들 폐비간신의 활동이 감각, 지각, 기억, 사고의 순서를 거쳐서 이해에 이르고 마침내 지智를 만들어냄으로써 정신의 활동주체인 '심'이 작용하게 되는 것이다.

(단, 오장五臟의 역할을 내경內經에서 분류하는 본질적 측면보다는 이제마 선생이 제시한 현상적 측면에서 바라본 것은 우리가 다루는 내용이 현실적 관능 작용을 다루기 때문이다.)

따라서 이런 관능 작용이 어떻게 이루어지게 되는 것인지 먼저 알아볼 필요가 있다. 오행 중에서 '목기운'이 발發하면 '목'은 제일 먼저 외부의 사물과 대면하게 된다. 이것은 사서삼경중의 『대학大學』에서 이야기하는 '격물格物'의 과정을 말하는 것이다. 즉 사물을 접하게 되면 눈에 띠는 것이 있고 느껴지는 것이 있으니 이것이 감각이고 지각이 되는 것이다.

그러나 '목'은 '금'의 대화작용으로 인해 점차 '금'으로 변해가는 것이니 감각과 지각이 금의 작용으로 인해 내부에 수렴되는 것을 바로 기억이라 하는 것이다. 물론 아무것이나 다 기억으로 수렴되지는 않는다. 보고 느끼는 중에 자신에게 대화작용을 하는 존재만이 기억으로 수렴되는 것은 우리가 모든 사물을 다 기억하지는 못하고 관심을 끄는 대상만 기억하게 되는 이치를 말하는 것이다.

이 과정은 '화'의 단계에서도 비슷하게 진행된다. '화'는 궁극적으로 '토'를 향해가는 것이니 이것은 감각이나 지각의 대상이 '토'의 작용으로 인해 합리적으로 수렴되는 경우를 말하는 것이다. 다시 말해 무턱대고 외운다고 다 기억되는 것이 아니라 합리적으로 이해했을 때, 기억력이 증가되는 것이니 이것은 바로 '토'의 작용인 것이다.

앞서 '목기운'이 많은 사람이 기억력이 좋다고 한 것은 이런 기질을 가진 사람은 적극적으로 사물의 한가운데에 뛰어들기를 좋아하고 그것이 자연스럽게 그 사람의 마음에 담아지기 때문에 발생하는 현상인 것이고, 그 외의 기질을 가진 사람은 상대적으로 외부적인 사물보다는 내면에 더 큰 관심을 두기 때문에 기억으로 수렴될 대상이 적은 것이다.

또한 젊은 사람들이 나이든 사람들에 비해 감각과 지각, 기억력이 우수한 것도 양기운이 많기 때문이며 반대로 나이든 사람이 이러한 관능작용보다는 이해하고 판단하는데 더 탁월한 까닭 역시 관능작용의 대상이 다르기 때문이다.

'금'의 과정은 생명력을 감싸는 역할을 하는 것이다. 그리고 '금'은 궁극적으로 '목'의 역할을 지향하게 되는 것이기 때문에 이해력을 거쳐 판단력으로 작용하게 된다. 즉 이해理解라는 것은 그 본질을 내부적으로 품었다는 뜻이며 이것이 새로운 행동의 기초, 즉 판단으로 작용하게 되는 것이다.

그리고 '수'는 본질이나 현상에서 아무런 차이가 없다. 이것은 모든 생명 활동과 정신 작용의 근원이기 때문에 변할 수가 없는 것이다. 인간의 관능이 '수'의 과정에 이르게 되면 앞서의 모든 과정을 통일 수렴하여 '지智'가 생기게 된다. 이것은 단순한 '앎'이 아니라 그 사람만이 지니는 고유의 '정신'이 되는 것이다. 이것을 관능적인 면으로는 지智 또는 지혜智慧라 부르지만 철학적으로는 이것을 '명明'이라 부르며, 통일된 인간 정신이라 부르는 것이다.

이렇게 '목화금수'로 이루어지는 관능작용은 바로 '폐비간신'을 기반으로 일어난다. 각각의 장기臟器가 '목화금수' 기운을 작용시키

8장_ 정신과 자유

면 정신은 그 기운을 기반으로 활동을 하게 되는 것이다. 그러면 '심(토)'은 어떤 작용을 할까. 이것은 당연히 분열 발달한 관능 대상을 수렴으로 이끌고 통일시키는 역할을 하는 것이다. 감각, 지각, 기억과 같이 '정' 작용을 기반으로 분열 발달하는, 즉 다양하게 전개되는 외부 사물을 내면으로 끌어들여 '신' 작용의 기반으로 만드는 것이 바로 '심'인 것이다.

다시 말해 감각, 지각, 기억 중에서 이해, 판단의 과정으로 수렴시킬 것을 조절하고 고르는 작용을 하는 것이 바로 '심'이며 따라서 '심'의 역할을 사고작용思考作用이라 부른다. 정신의 작용에서 이것보다 중요한 과정은 있을 수 없다.

마음이 절대 중용의 입장에서 감각, 지각, 기억을 수렴으로 이끌지 못한다면 그 사람은 (철학적으로) 올바른 정신 작용을 할 수가 없게 된다. '정'과 '신'의 균형을 맞추지 못하는 것이다. 사람이 30~40대에 이르러 가장 왕성한 활동을 할 수 있는 것은 이런 까닭이다. 시기적으로 '심토'의 작용이 가장 왕성한 때이므로 사고 작용도 원만하고 활동도 균형을 찾을 수 있는 것이다.

이렇게 인간 정신은 육체가 제공하는 관능작용과 떼려야 뗄 수 없는 관계가 있는 것이다. 육체가 없다면 금기운을 동원할 수 없으니 기억작용이라는 것이 애초부터 불가능하고, '토'가 작용할 수 없으니 사고작용을 통해 감각과 기억을 수렴 통일의 길로 인도할 수도 없는 것이다. 따라서 인간 정신의 통일, 즉 '명明'을 창조하는 일도 바랄 수가 없게 된다. 모든 인간의 정신 작용이 육체를 통하지 않고서는 이루어질 수 없는 것이다.

반대로 우주는 인간과 같은 육체가 없는 것이므로 관능 작용도 없고 따라서 지각, 감각, 기억, 사고, 이해, 판단도 없다. 다만 고유의 명明, 즉 우주 정신만이 있을 뿐이다.

따라서 만약 인간이 육체의 죽음을 맞이한다면 정신은 더 이상 의지하여 있을 곳이 없으므로 결국 허공에 흩어지고 만다고 생각할 수도 있다. 과연 그럴까. 그러나 한 가지 잊어서는 안 될 것이 있다. 그것은 인간 정신이 바로 우주 정신을 기반으로 하고 있다는 것이다.

인간과 우주는 비록 많은 면에서 차이가 있지만 다행이도 공통된 기반을 갖고 있다. 같은 플랫폼, 즉 OS를 갖고 있는 것이다. 이것이 오운五運이다. 오운이란 무엇인가. 오운은 본중말 작용이 없이 본말 작용만을 한다는 것을 누차 설명했거니와 '갑토운'을 기반으로 하면 무궁한 순환을 할 수 있는 것이 바로 오운인 것이고 이것이 우주의 모습이다.

어떻게 하면 '갑토운'을 만들 수 있는가. 이것은 통일된 정신에서만이 가능한 것이다. 인간의 정신이 '지智'를 생성하여 '명明'을 찾으면 인간의 정신은 통일을 완수한 것이다. 비록 작은 통일이라도 내면의 '지'를 완성할 수 있으면 그 정신은 '명'을 찾은 것이고 이것은 자율적인 순환을 가능하게 하는 힘이 된다.

이러한 기반이 갖추어진 인간의 정신은 비록 육체가 없어도 자율적인 순환이 가능하다. 물론 이렇게 육체를 떠난 정신에서 관능작용을 기대하는 것은 무리이다. 그러나 우주적인 오운에 편입되면 자족自足하여 존재할 수는 있게 되는 것이다. 이것을 한동석 선생은 '우주정신과의 합일合一'이라고 하였다.

그러나 앞서도 말했듯이 모든 정신이 육체를 떠나 우주와의 합일을 이룰 수 있는 것은 아니다. 정신이 열등하고 내부적인 '명'을 찾지 못하여 통일되지 못한 정신은, 죽음을 맞이한 육체는 물론 우주적인 환경에서도 적응할 수가 없으므로 이것은 끝내 흩어져 '무無'로 돌아가고 마는 것이다.

이로써 우주가 인간에게 바라는 것이 무엇인지도 너무나 명확하게 드러나게 된다. 왜 사는가. 인간이란 무엇인가. 삶이란 무엇인가. 수많은 인간에게 잠 못 이루는 밤을 선사했던 모든 의문의 핵심이 드디어 드러난 것이다.

우주는 자신의 정신을 인간에게 나누어 주었다. 왜? 그 정신을 길러달라는 것이다. 다양한 우주 정신을 수많은 인간들에게 각기 나누어 맡기면서 각자의 '성性'을 바탕으로 더 크고 더 값진 정신으로 길러달라고 하는 것이다.

인간의 입장에서 본다면 자신을 발견하고, 정신의 운영을 '토'를 기반으로 하고 '도道'를 기반으로 하여 자신을 성장시킨다. 우수한 정신을 만들어 가는 것이다. 그리고 최종적으로 '지智'를 얻고 '명明'을 찾아 정신을 통일시키면 비로소 우주와의 합일을 이룰 수 있게 되는 것이다.

물론 궁극적으로 이 지구에 우주의 이상을 실현하는 것은 몇몇 사람의 힘으로 이루어질 수 있는 일은 아니다. 하지만 인간이라는 각각의 객체에게 이 큰 짐의 일부가 맡겨진 것은 분명하다. 그리고 인간은 역사를 통해, 전 인류의 차원에서 이 숙제를 해결해가고 있는 것이다.

또한 인간이 단 한 번의 시도로 모든 것을 해결해야 하는 것도 아닌 것으로 보인다. 비록 이번 삶에서는 만족할 만한 성과를 이루지 못했다 하더라도 아주 저열한 정신 작용을 하지만 않았다면 또 다른 기회가 주어지는 것이니 이것이 석가불釋迦佛이 인류에게 교시敎示한 '윤회輪廻'의 가르침인 것이다.

동양학이 인간 정신에 대해 밝혀낸 것은 여기까지이다. 만족하는 사람도 있고 믿지 못하겠다는 사람도 있을 것이다. 그러나 동양학이 수천 년의 역사를 통해 제시한 해답을 일거에 무시한다는 것은 경솔한 행동이다. 다만 필자는 스스로의 심사숙고를 통해 '명'을 찾기를 바라는 마음뿐이다.

그리고 아직도 한 가지 풀지 못한 문제가 남아있으니 그것은 우주의 원대한 이상이 과연 언제 어떤 과정을 통해 실현되는가 하는 문제이다. 사람들이 자나 깨나 바라는 이상향理想鄕, 천국이라도 좋고 극락이라도 좋고 대동세계라도 좋으니, 인류에게 수천 년 동안 추앙받으며 가르침을 베푼 성인聖人들이 거짓말을 했을 리는 없고 과연 우주의 이상이 언제 어떻게 이루어지느냐 하는 것이다.

이것을 철학적으로 말하자면 우주가 갖고 있는 계획, 그 설계도를 궁금해 하는 것이니 이 문제를 풀기 위해 우리는 마지막으로 본체론本體論을 공부해야만 하는 것이다.

9장
우주본체와 개벽현상

9장_ 우주본체와 개벽현상

우주의 본체란 무엇인가
태극으로 존재하는 세상
태극을 만들어 놓은 무극
현실을 주재하는 황극
| SP | 우주의 본체와 인간의 삶
소강절 선생의 원회운세론
변화하는 지구의 자전축
개벽현상과 선후천
| SP | 현대과학으로 바라본 개벽현상

맺는 말
최제우 선생과 동학
직하지학과 동양학 아카데미

{ 우주의 본체란 무엇인가 }

우리가 정신론이란 큰 바다를 항해해 왔음에도 또다시 본체론이란 거대한 암초가 자리 잡고 있는 것에 많은 부담을 느낄 독자들도 있을 것이다. '우주의 정신'이라면 그것이 곧 우주의 근본이고 또 본체라고 보아도 될 터인데 또다시 본체론이란 주제로 이야기를 꺼내는 것이 쉽게 이해되지는 않을 것이기 때문이다. 물론 여기에는 다 이유가 있다.

우리는 은연중에 본체라는 것은 '모든 것의 근본이 되고 또 영원불변하는 것'이라는 생각을 가지고 있다. 마치 '진리는 하나다'라는 말처럼 무언가 고정되고 절대 변하지 않는 근원으로부터 이 세상 모든 것이 나오게 되었을 것이라는 생각을 가지고 있는 것이다. 물론 일리 있는 생각이다. 진리가 둘이 될 수는 없는 것이, 마치 한 나라에 대통령이 두 사람이라는 말만큼이나 있을 수 없고, 있어서도 안 되는 일로 여겨지기 때문이다.

그러나 생각을 달리해보면 모든 근본이 꼭 고정 불변해야 한다는 것은 우리의 관념일 뿐이다. 예를 찾기 위해 멀리 갈 것도 없다. 바로 근취저신近取諸身, 나부터 생각해보면 되기 때문이다. '나'는 늘 '나'이다. 어릴 때도 '나'였고, 지금도 '나'이며, 앞으로도 그럴 것이다.

그러나 내가 어릴 때나 지금이나 또 앞으로도 늘 같은 생각, 같은 행동을 할 것이라 생각하는 사람은 없다. '나'는 항상 변하는 것이다. 그리고 변화하는 그 자체가 바로 '나'인 것이다. 어릴 때의 일정한 시

간을 뚝 잘라서 그 때의 '나' 만이 진짜 '나' 라고 생각한다든지, 반대로 지금 이 순간의 '나' 는 '내가 아니다' 라고 생각한다든지 그런 생각을 가질 수야 있겠지만 그런 식으로 편리하게 '나' 를 규정할 수는 없는 것이다.

'나' 는 늘 '나' 인데 항상 변하고 있는 '나', 바로 이 문제를 해결하기 위해 본체론이 있는 것이다. 정신론이라는 것은 항상 운동運動하고 작용作用하고 있는 '나' 의 모습을 정신 작용이라는 차원에서 바라본 것이고, 본체론이라는 것은 이런 정신 작용 속에서 항상 변變하고 화化하는 '나' 의 문제를 중점적으로 살펴보려는 것이다.

물론 본체론이 인간 개개인의 변화만을 살피기 위해 나온 것은 아니다. 이것은 원래 우주 정신이 작용하는 과정에서 어떤 변화를 겪고 있는가를 알아보려는 것이며, 그렇기 때문에 자연스럽게 그것이 인간에게 어떤 영향을 미치고 있는가도 연구하게 된 것이다.

우리는 오운 육기를 공부하면서 삼양이음三陽二陰으로 음양의 균형이 깨져있는 우주의 모습에 대해 공부한 바가 있다. 그 단계에서는 우주가 지금 양기운이 많고 음기운이 적은 모습으로 운행하고 있다는 것을 전제로 하여 모든 것을 설명했기 때문에, 따라서 당연히 우주는 왜 그런 모습을 띠게 되었는가 하는 의문이 들 수밖에 없는 것이다.

물론 이러한 불균형이 있어야 음양이 서로 섞여 교류가 일어나고 그것이 궁극적으로 생명의 탄생으로 이어지게 되었다는 것은 사실이다. 그러나 우주가 영원히 불균형을 간직한 채로 운행할 리는 없는 것이고, 따라서 그 이후에는 어떤 일이 벌어지는가, 다시 말해 그 궁극적인 목적지가 어디인가 하는 의문이 들 수밖에 없는 것이다.

우주 정신은 원래도 있었고 앞으로도 있을 것이지만 그러나 그 모습은 항상 고정되어 있는 것이 아니라 '변화'하고 있는 것이다. 물론 그렇다고 우주 정신이 어제 다르고 오늘 다른 식으로 마구 변화해 가는 것이 아니라 일정한 법도에 따라 장구한 세월을 거쳐 변화를 일으킨다. 그리고 그 변화를 통해 우리는 궁극적인 우주의 목적, 그리고 우리의 미래에 대해 전망해 볼 수 있게 되는 것이다. 이제 그 본체의 세계로 들어가 보자.

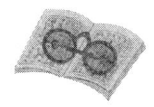

{ 태극太極으로 존재하는 세상 }

우리는 이미 태극太極에 대해 여러 가지를 배운 바 있다. 태극이란 현실 세계가 음양으로 나뉘어 운동하게 되는 근본을 말하며, 모든 것이 상대적으로 존재하여 서로가 서로에게 동력원이 될 수 있는 원천이 되는 것이다. 필자는 태극을 일컬어 현상계의 내부에 존재하는 엔진engine이라고 표현한 바 있다.

그러한 태극의 상象을 불가佛家에서는 '공空'이라 하여 모든 것을 수렴하여 보이지 않지만 무한한 생명력을 간직하고 있는 상태로 표현하고 있다. 또한 역학에서는 가장 작지만 장차 가장 커질 수 있는 존재이기 때문에 '클 태' 자를 붙여 '태太'의 극極이라 이름붙인 것이다.

따라서 태극은 우리가 접하고 있는 모든 우주 삼라만상의 본체本體인 것이 분명하다. 미소한 원자 세계에서도 전자와 양성자로 나뉘어 운동하고 있고 시간과 공간, 정신과 육체, 이상과 현실에 이르기까지 모든 것이 상대적으로 존재하고 있는 것이므로 그것의 가장 근본이 되는 우주 정신을 일컬어 태극이라 한 것이다.

역학자들이 '주역周易의 총 결론은 태극'이라고 했을 때, 그것은 주역을 통해 태극의 어떤 심오한 비밀을 파헤쳤다는 뜻이 아니라, 세상의 모든 것은 상대적으로 존재하고 있고 따라서 상대적인 관계 속에서만 존재의 길흉화복吉凶禍福을 따져볼 수 있다는 말인 것이다.

'주역'이라는 말이 나오고 '길흉화복'이라는 표현이 등장하면 보통 사람들은 반쯤 의심 섞인 눈으로 바라보지만 이것을 현대적으로 표현하면 모든 것을 디지털digital화 할 수 있다는 의미가 되는 것이다. 디지털화 한다는 것은 모든 현상을 '0'과 '1', 또는 'on', 'off'의 상태로 바꾸어 볼 수 있다는 의미가 된다. 결국 음양인 것이다.

주역은 아날로그analog 방식으로 진행되는 사물의 과정을 디지털화하여 분석을 시도한 것이다. 따라서 주역에서 보는 음효陰爻와 양효陽爻의 조합이 무수히 모이고 쌓이면 그것이 우리가 바라보는 현상계가 되는 것이다. 주역은 다만 너무나 많은 조합을 연구하는 것은 번거로워서 의미가 없고 최소한 64가지의 변화만 통달하면 나머지는 그것을 확장 부연한 것에 불과하다는 입장인 것이다.

따라서 주역에서 태극→양의兩儀→사상四象→팔괘八卦→64괘→현상계 순으로 전개하는 것을 거꾸로 하면 현상계→64괘→팔괘→사상→양의→태극으로 수렴되는 과정을 세울 수 있다. 이렇게 모든 것이 태극으로 수렴될 수 있다는 것이 바로 '주역의 총 결론'이며, 가장 본체가 되는 태극에 대해 깨우칠 수 있다면 우주 삼라만상의 모든 변화를 꿰뚫어 볼 수 있다고 한 것이다.

이러한 태극의 모습을 그림으로 표현한 것이 바로 태극 문양 또는 태극도太極圖이다. 우리나라의 국기인 태극기에 그려진 태극의 문양도 일종의 태극도이다. 심오한 철학적인 의미가 담긴 문양을 국기에 사용할 수 있다는 것만으로도 그 민족 문화의 우수성을 보여주는 것이며 우리는 지혜로운 조상을 둔 덕을 톡톡히 보고 있는 셈이다.

그러나 동양학을 공부하는 사람들은 아래와 같은 태극도를 더 선호한다. 이 태극도는 도가道家에서 전해 내려오던 것이며 철학적으로는 이 태극도가 태극의 운동을 가장 잘 표현하고 있기 때문에 태극도라고 하면 보통 이 문양을 말하는 것이다. 이 태극도에 대해서는 1권에서 간략히 설명한 바가 있지만 기억을 돕기 위해 다시 한 번 해석을 해보기로 하자.

먼저 양기운을 중심으로 태극도를 보면 동북방의 축丑에서 흰 색으로 표시한 양기운이 시작하는 것을 볼 수 있다. 이 양기운은 계속 영역을 확대해가며 분열 발달하다가 미未에 이르게 되면 최고조에 도달하게 되며 또한 그때부터 시작된 음기운에 포위되어 수렴 통일의 길을 걷게 된다. 계속적으로 수렴 통일된 양기운은 술戌의 방위에 이르게 되면 통일을 완성하고, 동시에 이때부터 다시 '축'에서 일어날 양기운을 기르게 되는 것이다.

반면에 음기운은 '미'에서 시작한다. 점차 양기운을 포위 수렴하면

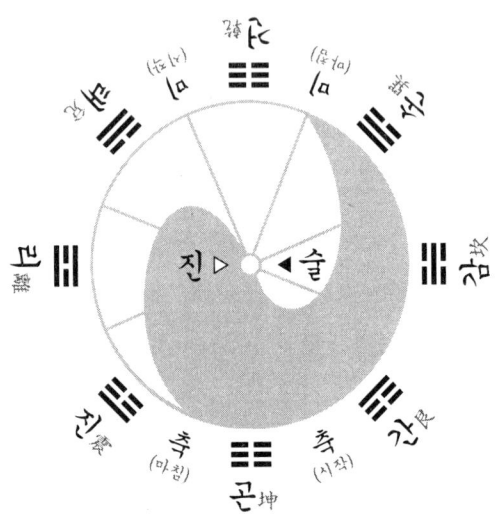

(고)태극도

서 세력을 넓혀오던 음기운은 '축'에 이르러 최대가 되고 또한 그때부터 시작된 양기운에 의해 점점 밀려나기 시작하는 것이다. 음기운이 진辰의 방위에 이르면 음은 거의 세력을 잃고 밀려나지만 이때부터 다시 '미'에서 시작하는 음기운을 기르게 되는 것이다.

이 태극도는 복희 팔괘와 완전히 일치하는 과정을 보여준다. 축의 시작에서 축의 마침에 이르는 음의 세력은 순음純陰이므로 곤坤에 해당하고 미의 시작에서 미의 마침에 이르는 양의 세력은 순양純陽이므로 이것이 바로 건乾이 되는 것이다.

따라서 건곤을 제외한 음양의 과정은 음과 양이 적당히 섞인 혼음혼양이 될 수밖에 없다. 다만 새로운 음과 양의 기운이 싹트는 '진'과 '술'의 방위는 장차 세력을 키워 음양을 대표할 자격이 있는 곳이므로 태극도에서는 각기 ▷표와 ◀표를 하여 그 역할을 표시하고 또한 리離괘와 감坎괘를 붙여 건곤을 대행할 수 있는 자리임을 밝혀놓은 것이다.

중국의 도가에서 유래한 다른 태극도를 보아도 '진'과 '술'의 방위에

중국태극도

음과 양을 크게 배치하고 있는데 이것 역시 이곳이 새로운 음양의 시발점임을 표시하면서 음과 양이 서로에게 동력원이 되고 그 핵심이 이미 멀리서부터 싹터오고 있는 것을 표현하려 했던 것임을 알 수 있다.

태극도에서 표현하고 있는 음양의 순환은 결국 태극을 본체로 한 음양의 운동을 나타내고 있는 것이다. 태극은 음양의 순환이 이루어지고 있는 가운데 그 속에 내재되어 운동을 가능하게 하는 본체가 되기도 하고, 양기운의 수렴이 완성된 '술' 방위에 이르게 되면 가장 태극 본래의 모습에 가까운 형태가 되기 때문에 '술토戌土'야말로 태극의 진면목이라 불리기도 하는 것이다.

그러나 여기서 한 가지 꼭 잊지 말아야 할 것은 '태극'이 본체가 되어 나타나는 현상이 꼭 음과 양으로만 구성되어 있는 것은 아니라는 점이다. 언제나 운동하는 음과 양의 바탕에는 '중中'의 기운이 깔려 있다는 것을 명심해야 한다. 결국 태극은 음과 양으로 구분되어 있기는 하지만 그 전체가 하나의 원으로 둘러싸여 있기에 본체가 될 수 있는 것이며 이것은 음과 양이 모여 하나가 되고, 그로인해 균형을 찾게 되는 '중'의 원리를 기반으로 하고 있음을 말하고 있는 것이다.

적어도 현상계가 음과 양이라는 이질적인 기운의 승부작용을 통해 존재하고 있다는 것을 깨닫게 되었다면 그 본체를 태극이라 부르는 것이 당연한 이치일 것이다. 그러나 인간의 호기심은 여기에서 멈추지 않고 다시 새로운 질문을 던지게 된다.

태극이 우주 삼라만상의 본체라면 그 태극은 과연 어디에서 온 것인가 하는 질문이 바로 그것이다. 그래서 인간의 호기심은 태극을 생성시킨 더 근원적인 본체를 찾아 헤매게 되었던 것이다.

{ 태극을 만들어 놓은 무극無極 }

태극을 만들어 놓은 존재, 즉 태극의 본원에 대해 본격적으로 연구하고 그것을 학문으로 정립시킨 사람은 앞서 소개한 바 있는 북송5자北宋五子의 한분이었던 주렴계 선생이다. 주렴계 선생은 『태극도설太極圖說』이라는 저서를 통해 태극의 진면목을 밝힘과 동시에 그 본원이 되는 무극無極의 개념을 정립하게 된다. 물론 이 모든 작업이 주렴

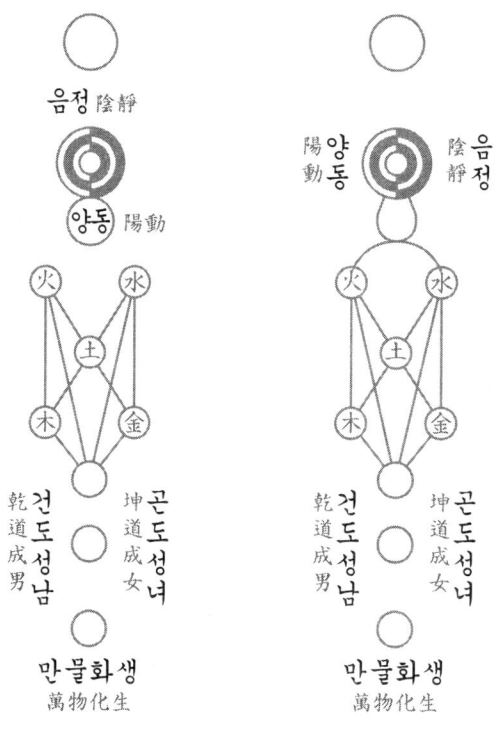

한상역도   주렴계의 태극도설

주렴계 선생

계 선생 혼자만의 힘으로 이루어진 것은 아니다. 그 이전부터 태극의 본원에 관한 연구는 끊임없이 이루어져 왔지만 주렴계 선생에 이르러 완성을 보았기 때문에 우리는 주렴계 선생의 태극도설을 통해 무극을 접할 수밖에 없는 것이다.

위에 두 개의 태극도를 소개해 놓았으니 왼쪽은 주렴계 선생 이전에 전해 내려오던 태극도이며 이를 한상역도 漢上易圖라고 한다. 주렴계 선생은 이 한상역도를 입수하여 연구하면서 그 내용에 부족한 점이 있다는 것을 깨닫고는 새로이 태극도를 그리게 되니 그것이 오른쪽에 있는 태극도인 것이다.

독자 여러분들이 보기에는 별로 차이가 없는 그림으로 보일 것이다. 위쪽에 음정 陰靜, 양동 陽動이라는 글자의 위치가 조금 바뀌어 있는 것과 그 밑의 수, 화를 위의 도표와 연결하는 선이 그려져 있는 것이 다를 뿐, 큰 차이를 느끼기 어려운 것이 사실이다.

그러나 이런 몇 가지 차이가 커다란 개념의 차이를 만들어 내는 것이니 이제부터 그것을 살펴보기로 하자.

먼저 한상역도의 위 부분을 보면 하얀 동그라미와 '음정' 그리고 대칭적인 문양과 '양동'이라는 글자가 있다. 이것은 각기 '무극'과 '태극'을 상징하는 것이다. 흰 동그라미는 무극이요, 아래의 문양은 각기 감괘와 리괘를 합쳐놓은 것으로 결국 태극을 의미한다.

이 그림을 해석하면 우주는 고요하고 순수한 음기운, 즉 무극에서 출발하여 음양의 동정이 일어나는 태극으로 변화했다는 것이다. 이때의 고요함은 절대적인 고요함이다. 아무런 움직임이 없는 상태, 절대적인 음의 상태에서 태극이 나오게 되고 그럼으로써 '양동' 즉 움직임이 시작되었다는 의미가 되는 것이다.

그러나 주렴계 선생의 태극도를 보면 무극을 상징하는 흰 동그라미는 그대로 두고 태극 문양의 양 옆에 각기 '양동'과 '음정'이라고 써 놓았다. 이것은 어떤 의미를 지니는 것일까.

앞서도 말했듯이 무극이라는 개념은 태극의 본원을 추적해 들어가는 과정에서 성립된 것이다. 다시 말해 이렇게 음양으로 나뉘어 존재하는 현상계 이전에는 무엇이 있었을까 하는 의문이 그 출발점이다. '그 무엇'이 현상계를 음양으로 나뉘게 하고 또 '중'의 작용을 가능하게 하는 것일까. 그것이 절대적인 중中, 다시 말해 무無라는 것이다. 현상계가 있고 움직임이 있다는 것은 결국 '무엇이 있다'는 뜻이다. 즉 유有인 것이다. 그러므로 그 '유'와 대칭을 이루는 절대 '무'의 세계를 상정想定한 것이다.

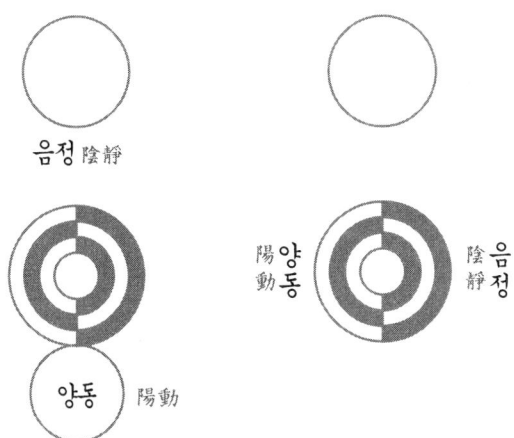

어떻게 절대 '무' 라는 것이 가능한가. 그것은 오직 절대 '중' 의 세계이기 때문이다. 사물이 완벽한 균형을 이루면 그것은 변화하지 않는다. 완벽한 균형, 완벽한 '중' 에 머물러 있기 때문에 아무런 변화도 없고 결국 아무것도 인식되지 않는 '무' 가 되는 것이다. 이것은 상대성 相對性 을 벗어난 세계를 말하는 것이다.

한상역도에서 무극을 '음정' 이라 표현한 것은 '무극' 이 갖는 절대적인 고요함을 강조한 것이지만 '정靜' 이라는 것도 '동動' 이라는 상대성이 있어야 인식 가능한 경지라고 생각했을 때, '무극' 을 '음정' 이라 표현하는 것도 그다지 어울리는 표현이라 볼 수 없는 것이다. 바로 이점 때문에 주렴계 선생은 '무극' 에는 아무런 표시도 하지 않고 그저 하나의 동그라미만 그려놓는 것이 적당하다고 보았던 것이다.

'양동' 이나 '음정' 은 이 절대 '무', 절대 '중' 의 균형이 깨어져 운동을 시작하는 태극에 어울리는 개념이므로 따라서 그 밑에 있는 태극의 양 옆에 '양동' 과 '음정' 이라 표시한 것이다.

필자가 1권에서 '중' 의 역할, 다시 말해 '토' 의 작용에 대해 설명한 것을 기억하는가. '중' 은 언제나 어디에나 있는 것이다. 이것이 없으면 사물은 존재할 수가 없다. 그러나 이것은 바탕을 이루는 것이지 현상계에서 어떤 '작용' 을 하는 존재라고 볼 수는 없다. 그러나 결정적인 순간, '중' 을 유지하려는 작용이 발생하고 이 과정을 바라보는 사람들은 마치 '중' 이 어떤 작용을 하는 것처럼 느끼기 때문에 결국 '토' 라는 개념을 만들어 하나의 작용 주체로 삼았을 뿐인 것이다.

'무극' 은 모든 것의 바탕을 이루는 것이다. 특히 '태극' 이라는, 상대적으로 존재하는 우주의 정신이 현상계에 드러날 때는 더욱 그 의미가 커진다. 바로 태극 운동의 중심을 잡아주는 역할을 하는 것이 '무극'이기 때문이다. 이것이 필자가 앞서 강조한 바 있는 태극 운동에서의 '중'의 역할이다.

다시 한 번 정리하자면 주렴계 선생은 절대 '무', 절대 '중'을 상징하는 '무극'에는 정靜이건 동動이건 상대적인 개념을 붙일 수 없기 때문에 그저 하나의 동그라미를 그려 넣는 것으로 한상역도를 수정하여 '무극'의 본래 의미를 가장 정확히 표현하고자 했던 것이다.

다음은 그 밑의 목 화 토 금 수, 오행의 단계를 살펴보자. 목 화 토

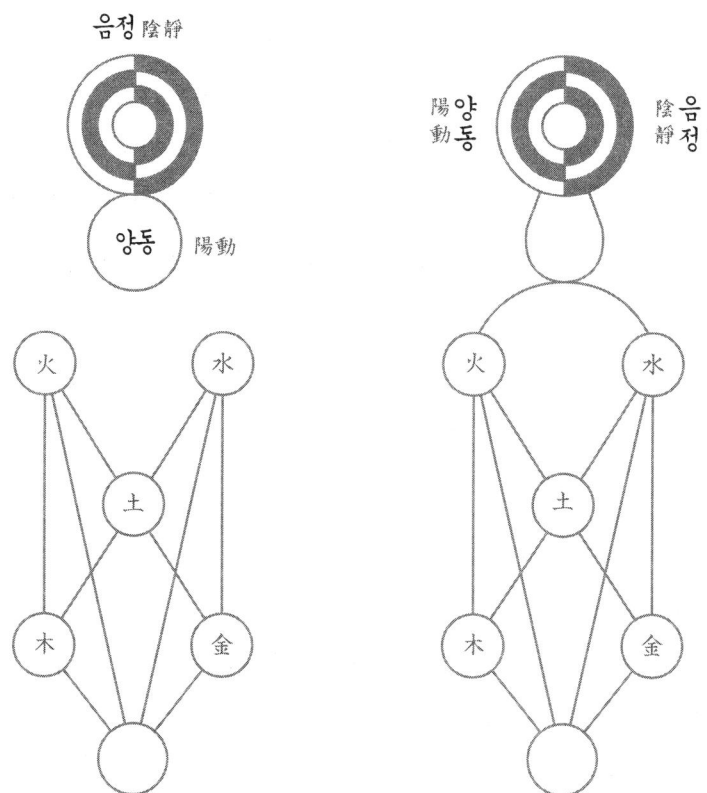

금 수 오행은 각기 선으로 연결되어 있고 특히 목 화 금 수는 아래에 있는 작은 원과 또다시 선으로 연결되어 있다. 한동석 선생은 이것을 분열과 수렴 작용을 하는 오행의 단계로 구분하여 설명하고 있으나 너무 어려운 설명은 피하고 요점만 살피기로 한다.

목 화 토 금 수 아래에 있는 작은 원도 바로 '무극'을 뜻하는 동그라미이다. 오행은 상생을 통해 각 과정을 전개시켜 나가지만 '수'와 '화', '목'과 '금'은 또한 서로에게 상극을 일으키는 존재이기도 하고, 상극 과정의 끝에는 각기 '수'가 '화'가 되고 '화'가 '수'가 되는 금화교역 작용이 기다리고 있다. 이것은 '목'과 '금'에서도 마찬가지이다. 결국 오행이 상생도 겪고 상극도 겪는 것은 모두 궁극적으로 '음'이 '양' 되고 '양'이 '음' 되는 금화교역을 일으키기 위한 것이다.

그러면 금화교역은 왜 일어나고 무엇이 금화교역을 일으키는가. 그것은 당연히 우주가 갖고 있는 균형의 마음, '중'의 정신 때문인 것이다. 음과 양이 서로 변하여 반대의 존재가 되지 못한다면 균형은 깨지고 변화는 사라진다. 이 순간보다 '중'의 역할, 균형이 필요한 순간은 없다. 따라서 무극은 '수'와 '화'를 연결하는 구름다리가 되고, '목'과 '금'을 연결하는 구름다리가 되기 때문에 태극도에 그와 같은 표시를 한 것이다.

이것을 '무극'이 오행에서 십토十土의 역할을 하고 있다는 뜻이며, 미토未土의 방위를 무극이 작용하는 방위라 하는 것도 이 때문이다.

한상역도에서는 이와 같이 오행이 '무극'을 통해 근원적인 동력을 제공받고 있는 모습을 그려놓은 것이니 이것은 '무극'이 '태극'의 본원임을 잘 말해주고 있는 셈이다.

그런데 주렴계 선생은 여기에 다시 선을 그려 각기 '수'는 리괘에 연결시키고 '화'는 감괘에 연결시켜놓고 있으니 이것은 무슨 까닭인가. 이것은 앞서 태극도를 설명하면서 양기운이 분열과정을 마치고 음기운에 포위되면 '술'의 방위에 이르러 새로운 양기운을 태동하고, 마찬가지로 음기운이 세력이 다해 양기운에 밀려나는 순간 '진'의 방위에 이르러 새로운 음기운을 싹틔우는 과정을 말하는 것이다.

즉 '수'는 리괘에 연결되어 새로운 양기운을 태동시키는 역할을 한다는 것을 표시하고, '화'는 감괘에 연결되어 새로운 음기운을 싹트게 하는 역할을 하고 있음을 표시한 것이다. 이것을 대수롭지 않게 생각하는 사람들도 있을 수 있겠지만 철학이란 이렇게 세심한 부분 하나라도 원리에 맞고, 개념에 맞게 정립해 놓아야 한다.

다음은 태극도에서 동그라미를 중심으로 건도성남乾道成男, 곤도성녀坤道成女라고 표시해 놓은 부분을 보자. 여기에 그려진 동그라미도 역시 '무극'을 상징하는 것이다. 즉 무극을 바탕으로 하여 '건'의 기운은 남성을 만들고, '곤'의 기운은 여성을 만들었다는 뜻이니 이해하는데 큰 어려움은 없을 것이다. 그러나 이것도 막연히 하늘기운이 남성을 만들고 땅기운이 여성을 만들었다는 식으로 평이하게 해석하면 안 된다.

우리는 정신론에서 남성의 '정'을 여성의 '혈'이 포위하여 태아의 생명과 정신을 만들어가는 과정을 공부한 바 있지 않은가. 남성이란 '건'으로 상징되는 우주의 정精을 받아 그 역할을 대행하고, 여성이란 '곤'으로 상징되는 우주의 신神을 펼쳐내는 존재라고 해석해야 그 뜻이 정확해지고 또한 현대의 사고방식과도 발을 맞출 수 있는 것이다.

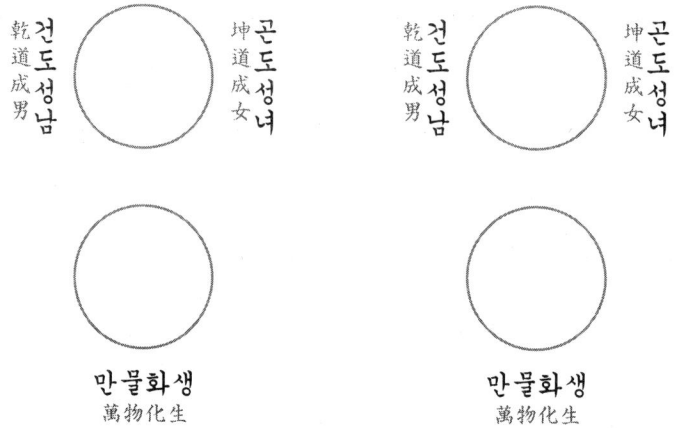

마지막은 동그라미 밑에 만물화생萬物化生이라고 표시한 부분이다. 이 역시 동그라미는 '무극'을 의미한다. 그리고 만물이란 음양의 기운이 서로 교류하는 가운데 탄생하는 모든 것을 의미하는 것이고, 그 과정을 화생化生이라 부른다는 것은 앞서 설명한 바가 있다. 따라서 '무극'이란 궁극적으로 모든 물질이 화생하는데 바탕이 되는 존재가 된다는 뜻인 것이다.

주렴계 선생의 태극도설은 제목만 태극도설이지 사실 무극에 대한 설명이다. 태극도 무극을 바탕으로 하고 있고, 오행도, 남녀도, 만물도 모두 무극을 바탕으로 하고 있음을 설명하고 있는 것이다. 이로써 태극의 본원本源이 무극이며 이것은 절대 '중', 따라서 절대 '무'의 세계를 말하고 있다는 것이 분명해지게 되었다.

그러나 불행히도 무극을 태극의 본원으로 보는 견해에는 반대 의견도 있다. 그것은 주렴계 선생이 『태극도설』을 지으면서 쓴 '무극이태극無極而太極'이라는 문장 때문이다. 시중에 나와 있는 『태극도설』의

번역서를 보면 이 문장을 대개가 다 '무극이 곧 태극이니' 라고 번역하여 '무극이나 태극이나 다 같은 것' 정도로 해석하고 있다. 그러나 한번 생각해보라. 무극이나 태극이나 다 같은 것이라면 무엇 때문에 굳이 '무극' 이란 개념을 만든단 말인가. 이것은 '무극이 태극이 되었으니' 라고 번역해야 옳은 것이다. 이것은 몇 문장 뒤에 나오는 '태극본무극太極本無極' 이라는 문장을 보아서도 자명한 것이다.

그 부분을 잠깐 소개하면

오 행 일 음 양 야   음 양 일 태 극 야   태 극 본 무 극 야
五行一陰陽也,   陰陽一太極也,   太極本無極也.

라고 되어 있으니, 이것은 '오행은 결국 음양으로 귀결되고, 음양은 태극으로 귀결되며, 태극의 근본은 무극이다' 라고 해석해야 옳은 것이지 성의 없이 '태극은 본래 무극이다' 라고 해석한다면 결국 주렴계 선생이 필요도 없는 개념 하나를 들고 나온 것으로 만드는 오류를 범하고 마는 것이다.

'무극' 은 철학자들끼리만 주고받는 무의미한 개념이 아니다. 우리들 인생에 있어 삶의 균형이라는 것이 얼마나 중요한 것인가 생각해보고, 또 중용中庸을 지향하는 삶이 얼마나 값진 것인가를 생각했을 때, 바로 그 바탕에 깔려있는 것이 '무극' 에 대한 믿음인 것이다.

내 삶이 지금은 힘들어도 언젠가는 균형을 찾을 것이라는 믿음, 잘 나갈 때 어려웠던 시절을 잊지 말고, 또 힘들 때 잘 될 것이라고 희망을 갖는 모든 것은 우리가 알든 모르든 무극의 힘이 있기 때문에 가능

한 것이다. 상대적으로 존재하지만 절대적인 균형을 지향하는 마음, 그것이 태극의 본원인 무극의 정체인 것이다.

한 가지만 더 설명하자면 『태극도설』을 지은 주렴계 선생이나, 『황극경세서』를 지은 소강절 선생이 바탕이 되어 남송南宋의 주자朱子가 성리학을 완성시킨 것은 결코 우연이 아님을 알 수 있다. 주렴계 선생의 『태극도설』은 결국 인간이 어떻게 우주와 연결되어 있는가를 본체本體의 차원에서 설명한 것이다.

또한 소강절 선생의 『황극경세서』는 우주가 그 정신을 공간적으로, 시간적으로 어떻게 펼치고 있는가를 설명하고 있는 것이니 그 속에서 인간이 자신의 성性을 각득覺得하고 또 그 '성'을 어떻게 경영經營할 것인가를 연구하는 학문이 나온 것은 당연한 귀결이 되는 것이다.

또한 불가佛家나 선가仙家에서는 인간이 명明을 찾는 과정을 각각의 개인에게 부여된 명命으로 바라보고 있는 반면에 유가儒家는 각 개인 보다는 인류 전체의 입장에서 명明을 찾는 과정에 많은 노력을 기울였던 것도 알 수 있다. 그래서 유교는 정치, 즉 백성을 다스리는 분야에 진출할 수 있었던 것이다. 또 그 때문에 유교가 어떻게 종교의 범주에 들 수 있는가 하는 오해도 받았던 것이다.

그러나 종교적으로 표현하자면 유교의 구원론은 개인적 차원이 아니라 인류적 차원의 것이다. 그래서 유교가 지향하는 이상향을 대동大同 세계라 부르는 것이며 또한 음양오행으로 대변되는 동양학의 관심도 개인적 차원뿐만 아니라 인류적 차원에 머물고 있는 것이다.

{ 현실을 주재主宰하는 황극皇極 }

　지금까지 우리는 상대적으로 존재하는 우주를 상징하는 태극이라는 본체와 그 태극의 본원이 되는 절대 '중'의 세계, 즉 무극이라는 본체에 대하여 알아보았다. 그런데 동양의 성현들은 무극과 태극이외에 또 하나의 본체를 이야기하고 있으니 그것이 바로 황극皇極이다.

　왜 굳이 또 하나의 본체가 필요한 것일까. 이유는 오히려 간단하다. 무극와 태극이 우주 삼라만상을 이루어내는데 있어 근본적인 역할을 하고 있는 본체인 것은 사실이지만 이것은 어디까지나 관념의 세계이다.

　즉 무극과 태극은 우리가 머릿속으로만 그 존재를 가늠해 볼 수 있는 것이지 이것은 눈으로 볼 수 있는 대상이 아닌 것이다. 그렇기 때문에 그 존재가 있느니 없느니, 맞느니 틀리느니 시비도 많고 논란도 일어나게 된다. 따라서 이런 개념을 현실에서 직접 활용한다는 것은 거의 불가능한 것이다. 현실에는 현실의 논리가 필요한 것이다.

　예를 들어보자. 어떤 한 사람이 있는데 그는 자신만의 확고한 가치관과 철학을 갖고 있는 사람이다. 그러나 그가 세상을 살아가면서 여러 사건을 만나게 되고 사람들과 관계를 맺어가는 가운데 그때마다 자신의 가치관과 철학을 설명할 수는 없는 것이다. 또한 자신이 하는 행동 하나하나를 일일이 가치관에 맞고 철학에 맞는지 따져보면서 행동할 수도 없다.

　세상이라고 하는, 유유히 흘러가는 강물에 몸을 담근 사람으로서

혼자만 자신의 자세를 고집한다면 그 사람 자신도 피곤하고 흐름에도 방해가 될 수 있다. 그 흐름에 자연스럽게 몸을 맡기면서도 자신의 가치관과 철학을 지킬 수는 없는 것일까. 바로 이러한 생각이 또 다른 본체에 대한 생각을 낳은 것이다.

필자의 이런 설명이 아직도 낯설게 생각되는 사람이 있을 것이니 좀 더 예를 들어보자. 인류 역사의 초기에 우리의 조상들은 보이지 않는 힘, 또는 존재에 대한 두려움으로 '신神'을 숭배하였고 그것이 종교의 모태가 되었다. 그러나 '신'은 글자그대로 보이는 존재가 아니었으므로 '신'의 뜻을 전달하는 존재, 즉 무당(샤먼)이 사실상 질서를 만드는 역할을 하게 된다.

보이지 않는 존재를 대신하여 현실을 조절하고 사건을 해결해가는 중심中心이 되었던 것이다. 꼭 무당이 아니더라도 인류가 집단을 이루어 생활하게 되면서 이러한 중심적인 역할을 하는 사람이 반드시 나타나게 된다. 이들을 흔히 '지도자'라고 부른다. 모든 일에는 자연스럽게 '지도자' 또는 '리더leader'가 나타나게 된다. 누가 시켜서가 아니라 어떤 집단 또는 모임이 형성되면 반드시 그 집단 또는 모임의 존재의의를 실현하는 중심이 만들어지게 되어 있는 것이다.

현실 속에서 보이지 않는 '이념'이나 '목적'을 현실로 나타나게 하는 중심, 그것이 바로 '황극'이다.

장황한 설명이 되었지만 황극이란 결국 오토五土의 역할을 말하는 것이다. 무극은 십미토十未土로 상징하고, 태극은 술오토戌五土로 상징하는데 이것은 그 방위가 각기 무극과 태극의 모습을 가장 잘 보여주기 때문이다. 그 나머지 방위에서 무극과 태극은 바탕을 이루고 내면에 간직되어 있을 뿐, 현실에 드러나는 존재는 아닌 것이다.

따라서 나머지 방위, 즉 우리가 흔히 현실이라고 부르는 세계에서 질서를 잡아주는 존재를 뭉뚱그려 '토'라고 표현하고 그 운동본체를 황극이라고 하는 것이니 이것은 '오토'의 성질을 띨 수밖에 없다.

황극이라는 개념을 언제부터 사용하게 되었는지 알려져 있는 것은 없다. 그러나 중국의 역대 황제를 천자天子, 즉 하늘의 아들이라는 명칭으로 부를 때부터, 그 명칭을 제안한 사람들에게는 황극의 개념이 있었다고 보아도 무방할 것이다.

'천자'는 하늘을 대신하여 인간을 다스리는 존재이다. 보이지 않는 하늘의 뜻을 현실에 펼치는 존재, 이것은 황극을 정치에 적용시켜 그 권력의 정당성을 확보하려 했다는 뜻이 된다. 보통 무력武力을 기반으로 하는 권력에서 한 단계 진화한 모습인 것이다. 따라서 하늘의 뜻에 따라 백성들을 잘 다스릴 때에는 당연히 대의명분大義名分이 서는 것이지만 그렇지 못하다면 이것은 하늘의 명을 어기는 것이므로 이른 바 역성혁명易姓革命이 일어나고는 했던 것이다.

황극의 개념이 본격적으로 등장하는 것은 소강절 선생의 『황극경세서』이다. 황극경세皇極經世란 글자그대로 '황극이 세상을 경영하다'는 뜻이 되는데 이때의 황극은 무극이나 태극을 대신하여 현실을 다스리는 원리, 또는 본체를 의미하는 것임을 쉽게 이해할 수 있는 것이다.

그리고 최종적으로 황극의 개념을 철학의 원리로 정립한 인물은 『정역正易』의 창시자 김일부 선생이다. 김일부 선생의 『정역』은 간명簡明하고 심오한 문장으로 가득 차 있어 난해하기로 유명한 서적인데 그 중에 다음과 같은 구절이 있다.

거 변 무 극　　　십　　　십 변 시 태 극　　　일
擧便無極이니 十이니라, 十便是太極이니 一이니라

일　무 십　　무 체,　 십　무 일　　무 용
一은 無十이면 無體요. 十이 無一이면 無用이니

합　　토　거 중　오　황 극
合하면 土라 居中이 五니 皇極이니라

이 문장은 『정역』중에서는 아주 쉬운 문장에 속한다. 첫 행의 뜻을 살펴보면 '다 들면 무극인 십이요, 십은 합하면 태극이 되니 일이니라'고 해석한다. 이것은 손을 가지고 하는 이야기이다. 김일부 선생은 손을 바라보면서 무극과 태극의 원리를 감상하였던 것이니, 손을 모두 펴면 만물이 분열의 극에 달하여 나타나는 무극의 상이 되고, 두 손을 모아 쥐면 음양이 뭉쳐 하나가 된 태극의 상이 되는 것을 보고 이같이 설명하였던 것이다.

따라서 둘째 행에서 일一은 십이 아니면 체體가 없는 것이고, 십은 '일'이 아니면 용을 할 수가 없다고 하였다. 태극의 본원이 무극이므로 무극은 태극의 체가 되고 반대로 무극이 태극을 낳는 것이므로 태극은 무극의 용이 된다는 의미인 것이다.

셋째 행에서는 합하면 토가 되며 그 가운데에 있는 것이 오五이므로 이것이 황극이라고 하였다. 손을 펼치거나 모아 쥐는 것은 양손에 다섯 개의 손가락이 있어 모든 변화를 중재하는 것이니 이것이 바로 황극이라는 것을 말하고자 하였던 것이다.

결국 모든 변화는 다섯 손가락을 지닌 두개의 손이 만들어내는 것이다. 우리가 두 손으로 할 수 있는 일이 다 펴거나 모아 쥐는 일 뿐인가, 어떤 행동도 동작도 할 수 있는 것이 두 손이다. 결국 현실의 변화를 이끌어가는 힘은 한 손에 있는 다섯 손가락, 즉 '오토'에 있다는 것이다.

물론 이때의 '오토'는 분열을 매개하는 역할을 한다. '중'을 발휘할 수 있는 능력이 '십토'의 절반밖에 안 되는 것이다. 그러나 '오토'가 있어야 '십토'도 있는 것이지 아무 것도 분열 발달하지 않았는데 수렴 통일이 무슨 소용이 있겠는가.

김일부 선생의 이러한 설명은 황극의 정체가 '오토'를 기반으로 하고 있다는 것을 밝혀냈다는 의미가 된다. 지금껏 막연하게 제시되던 황극의 개념을 상수학과 음양 오행의 원리로 간명하게 정의한 것이다.

태극과 무극이 '변화'하는 우주 정신의 한 축을 맡고 있다는 것은 그리 이해하기 어려운 것이 아니다. 그러나 현실에서 분열 발달을 매개하는 존재, 즉 황극 또한 우주 정신의 한 모습이며 본체의 역할을 하고 있다는 것을 쉽게 수긍하지 못하는 사람도 있을 수 있다.

동양의 성현들은 황극을 '현실의 운동원리' 정도로 규정했으면 되었을 것을 왜 굳이 본체의 반열에 올려놓은 것일까. 그것은 황극이 하고 있는 가장 핵심적이고 중요한 역할 때문이다.

우리는 삼양이음으로 운행하는 우주에 대해 이야기한 바 있다. 무극, 즉 절대 '중'의 자리에 있던 우주가 기氣를 발현하고 음양의 동정이 일어나 태극을 형성하면서 이 우주는 운동을 시작했다. 그런데 음양의 동정이 균형을 이루어 움직였다면 이것은 변화를 만들지 못한다. 서로 섞이지 못하고 따로 떨어진 채 자기의 역할만 할 수 있을 뿐이다.

그래서 우주는 음양의 교류를 위해 부조화를 만들었으니 그 주체가 바로 황극인 것이다. '오토'라는 것은 이런 의미를 갖는다. 부족하기 때문에 변화를 이끌어내고 변화는 사물의 분열 발달로 이어져 끝내 다시 무극으로 이어지는 것이다.

우리가 살고 있는 우주가 균형이 이루어지지 않은 상태라는 것은 동양학에서만 이야기하는 것이 아니다. 현대 과학에서는 이런 현상을 비대칭적 우주 또는 비가역적 우주라고 한다.

비대칭적 우주란 무엇인가. 우리가 알고 있는 전자電子, electron는 모든 면에서 같지만 띠고 있는 전기가 양(+)인 양전자陽電子, positron라는 존재를 가지고 있다. 이것을 반물질antimatter이라 하며 물질인 전자와 반물질인 양전자가 합치면 이 둘은 소멸되어 에너지로 변한다. 우리가 알고 있는 모든 물질은 이처럼 반물질을 가지고 있는 것이다.

이것은 우주가 생성될 때, 무형의 에너지에서 각기 음양의 쌍으로 이루어진 물질이 탄생되었다는 의미가 되는 것이다. 그런데 이상한 것이 만약 이런 과정이 있었다면 물질과 반물질은 정확히 같은 수數가 있어야 한다. 그런데 막상 관측을 해보면 항상 반물질이 물질에 비해 적다는 것이 발견되고 그래서 과학자들은 이것을 일컬어 음양의 대칭이 깨진 우주, 즉 비대칭적 우주라고 한다.

또한 비가역적 우주라는 것은 화학반응이 어느 한쪽으로만 진행되고 반대쪽으로는 진행되지 않는 것을 말한다. A에서 B로 가는 반응은 가능하지만 B에서 A로 가는 반응이 불가능하기 때문에 이 반응을 되돌릴 수가 없다는 것이다. 마치 어지르기는 쉬운데 치우기는 어려운 것처럼 한쪽으로만 반응이 진행된다.

이런 과정이 계속되면 점차 쓰레기는 늘어나는데 치울 수가 없는 상황이 발생한다. 이것을 전문용어로는 엔트로피entropy, 즉 무질서도無秩序度가 증가한다고 표현하며 서로 균형을 이루지 않는 자연계의 모습을 설명할 때 자주 인용되는 것이다.

왜 이런 불균형이 생기게 되었는지는 모른다 하더라도 분명 불균형이 존재하는 것은 사실이다. 그리고 이 불균형을 통해 분열 발전을 이끄는 주체를 '오토' 즉 황극이라고 하였던 것이다. 무언가 이상을 향해 나아가기는 하는 것 같은데 동시에 불균형을 간직하고 있는 것, 이것이 우리가 경험하는 현실의 세계인 것이니 바로 이런 현상을 주재하는 존재로서의 황극은 능히 본체의 반열에 들 수 있었던 것이다.

{ 우주의 본체와 인간의 삶 }

이번에는 무극, 태극, 황극의 우주 본체가 인간의 삶과 어떤 연관을 갖고 있는지 살펴보기로 하자. 이것은 앞에서 간간이 설명한 바 있지만 전체적으로 다시금 조망해 보려는 것이다.

무극은 인간에게 어떤 의미를 갖는 것일까. 이것은 '전체'에 대한 믿음이고 균형에 대한 믿음으로 나타난다. 우리는 이 세상의 균형을 믿어 의심치 않는다. 내일 다시 해가 뜰까 걱정하면서 잠자리에 드는 사람은 없다. 시간이 갑자기 멈춘다든지 지구가 어느 날 반대로 돌까봐 걱정하는 사람은 없는 것이다. 왜냐하면 이것은 모든 존재의 근본이기 때문이다. 이런 바탕이 깨지면 존재 자체가 의미 없어지는 것이기 때문에 누구도 이런 것을 의심하지는 않는 것이다.

무극은 이러한 우주의 균형에 대한 약속이다. 절대적인 '중'에 대한 믿음이 인간적으로는 이렇게 표현될 수 있는 것이다. 어떤 동양학자는 무극의 존재에 대해 마치 '신'적인 존재처럼 의인화擬人化하여 설명하기도 한다. 우주의 존재, 인간의 존재에 대해 마치 무극이 은혜를 베풀어 이 모든 것이 가능한 것이라고 설명한다. '사랑'이라고 표현하기도 한다. 마치 기독교의 창조주를 대하듯이 무극을 대하고 있는 것이다.

어떤 표현을 쓰든 무극은 우리 인생의 균형을 잡아주는 존재이다. 감성이 발동하면 이성이 가라앉혀주고 현실이 암울하면 이상을 밝게 빛나게 하는 균형, 이것이 없다면 어떻게 인간이 살 수 있겠는가. 무극이 갖는 절대중화絶對中和의 기운은 이렇게 아무것도 없는 것처럼 우리에게 작용하고 있는 것이다.

태극은 무극이 제공하는 균형의 현실적인 모습이다. 현실적으로 음양으로 나뉘어 있어야 균형도 찾을 수가 있는 것이지, 상대적으로 존재하지 않는다면 균형이라는 말 자체가 의미를 잃고 만다. 따라서 태극은 상대적으로 존재하는 모든 것의 심장이요, 엔진이다.

또한 모든 것이 상대적이라는 원리 속에서 인간은 항상 희망을 발견하게 되는 것이다. 싫은 것이 있으면 좋은 것도 있고, 잘 될 때가 있으면, 안될 때도 있고, 모든 것이 상대적이기 때문에 우리는 항상 새로운 기회를 노리고 탈출구를 찾게 되는 것이다.

동양에서는 애초부터 절대 선이나 절대 악 같은 개념이 없거니와 모든 것은 상황의 산물이고 누구나 착하게 될 수도 악하게 될 수도 있다. 중요한 것은 마음을 '토화작용'으로 이끌어 자신의 삶을 잘 다스려 가면 되는 것이다.

이런 태극의 원리는 대인관계에 있어서도 말할 수 없이 유용하다. 필자가 종종 현실에서 사용하는 것이지만 대화對話라는 것은 100퍼센트 상대적인 것이다. 이 경우 상대가 던지는 말이 썩 달갑지 않더라도 그 속에서 긍정적인 부분을 찾아내어 인정해 주면, 그것은 내가 나의 생각을 담은 말 한 마디를 던질 수 있는 기회를 제공한다.

상극을 이겨내면 상생이 이루어지는 것이다. 남의 말이 마음에 들지 않더라도 '그 이야기 중에 이러이러한 것은 상당히 괜찮은데' 하고 긍정해주면 '그런데 이런 생각을 해볼 수도 있어…' 하는 말을 꺼낼 수가 있는 것이다. 이런 식의 화술話術은 처세술에 있어 많이 언급되는 것이다. 그러나 원리를 알고 있으면 전개 방향이 무궁무진하게 된다. 특히 대화에서는 일단 상대방의 이야기를 진지하게 들어주는 것만으로도 훨씬 화기애애한 분위기를 만들 수 있다는 것을 명심하기 바란다.

  황극이 현실에서는 무극이나 태극보다 중요한 의미를 갖는다는 것을 앞서 이야기한 바가 있다. 이것은 국가로 이야기하면 대통령과 같은 것이고, 국가 질서로 보자면 헌법과 같은 것이다. 근본원리가 잘못 설정되면 이후의 일을 걷잡을 수 없게 되는 것이다. 거꾸로 이야기하자면 대통령이 되고 싶고 리더가 되고 싶은 사람은 국민이나 그 집단이 바라는 바를 정확히 집어낼 수 있어야 할 것이다. 정곡을 집어내면 대다수의 사람은 수긍하기 마련이다.
  국가나 집단이 모일 수 있는 근본을 집어내고 그것을 현실에 펼친다는 것은 쉬운 일이 아니다. 그러나 종종 '정치 9단'이라는 사람들이 동물적인 감각(?)으로 민심을 집어내는 것을 보면 그런 능력을 가진 사람들이 있기는 있구나 하는 생각을 가져본다.
  그러나 황극이 가진 근본적인 한계는 이것이 '오토'를 기반으로 균형을 깨는 역할도 동시에 하고 있다는 점이다. 즉 역사는 항상 역동적으로 일을 진행시키는 지도자를 선호해 왔고 지금도 그렇다. 사람들은 변화를 좋아한다는 것이다. 헤겔이 제시한 정-반-합의 변증법대로 역사는 항상 현실의 모순을 찾아내고 새로운 개념으로 그 모순을 넘어서려는 선택을 해왔던 것이다. 또는 현실의 모순을 제시하는 것만으로도 많은 사람들의 호응을 받아내기도 했다. 어떤 경우이든 이것이 바로 황극의 모습이고 우리가 살고 있는 시대의 모습인 것이다.

그러다 보니 냉정하고 이성적인 판단보다는 군중심리에 영합하여 당장의 실리를 취하는 선택이 무수히 행해져 왔던 것도 사실이다. 뜻 있는 사람들의 눈에는 안타까운 현실이지만 도학자道學者의 눈에는 황극이 갖는 속성이 그대로 표현되고 있는 모습인 것이다.

황극은 무극과 태극의 정신을 대행하여 이것을 현실에 펼친다. 그러나 그 모습은 분열을 매개하여 발전을 이루려는 모습을 가지고 있으니 이 두 가지 의미를 명심하여 활용한다면 아마도 훌륭한 지도자가 될 수 있을 것이나 또한 현실이 그렇게 만만한 것이 아니라는 것도 잘 알고 있으리라 생각한다.

{ 소강절 선생의 원회운세론元會運世論 }

소강절 선생

앞서 소강절 선생의 『황극경세서』를 설명하면서 이 지구라는 공간속에서 물질이 분열하여 펼칠 수 있는 생명의 가짓수에는 한계가 있다는 설명을 한 바 있다. 이번에는 시간적으로 이 지구가 운행하는 도수度數의 한계에 대한 것을 설명하려는 것이니 이것을 일컬어 원회운세론元會運世論이라 한다.

일단, 원회운세라는 것이 어떤 것인가 살펴보자. 이것은 바로 시간의 단위인 것이다. 즉 일세一世라는 것은 지구의 일 년을 기준으로 30년에 해당한다. 일운一運은 360년, 일회一會는 10,800년, 그리고 일원一元을 129,600이라 하여 지구에 존재하는 큰 주기를 설정한 것이다.

어떻게 이런 숫자가 나오게 되었을까. 이것은 지구의 일 년을 그대로 큰 주기에 적용시킨 것이다. 즉 하루를 12시간으로 나누었을 때 360도의 순환이 있으려면 1시간은 30도에 해당한다. 즉 30×12=360 이므로 1시간은 작은 변화가 일어나는 기본 단위가 되는 것이다. 그리고 12시간이 모이면 하루가 되니 이것은 중간 정도의 변화를 일으킨다. 그리고 30일이 모이면 한 달이 되니 이쯤 되면 큰 변화가 일어날 수 있는 시간이 되는 것이다. 그리고 마지막으로 12달이 모여 1년을 이루는 것이니 이것은 더 큰 변화를 일으키는 한 주기가 되는 것이다.

마찬가지로 지구의 더 큰 주기를 보면 30년이 지나야 작은 변화를 볼 수 있고 360년이 지나면 중간 정도의 변화가 있으며, 10,800년이 되면 큰 변화가 일어나고, 마지막으로 129,600년은 지구 전체의 변화가 일어나는 거대한 주기가 된다는 것이다.

아마도 이런 숫자만 가지고는 소강절 선생이 말하고자 하는 것을 이해하기는 어려울 것이다. 왜 굳이 30년이 거대한 주기의 1시간에 해당되는 것인지 그 이유를 묻게 되는 것이다.

그러나 이치는 의외로 간단하다. 1원, 즉 129,600이라는 숫자는 사실 360×360을 하면 나오는 숫자이기 때문이다. 360이라는 것은 원의 주기이다. 우리는 지구가 태양을 도는데 약 360일 정도가 걸린다는 것을 잘 알고 있다. 그런데 여기다 다시 360을 곱한다는 것은 무슨 의미인가. 이것은 지구가 태양을 중심으로 도는데 다시 그 태양이 무언가 더 큰 중심을 두고 한 바퀴 도는 주기가 되는 것이다.

그러면 129,600년이란 숫자는 태양이 우리 은하계를 한 바퀴 도는 주기일까. 그것은 아닌 것 같다. 태양이 은하계를 한 바퀴 도는 데에는 약 2억년이 걸린다고 하니 이런 의미는 아닌 것이다. 따라서 이 129,600년이라는 숫자는 아직 철학적으로만 의미가 있는 것이고 현

	1시간	1일	1월	1년
지구의 1년	30도	360도	10,800도	129,600도
	1세	1운	1회	1원
지구개벽의 1년	30년	360년	10,800년	129,600년

대 과학으로는 아직도 탐구가 필요한 분야인 것이다.

따라서 우리는 너무 숫자에 매달리기 보다는 일단 이런 주기를 제시한 소강절 선생의 뜻을 좀 더 살펴볼 필요가 있다.

소강절 선생은 황극이 세상을 경영하면서 분열 발달을 주재主宰하는 것이 영원히 계속될 수는 없다고 보았던 것이다. 이 세상이 지금은 물질 위주의 발달 과정을 겪고 있는 것은 사실이지만 이것이 영원할 수는 없다는 것이다. 왜 그런 생각을 하였을까.

이것은 분열 발달이 있으면 수렴 통일이 있는 우주의 변화원리에 맞지 않기 때문이다. 분열 발달하는 사물은 '목화' 기운을 위주로 하는 것이므로 겉모습은 화려하지만 내면의 공허함은 이루 말할 수가 없는 것이다. 사람들은 물질문명의 화려함에 취해 이것이 전부인양 살아가지만 사실 개개인이 겪는 내면의 고독은 점점 커져만 갈 것이므로 결국 무엇이 올바른 삶인지 구분도 못하면서 그저 세파世波에 휩쓸려 살아갈 뿐인 것이다.

그러나 우주 정신의 목적이 '목화' 과정에만 있는 것은 아니라는 것을 우리는 잘 알고 있다. 분열 발달한 사물은 수렴을 거쳐 통일에 이르러야 하는 것이다. 우주 정신이 인간 개개인에 내면화 되어 정신은 총명을 찾고, 삶은 그 의미를 찾아, 인간은 태어난 목적을 이루고 그로인해 우주의 이상도 이 지구상에 활짝 펼쳐져야 하는 것이다.

과연 이러한 변화가 지구상에 펼쳐지는데 어느 정도의 주기가 필요한 것일까. 소강절 선생이 원회운세론을 제시한 것은 바로 이러한 의문을 해결하려는 의도였던 것이다.

원회운세를 지구의 1년과 비교하여 그 의미를 따져보자. 1원은 12

회가 되는 것이니 이 '회'를 기준으로 하면 처음의 1~3회는 지구의 1~3월에 해당한다. 대략 겨울에서 봄에 이르는 시기인 것이다. 이것은 탄생기이다. 과연 이것은 어떤 탄생기를 말하는 것일까. 지금의 인류, 즉 현생인류를 학명으로는 '호모 사피엔스 사피엔스'라 하는데 이 인류의 출현시기가 적어도 4만년을 넘지는 않았다는 것이 현재의 학설이므로 이러한 현생인류의 탄생을 말하는 것일까. 아직은 많은 의문이 남아있다.

그다음 4~6회는 지구의 4~6월에 해당할 것이니 이것은 봄에서 여름에 해당하는 시기이다. 성장기이고 본격적으로 분열 발달이 일어나는 시기이다. 여기서 만약 정상적인 우주 운행이 이루어졌다면 이쯤에서 화기운은 서서히 세력을 접고 '미토'의 중재권 안으로 들어가야 할 것이나 '상화'가 존재하는 우주는 여름의 기간을 더 늘려 놓았으니 정확히 어디까지 분열 발달기라고 해야 하는지를 따지기는 무척 어렵다.

다만 이런 시기가 되면 인류는 서서히 지혜가 발달하여 문명을 만들어내기 시작하였을 것이니 지금의 인류 문명이 아무리 길게 봐야 1만년을 넘지 않는 시기에 우리가 보는 모든 것을 이루었다는 사실은 많은 것을 생각하게 한다.

다음으로 7~9회가 되면 지구의 7~9월에 해당하는 것이니 이 시기가 되면 아무리 열기熱氣를 뿜어내던 '상화'도 금기운에 제압되어 드디어 가을이 오고야 마는 것이다. 가을은 결실의 계절이다. 지구의 일년 농사에서는 초목이 열매를 맺는 것이지만 소강절 선생의 원회운세는 우주적인 주기이므로 이 가을은 인간이 열매를 맺는 가을이라는 의미이다. 간단히 말해 이상향理想鄕이 실현되는 시기가 되는 것이다.

각 종교에서 말하는 천국, 극락, 태청세계, 대동세계가 달리 있는 것이 아니라 바로 이 시기를 말하는 것이었다는 이야기이다. 앞서 말한 각 종교의 이상향은 믿는 사람은 믿고 안 믿는 사람은 안 믿는 주관적인 이야기이지만 소강절 선생은 아주 간단한 봄 여름 가을 겨울, 사계절의 비유를 통해 이것은 철학적으로 있을 수 있는 이야기임을 제시한 것이고, 또 우리가 공부한 모든 원리가 이런 전망이 가능하다는 것을 가리키고 있다.

그러나 이런 전망은 조심스러운 것이 되어야 한다. 비록 이치적으로는 어느 것 하나 틀림이 없지만, 보다 객관적이고 과학적인 설명이 있어야 하는, 대단히 민감한 주제라는 것을 알아야한다. 이것은 사람들을 환상으로 이끌고 헛된 희망을 심어줄 수도 있는 문제이기 때문이다.

일단 설명을 계속해보자. 이제 10~12회가 되면 이것은 지구의 10~12월이니 이제는 가을도 서서히 끝을 맺고 겨울이 찾아오게 된다. 겨울이 온다는 것, 앞서 '가을의 결실'이라는 희망적인 소식에 비해보았을 때, 사실 이것은 충격적인 이야기이다. 왜냐하면 당장 앞서의 이상향이 무한정 계속되지는 않는다는 뜻이기 때문이다.

가을이 되면 결실을 맺지만 이 모든 것은 겨울이 되면 긴 휴식에 들어가야 하기 때문이다. 모든 신자信者들이 바래왔던 천국이나 극락이 비록 짧은 기간은 아니겠지만 언젠가 끝이 있다는 사실은 아무리 냉정하게 생각하려 해도 충격적이다. 그러나 우리가 배운 모든 원리는 이러한 사실 또한 분명하게 지적하고 있는 것이다.

　소강절 선생은 이것을 가르쳐주려고 했던 것이다. 비록 129,600년이라는 주기가 얼마나 객관적인 의미를 갖는 숫자가 될지는 모르겠지만 지구상에 이런 운기運氣의 변화가 있을 수 있다는 것을 제시하였던 것이다. 과연 원회운세는 얼마만큼 진실인 것일까. 과연 이런 주기가 가능할 것인가. 129,600년, 약 13만년이라는 주기는 장구한 우주의 역사에 비추어 너무 짧은 것은 아닐까.

　그러나 원회운세라는 주기가 주는 충격을 가라앉히기도 전에 동양학에서는 더 놀라운 현상을 제시하고 있는 것이니 그것이 바로 개벽開闢 현상이라는 것이다.

{ 변화하는 지구의 자전축 }

우리는 앞서 삼양이음→우주의 타원궤도→지축의 경사로 이어지는 우주의 불균형을 이야기한 바 있다. 또한 황극이라는 본체가 이 과정을 주재하여 사물의 분열 발달을 이끌고 있다는 점도 설명하였다. 모든 것은 시작이 있으면 끝도 있는 법이다. 물론 우주야 영원무궁하게 운행해 가겠지만 그 속에서도 주기週期라는 것이 있는 법이고, 어떤 단계가 시작되면 동시에 끝도 있어야 다음 단계가 진행될 수 있지 않겠는가.

우리가 태어나서 본 것은 물론이고, 인류의 역사가 기록된 이후부터 지구는 항상 기울어진 지축을 중심으로 자전해왔던 것이니 누가 과연 지구의 지축이 변화할 수 있다는 사실을 믿을 수 있겠는가. 그러나 동양학은 이미 수천 년 전부터 기울어진 지축이 인간에게 미치는 영향을 연구하고 하나의 학문으로 정립시켜 놓았던 것이니 또한 이 지축이 변화하여 지구상에 새로운 환경을 만들어낼 것이라는 전망을 하였다고 해서 아주 허황된 것으로 여길 수만은 없을 것이다.

다음의 그림을 보라. 이것은 한동석 선생이 제시한 지축의 변화도이다.

먼저 선천지축도를 보자. 이것은 우리가 익히 알고 있는 현재의 지축이다. 즉 지축이 축미丑未 방향으로 기울어 있으며 이것은 우리가 오운계시도에서 살펴본 바와 같이 천체의 28수宿에서 16수가 북방에 몰려있고 남방에는 12수만이 배열되어 있는 영향을 받은 것이다.

따라서 양기운은 넘치고 음기운은 모자란 변화가 일어나는데 이로 인해 양기운은 축인묘 진사오미의 7방위에서 작용하게 되고, 음기운은 신유술해자의 5방위에만 작용하게 되는 것이다. 이런 원리가 그대로 현실에 영향을 미쳐 우리는 '의욕은 넘치지만 이루어지는 것은 적은' 상황을 겪게 된다.

우리는 이러한 현실에 대해 원래 인간이란 욕심이 많고 불완전한 존재여서 당연히 원하는 것보다 적은 결과를 받게 된다고 생각하기 쉽지만 동양학은 인간의 정신과 행동을 면밀하게 따져서 이것은 인간 개개인의 문제에서 유래한 것이 아니라 우주적인 환경에 문제가 있음을 지적하였던 것이다. 물론 동양학은 이것이 분열 발달 과정에서 일어나는 불가피한 모순이라는 점도 동시에 지적하고 있다.

다음은 후천지축도를 보자. 이번에는 선천지축도와 반대로 지축이 서북방으로 기울어져 있다. 따라서 양기운은 동남방에서조차 묘진사오미의 5방위에서밖에 작용하지 못한다. 반면에 음기운은 신유술 해자축인의 7방위에서 작용하고 있는 것이다. 왜 남방에 있는 '신'이나

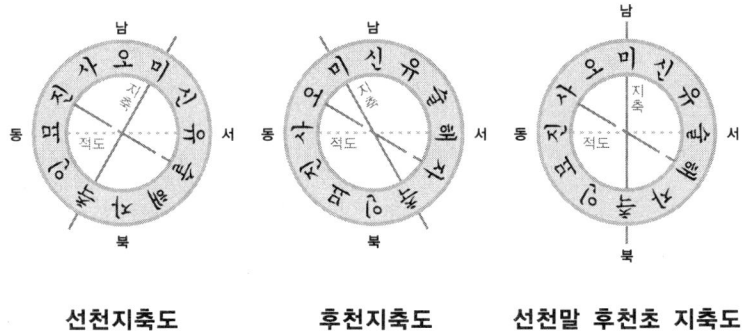

선천지축도   후천지축도   선천말 후천초 지축도

'유'는 양작용을 못하는 것일까. 이것은 속성이 '금'이므로 아무리 남방에 있더라도 스스로 분열작용을 할 수는 없기 때문이다.

결국 이렇게 지축이 기울어진다면 선천지축도와는 달리 양기운이 2, 음기운이 3이 되는 삼음이양 三陰二陽 의 변화가 발생한다. 이런 환경에서는 어떤 변화가 일어날까. 탄생을 매개하는 중요한 '토'인 축丑 이 서북방으로 치우쳐 있으니 이런 환경에서 물질의 탄생은 거의 불가능하다고 보아야 한다. 추운 겨울이 닥치면 모든 생명은 활동을 멈추고 마치 겨울잠을 자듯이 최소한의 생명유지 활동만을 하는 것처럼 이 시기에 새로운 생명의 탄생을 기대하기는 어려운 것이다.

다음은 선천말 후천초 지축도이다. 이것은 지축이 축미 방향으로 똑바로 선 모습이다. 진술축미가 사정위 四正位 가 되어 원래의 방위에서 원래의 우주기운을 받을 수 있는 환경이 조성된 모습인 것이다. 즉 인묘진 사오미의 6방위에서는 양기운을 받고, 신유술 해자축의 6방위에서는 음기운을 받아 음양이 균형을 이루고 모든 변화가 정상적으로 일어나는 환경이 만들어진 것이다.

이때의 변화를 일컬어 축미 丑未 가 체體 가 되고 진술 辰戌 이 용用 을 하는 오원 五元 운동이라고 한다는 것을 앞서 설명한 바가 있다. 이때야말로 이상이 현실과 하나가 되고, 감성과 이성은 균형을 이루는 이상 세계가 펼쳐지는 것이다. 인간이 비로소 '자유'를 찾는 시기라고도 할 수 있다. 그 어떤 설명을 붙이든 이때야말로 인간이 꿈에도 그리던 바로 그 이상향이 펼쳐진다는 것을 알 수 있을 것이다.

한 가지 유념할 것은 이러한 이상세계는 결국 어느 누구에 의해 '주어지는 것'이 아니라 인간이 정신의 균형을 찾고 총명을 발휘하면서 이루어진다는 것이며, 이는 또한 우주적인 환경의 변화를 통해서만이 가능한 것이라는 점이다.

과연 이러한 지축의 변화는 가능한 것일까. 한동석 선생은 무슨 근거로 이런 그림을 그릴 수 있었을까. 독자여러분들은 막상 그림으로 그려진 지축의 변화를 보면서 충격을 받거나 황당함을 느끼겠지만 사실 동양학에서는 이것을 이미 오래전부터 이야기하고 있었다.

먼저 김일부 선생의 정역을 살펴보자.

제 요 지 기　삼 백 유 육 순 유 육 일
帝堯之期는 三百有六旬有六日이니라

제 순 지 기　삼 백 육 십 오 도 사 분 도 지 일
帝舜之期는 三百六十五度四分度之一이니라

일 부 지 기　삼 백 칠 십 오 도　십 오　존 공
一夫之期는 三百七十五度니 十五를 尊空하면

정 오 부 자 지 기　당 기 삼 백 육 십 일
正吾夫子之期 當期三百六十日이니라

제요帝堯는 요임금을 말하는 것이다. 요임금의 주기, 즉 요임금이 제시한 일 년의 주기는 366일이었다는 것이니 이것은 서경書經에 기록되어 있는 것이다. 그리고 제순帝舜, 즉 순임금이 제시한 일 년의 주기는 $365\frac{1}{4}$이었다는 것이니 이것은 지금 우리가 쓰고 있는 주기와 같은 것이다. 우리가 태평성대하면 떠올리는 요임금, 순임금이 이런 일 년의 주기를 제시하고 사용토록 했다는 사실도 놀랍지만 그 주기가 지금 우리가 사용하는 주기와 일치한다는 것은 더욱 놀라운 것이다. 그러나 지금 우리의 관심은 여기에 있는 것이 아니니 일단 계속 내용을 보도록 하자.

'일부지기'란 김일부 선생이 제시하는 주기라는 뜻이다. 김일부 선생은 뜬금없이 375라는 숫자를 제시하면서 여기에서 15를 존공尊空, 쉽게 말해서 없애면 바로 360이 되는데 이것은 공자님이 제시한 주기라고 하였다. '부자夫子'란 공자를 말하는 것으로 유가儒家에서는 공자를 공부자孔夫子라고 부르며 이것이 영어에서 유교를 뜻하는 Confucianism의 어원이 되었다는 것을 알아두면 좋을 것이다.

다시 한 번 이 문장을 정리하면 김일부 선생은 375라는 새로운 주기를 발견했는데 이 주기에서 15를 빼면 바로 공자가 제시한 360이라는 주기가 된다는 뜻이다(김일부 선생의 375 주기와 15를 존공하는 이치는 여기에서 다루기에는 어려운 내용이므로 다른 기회를 통해 다루기로 하고 생략하고자 한다).

그러면 공자가 제시한 360이라는 주기는 무엇인가. 공자에 대해 수많은 이야기를 들었어도 이 분이 일 년의 주기에 대해 언급했다는 사실은 난생처음 들어보는 독자들이 더 많을 것이므로 우리는 다시 주역으로 가서 이 부분을 살펴보아야 할 것이다.

주역 계사전을 보면 다음과 같은 구절이 나온다.

건 지 책 이 백 일 십 유 육   곤 지 책 백 사 십 유 사
乾之策은 二百一十有六이요 坤之策은 百四十有四라

범 삼 백 유 육 십   당 기 지 일
凡三百有六十이니 當期之日이니라

　건지책은 216이요, 곤지책은 144라 합하면 360이니 이것이 당기지일當期之日이라는 뜻이다. 건지책, 곤지책을 설명하는 것은 어려운 일이므로 간단히 의미만 설명하자면 이것은 선천 분열 발달기에 '건'과 '곤'이 작용하는 도수度數를 말하는 것이다. 이것을 약분하면 각기 3대 2가 되니 결국 공자는 삼양이음이 작용하는 우주, 360도를 기준으로 '건' 즉 양기운이 작용하는 도수가 216, '곤' 즉 음기운이 작용하는 도수가 144라고 말하고 있는 것이다.

　문제는 그 다음 구절이다. 건지책과 곤지책을 합하면 360이 되는데 이것이 '당기지일'이라고 하였으니 과연 '당기지일'의 뜻이 무엇인가 하는 것이다. 보통의 해석을 보면 '기지일에 당하다', 즉 주기의 날수에 '해당한다'고 하고 있다. 그러면 공자는 360일을 일 년의 주기로 알고 있었다는 뜻일까. 이미 요임금, 순임금이 보다 정밀한 주기를 제시한 바 있고, 또 서경을 경전으로 완성한 분이 바로 공자인데 이런 것을 몰랐다는 것은 말이 되지 않는다. 그러면 '당기지일'을 어떻게 해석해야 하는 것일까.

　당當자는 '마땅히'라는 뜻을 갖고 있다. 즉 당기지일은 360이 일 년의 주기에 해당한다는 뜻이 아니라 마땅히 일 년의 주기가 되어야 한다고 해석할 수 있는 것이다. 즉 현재의 일이 아니라 미래의 일이라는 뜻이 된다. 적어도 김일부 선생이 부자지기夫子之期를 언급한 것은 바로 이런 뜻으로 받아들였다는 의미이다.

이것은 다시 말해 장차 일 년의 주기가 360일이 되는 때가 온다는 뜻이다. 바로 이러한 해석을 바탕으로 한동석 선생은 일 년의 주기가 360일이 되는, 지축이 정립正立된 선천말 후천초 지축도를 그리게 된 것이다.

즉 지구의 지축이 바르게 설 수도 있다는 것은 공자 때부터의 약속이었던 셈이다. 이것이 오랜 시간이 흘러 다시 김일부 선생이 새롭게 그 이치를 제시하고 이것을 이어서 한동석 선생이 지축이 정립된 모습의 지구를 그리게 되었던 것이다.

{ 개벽 현상과 선후천先後天 }

　지구의 지축이 거대한 시간의 흐름에 따라 기울기가 변화하는 현상, 이것을 바로 개벽開闢이라고 부른다. 원래 개벽이란 금화교역 작용을 의미하는 용어이다. 양기운이 극에 달하면 음기운으로 변화하고 음기운이 극에 달하면 양기운으로 변화하는 것을 새로운 차원이 열린다는 의미로 열 개開자, 열 벽闢자를 써서 개벽이라 표현한 것이다.

　이런 의미로 바라보면 개벽은 사실 하루에도 있고 한 달에도 있고 일 년에도 있다. 언제나 개벽은 일어나고 있는 셈이다. 그러나 보통 하루의 낮과 밤이 바뀌는 현상을 두고 개벽이란 거창한 용어를 동원하지는 않는다. 이것은 지구 자전축의 변화와 같은 거대한 현상에 어울리는 용어인 것이다. 따라서 우리가 일상용어에 '천지개벽할 일'이라고 쓰는 것은 쉽게 일어날 수 없는 일이 일어났다는 뜻이 되는 것이다.

　개벽 현상이 일어난다는 것은 정말 '천지개벽할 일'이다. 그러나 이것이 동양에서 미신 전설로만 전해 내려오는 황당한 일이 아니라 언제가 이 지구에서 벌어질 수도 있는 일이라고 생각했을 때, 이것은 결코 '웃을 일'이 아닌 것이다.

　지구 자전축의 변화를 개벽이라고 한다면, 이제 소강절 선생의 원회운세론도 그 의미가 분명해지게 된다. 이것은 그 어떤 주기도 아니고 지구에서 개벽 현상이 일어나는 주기를 말하는 것이다. 즉 지축의 변화와 더불어 생명의 탄생도 이루어지고 또 분열 발달 과정을 겪기도 하고, 마침내 인간과 물질의 성숙이 이루어져 결실을 맺는 시기가 찾아오기도 하는 것이다.

그리고 우리가 살펴보았듯이 지구의 결실기는 영원히 계속되는 것이 아니라 겨울철과 같은 시기를 맞이하여 끝을 보게 된다. 앞서 후천지축도와 같이 탄생이 불가능해지는 지구의 환경이 조성된다면 이것은 누가 뭐래도 원회운세의 겨울철에 해당한다고 보아야 할 것이다.

이러한 지축의 변화와 개벽 현상을 묶어서 '선후천 개벽론'이라고 부르기도 한다. 선천先天이라는 것은 우리가 '선천적'이라고 할 때의 그 선천이다. 주어진 환경속에서 인간이 이성을 발달시키고 문명을 개화하면서 발전해가는 시기이다. 반면 후천後天이란 것은 인간이 경험을 통해 축적한 그 모든 것을 동원하여 '자신만의 것'을 펼쳐가는 시기가 되는 것이다.

따라서 원회운세의 전반기 64,800년은 봄 여름이므로 선천에 해당하고, 후반기 64,800년은 가을 겨울에 해당하므로 이것을 후천이라 부르는 것이다. 여러분들이 종종 접하게 되는 후천개벽론이란 우주적인 주기로 보았을 때 여름에서 가을로 넘어가는 거대한 변화를 말하는 것이 된다(따라서 한동석 선생의 선천말 후천초 지축도를 후천지축도라 불러야 하고 마찬가지로 한동석 선생의 후천지축도는 겨울철의 지축도라 불러야 한다는 견해도 있다).

이로써 지구에서 일어나는 거대한 변화에 대한 모든 설명을 마쳤다. 이것은 논리의 종결을 의미한다. 동양학에서 이야기하는 개벽의 원리가 사실이라면 이제 지구에서 발견할 수 있는 새로운 현상은 더 이상 없는 셈이다. 그러나 이러한 논리는 현재의 인류에게 있어서는 하나의 예언豫言으로 다가올 것이다. 아직은 개벽이 일어나지 않았기 때문에 누구도 장담을 할 수가 없다는 것이다.

그러나 큰 변화가 아직 일어나지 않았다고 해서 반드시 '실제 겪지 않고는 모르는 일' 정도로 생각해서는 안 될 것이다. 왜냐하면 개벽 현상은 하루 중에도 한 달 중에도 일 년 중에도 그리고 우리의 인생에서도 똑같은 방식으로 이미 일어나고 있는 것이기 때문이다. 누가 얼마나 그 현상을 정밀히 살피고 그 상象을 정확히 관찰하느냐의 문제인 것이지 이미 그 원리는 작은 변화에서건 큰 변화에서건 일어나고 있기 때문이다.

{ 현대과학으로 바라본 개벽현상 }

　소강절 선생의 원회운세론, 지구 자전축의 변화가 가져오는 선후천 개벽 현상, 이러한 동양학의 주장은 얼마나 객관적인 것일까. 이번에는 현대 과학의 여러 발견과 학설을 통해 이러한 주장의 타당성을 살펴보도록 하자. 오해의 소지를 없애기 위해 아래와 같이 백과사전의 항목을 그대로 실어 보았다.

빙하기 氷河期, glacial age

　빙하시대 ice age는 지구 전체의 기온이 현저히 내려가 대륙성 빙하와, 남북극의 빙하, 그리고 높은 산악지대의 빙하가 확장하는 시기로 정의한다. 빙하시대 안에 빙하기 glacial age와 간빙기 interglacial age, 즉 더 추웠던 시기와 덜 추웠던 시기가 존재한다. 따라서 엄밀히 말하자면 정의상 현재는(남극지방과, 그린랜드, 그리고 히말라야 등의 빙하를 봤을 때) 빙하시대 중에서 간빙기에 속한다고 말할 수도 있다.

　아주 오래 전의 빙하시대에 대한 정보로는 27억년 전이나 8억년 전의 선캄브리아 시대에도 있었던 기록이 남아 있으며 지질학적 증거로 보았을 때 빙하기가 가장 극심했던 때(약 7억 5000만년~5억 7000만년 전)는 적도지방까지 빙하가 내려와 전 지구를 덮어버리는 현상까지 있었다고 하는데 이를 눈덩이 지구이론 Snowball earth theory이라고 부른다. 최근에 있었던 빙하시대는 약 4천만년 전에 시작되어 플라이스토

세인 3백만년 전부터 북반구에 빙하가 확장하면서 본격적인 빙하시대에 접어들었다. 최근 수백만년 동안에는 4만년을 주기로 빙기와 간빙기가 교대하고 있으며 근래는 10만년 단위로 빙하가 확장하고 후퇴하면서 오늘날에 이르렀다. 마지막 빙하기는 약 만 년 전에 끝났다.

• 빙하시대와 빙하기의 주기성

　이러한 빙하시대의 주기성은 대기 성분의 변화로 인한 온실효과, 대륙이 이동하면서 분포하는 양상의 차이와 이로 인해 대륙을 뒤덮는 빙하의 생성가능성, 밀란코비치 주기 Milankovitch Cycle로 알려진 지구 자전축의 주기적인 변화(세차운동, 자전축의 기울어짐, 그리고 이심율), 그리고 태양에너지의 주기적 변화 등으로 설명되는 것이 일반적이다. 대기 성분의 변화와 대륙의 이동은 장기적인 빙하시대의 원리를 설명하고 밀란코비치 주기는 단기적인 빙기와 간빙기를 설명하는 것이 일반적이다.

　　　　- 네이버(http://www.naver.com/) 백과사전에서 발췌 -

　보는 바와 같이 지구에는 빙하기와 간빙기라는 주기가 존재한다. 그리고 이것이 약 10만년의 주기를 갖고 있다는 사실은 너무나 의미심장하다. 또한 밀란코비치라는 학자는 빙하기의 원인을 규명하면서 지구의 자전축이 주기적으로 변화하는 데 그 원인이 있다는 학설을 제시한 것이니 이것은 개벽 현상과의 연관성을 떠올리지 않을 수 없는 것이다. 결국 소강절 선생의 원회운세론과 선후천 개벽론은 빙하기와 간빙기라는 현상을 설명한 것일까. 또한 이런 사실들은 후천 개벽론을 제시하는 종교들에서 자주 인용하는 내용이기도 하다.

동양의 원리와 서양의 과학이 만나 정확히 일치하지는 않지만 무언가 한 방향을 가리키는듯한 내용의 합치점을 갖게 된 것은 매우 큰 의미를 갖는다고 할 수 있다. 그러나 문제는 여기에 있는 것이 아니다. 개벽 현상에 대한 철학적 원리와 과학적 증명이 다 밝혀졌다 해도 여전히 '인간의 문제'가 남아있기 때문이다.

다시 말해 '개벽이 온다면 인간은 도대체 무엇을 해야 하는가' 하는 문제가 남아 있는 것이다. 그리고 이것은 철학의 영역을 넘어선 질문이기도 하다. 그러나 기껏 개벽의 원리를 설명해놓고 나머지는 알아서 하라는 식으로 넘어갈 수도 없는 것이니 필자는 독자들의 판단을 돕기 위해 몇 가지 과거의 사례를 소개하면서 이것을 통해 본서를 마무리 짓고자 한다.

맺는 말

최제우 선생과 동학

소강절 선생의 원회운세와 김일부, 한동석 선생의 선후천 개벽론을 소개하는 필자의 입장은 매우 조심스러운 것이다. 왜냐하면 이것은 앞서 언급한 대로 '예언'적 성격을 띠고 있기 때문에 몇 가지 말만 바꾸면 그대로 종교의 교리가 될 수 있는 내용이기 때문이고 또 실제로 벌어졌던 일이기도 하다.

1권의 서문에서 김일부 선생의 정역은 후천개벽론의 시발점이 되었으며 이것은 우리 근세사에서 매우 중요한 의미를 갖는다는 점을 설명한 바 있다. 도대체 우리 근세사에 어떤 일이 있었던 것일까.

정역의 김일부 선생과 동학의 창시자인 수운 최제우 선생이 한 분의 스승을 모셨다는 사실을 알고 있는가. 즉 그들은 동문수학同門修學한 사이였던 것이다. 그 스승이 되었던 분이 연담蓮潭 이운규李雲圭 선생이다. 전해오는 이야기로는 이운규 선생은 최제우 선생에게는 선도仙道를 계승할 자라 하여 열심히 심신수련을 할 것을 당부하였고, 김일부 선생에게는 '영동천심월影動天心月 하니 권군심차진勸君尋此眞 하소'라는 시를 남겼다는 것이다.

김일부 선생은 이 시구, 특히 '영동천심월'의 뜻을 깨우치기 위해 주야로 정진하다가 드디어 큰 깨달음을 얻고 '정역'을 짓게 된다.

영동천심월影動天心月 권군심차진勸君尋此眞
그림자가 천심의 달을 동하게 하니, 그대는 이 진리를 찾아보시오.

이 시구는 무엇을 뜻하는 것일까. 먼저, 영影이란 음陰을 말하는 것이다. 양기운을 상징하는 빛이 비추면 물체의 반대쪽에는 그림자가 생기지 않는가. 따라서 그림자란 음기운을 뜻하는 말이 되는 것이다. 그러면 천심월天心月은 무슨 뜻인가. 보통 사람에게는 선문답禪問答처럼 들릴 수밖에 없는 문장이지만 적어도 정신론을 배운 독자들에게는 무언가 짚이는 것이 있을 것이다.

천심이란 글자그대로 하늘의 마음, 우주의 마음인 것이다. 일월이 우주 정신을 대행하는 존재라는 것을 상기하면서 이 문장을 헤아려 보면 결국 천심월이란 '우주 정신을 대행하는 달'이란 의미가 되는 것이다.

대국적으로 선천의 분열 발달 과정이란 양기운이 주도하는 시기이고 후천의 통일 수렴 과정은 음기운이 주도하는 시기라고 했을 때, 선천의 지구는 건乾 기운이 '태양'을 대행자로 내세워 다스리는 시기이고 후천의 지구는 곤坤 기운이 '달'을 통해 다스리는 시기라고 보는 것이다.

따라서 이 시구는 '영(음기운, 坤)이 그동안 태양의 위세에 눌려 잠자고 있던 달을 깨워 동動하게 할 것이니'라고 해석할 수 있는 것이다. 한마디로 음陰이 주도하는 시기가 온다는 뜻이 된다. 이것이 김일부 선생으로 하여금 정역을 짓게 하는 계기가 되었던 것이다. 이 시대의 상象을 관찰하건대, 장차 음기운이 동하는 시대가 올 것이니 그대는 그 진리를 본격적으로 파헤쳐 보라는 당부의 글인 것이다.

김일부 선생은 스승의 유지를 잘 받들어 연구한 끝에 정역 팔괘를 계시 받고, 정역을 지어 후천이 열리는 원리를 정립하였다. 그리고 이것이 계기가 되어 민중들에게 장차 후천 개벽이 이루어진다는 소식이 봇물처럼 터져나가게 되는 것이니 그 역할을 한 분이 바로 최제우 선생인 것이다.

최제우 선생의 동학을 인내천人乃天 사상을 중심으로 하고 유불선儒佛仙의 장점을 모았다는 식으로 평가하는 것은 너무도 피상적인 해석이다. 동학은 한마디로 후천 개벽을 부르짖은 종교운동이었다. 필자의 말이 의심스러우면 동학의 경전인 『용담유사』를 읽어보라. 보통 『동경대전東經大全』을 동학의 경전으로 생각하지만 이것은 한문이 섞인 어려운 문장으로 되어있어서 당시의 민중들이 쉽게 접할 수 있는 내용이 아니었다.

대신 가사체의 용담유사야말로 한글만 깨치면 누구도 쉽게 읽을 수 있는 내용이 담겨 있어 동학 교리의 핵심은 사실 용담유사에 다 담겨 있다고 해도 과언이 아닌 것이다. 물론 그 속에는 다양한 내용이 담겨 있지만 '후천'과 '개벽'이라는 글귀가 여러 차례 나타나는 것을 볼 수 있을 것이다.

그리고 그 두 글자는 당시 민중들의 가슴속에 그대로 들어가 박히게 되었던 것이다. 물론 필자가 동학의 가치를 폄하하려는 것은 아니다. 그러나 유불선의 장점을 모으고 '사람이 하늘만큼 존귀하다'는 내용만으로 삼남지방 수십만의 민중들 사이에 삽시간에 퍼져갈 수 있었을까. 동학의 기치아래 모였던 사람들은 오직 장차 개벽이 되고 상놈이 양반되는 시절이 온다는 소리에 모든 것을 내팽개치고 혁명의 대열에 뛰어들 수 있었던 것이다.

동학농민전쟁(동학혁명)의 초기에 승기를 잡은 동학군은 굳이 그 여세를 몰아 역성혁명을 일으키려고 하지 않았다. 대신에 관군과 타협하여 전주화약全州和約을 맺고 집강소를 설치하는 여유를 부렸던 것이다. 이것은 상식적인 혁명의 과정이 아니다. 그저 '우리는 못된 관리들을 혼내고 바른 정치를 펴기만 하면 더 이상 욕심이 없소'라고 하면서 순순히 물러났던 것이다.

그러나 조선 왕조가 이것을 가만 둘리 있겠는가. 외세를 배격했던 동학운동이 되레 외세를 불러들이는 빌미가 되고 결국 관군의 토벌을 받아 쫓기는 신세가 되고 만다. 오라는 개벽은 오지 않고 피눈물을 흘리며 스러져가는 민중만 남게 되는 것이 우리가 알고 있는 동학의 역사이다.

이러한 동학의 수수께끼는 '후천'과 '개벽'이라는 단어를 빼면 절대 풀리지 않는다. 반대로 이 두 단어를 넣으면 모든 것이 이해될 수 있는 것이다. 동학의 2대 교주 최시형 선생과 3대 교주 손병희 선생은 '후천'과 '개벽'의 '폭발적인 위력'을 충분히 경험했기 때문에 교리의 내용을 도덕적인 내용으로 순화시키게 되고 그에 따라 교세도 약화되어(물론 일제침략기의 영향이 가장 컸을 것이다) 현재에 이르게 된다.

어느 시대에나 암울한 시기가 펼쳐지면 그것을 계기로 새로운 시대를 부르짖는 운동이 나오게 된다. 이것은 종교적인 형태를 띠기도 하고, 이념과 사상의 형태를 띠기도 한다. 그중에서도 동양학이 제시하는 '후천'과 '개벽'의 논리는 오랜 세월을 거쳐 성립되고 다듬어진 것이기 때문에 더욱 강력한 흡인력을 발휘할 수 있었던 것이다.

필자가 우려하는 것은 바로 이런 부분이다. 그 내용이 너무나 논리적이면서도 충격적인 내용을 담고 있기 때문에 쉽게 말해 '사람을 현혹시킬 수 있기' 때문인 것이다. 그러나 역설적으로 이야기하자면 동양학이 그 심오한 내용과 내면적 통찰력에도 불구하고 항상 보편적인 관심에서 멀어질 수밖에 없었던 것은 항상 그 내용을 쉬쉬하면서 '남이 알까 무서운' 것으로 감추어왔던 역사가 있었기 때문이다.

대부분의 학자들은 이런 내용을 알듯 모를 듯한 표현으로 얼버무리고 '너만 알고 있으라'는 식으로 전해왔기 때문에 대부분의 사람들은 평범한 내용밖에는 알 수가 없었던 것이다. 그러나 이제 그런 시대는 지나갔다. 한동석 선생의 『우주변화의 원리』는 바로 그러한 의미를 갖는다. 이제는 더 이상 학문이 비전秘傳되는 시대가 아닌 것이다. 이제는 모든 것이 드러나야 한다. 모든 것을 밝히고 사람들의 공정한 평가를 받아야 하는 시기인 것이다. 그리고 부족한 필자가 감히 붓을 들어 방대한 내용을 쓰게 된 것도 이러한 시대의 흐름에 따르기 위해서이다. 그러니 필자가 할 말은 더 이상 없다. 오직 독자들의 '현명한 판단'을 기대한다는 말 밖에는….

직하지학稷下之學과 동양학 아카데미

춘추 전국시대에 제齊라는 이름의 나라가 있었다. 춘추시대란 문왕의 아들 무왕이 은나라의 마지막 임금 주紂를 무찌르고 주나라를 세운 이후의 시대를 말한다. 주나라는 봉건제를 채택하였다. 다시 말해 중앙의 임금이 있되, 각 지역에 제후를 임명하여 다스리는 제도를 실시하였다는 말이며 봉토건후封土建侯의 줄임말이 바로 봉건제인 것이다.

제나라는 주나라를 세우게 된 일등공신이자 모든 현자賢者의 대명사가 된 강태공姜太公이 땅을 하사받아 세운 나라이다. 그만큼 유서 깊고 전통있는 나라로서 춘추전국시대 한 번도 강국의 자리를 놓치지 않았던 실력을 자랑하고 있었다.

그리고 그 제나라에서 직하의 학문, 즉 직하지학稷下之學이 번성하게 된다. 직하의 학문이란 제나라의 위왕威王과 선왕宣王이 도성의 서쪽 관문인 직문稷門 곁에 학당을 세우고 천하의 학자들을 초빙하여 학문을 강론하도록 한 데서 유래한 것이다. 그리고 이때 모였던 여러 학자들의 학설을 일컬어 직하지학이라 불렀던 것이다.

당시의 제나라는 문화의 중심지였으며, 위왕과 선왕은 학자들에게 저택을 지어주고 대부大夫의 예우를 해주었다고 한다. 직하의 대표적인 학자로는 맹자孟子, 추연騶衍, 순자荀子 등 이름만 들어도 알 수 있는 수많은 학자들이 있었다. 그러나 선왕이 죽고 민왕이 즉위한 뒤 제나라가 쇠약해짐에 따라 이 많은 학자들이 전국시대의 4군四君 즉 맹상군孟嘗君, 평원군平原君, 신릉군信陵君, 춘신군春申君에게 각각 몸을 의탁하게 되면서 직하시대도 종말을 고하게 된다. 그러나 다양한 문화의 꽃이 피어났던 직하시대는 아직도 그 학문의 향기를 피우고 있는 셈이다.

아카데미라는 말의 기원은 플라톤이 철학을 가르쳤던 고대 아테네 교외의 올리브 숲 이름에서 유래한 것이다. 아카데미는 바로 서양 학문의 직하稷下였던 셈이다. 필자가 이 책의 이름을 동양학 아카데미라고 지은 것은 바로 이렇게 동양의 전통을 따르지만 서양의 학문도 무시하지 않아야 한다는 뜻을 담고 있다. 동양학 아카데미는 동서양의 학문이 만난다는 의미를 담고 있는 것이다.

지금은 서양의 학문이 모든 것의 중심이 되어있는 세상이다. 그러나 세상이 이렇다고 해서 동양의 학문이 그리 쉽게 물러날 수 있는 내용을 갖고 있는 것은 아니다. 이제 본격적으로 동양과 서양의 학문이 만나야 할 때가 되었다. 그러나 필자가 보기에 아직도 동양인은 자신들의 조상이 어떤 고민을 갖고 어떤 내용을 가진 학문을 연구했는지 가늠조차 하지 못하고 있다. 그래서 필자는 동양학 아카데미가 필요하다고 생각한다. 이것은 인류의 학문이다. 동양학에서 이야기하는 것처럼 우주의 정신이 현실에 펼쳐지는 데 있어서 전 인류의 역할이 필요한 것이라면 이것은 이미 동서양의 구분을 뛰어넘어야 한다는 뜻이 되는 것이다.

동양인은 조상의 노력을 헛되이 하지 않기 위해서, 서양인은 학문의 새로운 경지를 개척하기 위해서 동양학의 근본적인 문제를 거론하는 것은 결코 의미 없는 작업이 되지는 않을 것이다. 필자 또한 이 두 권의 책자에서 그치지 않고 더 많은 동양의 고전을 소개하는 작업에 매진할 것임을 약속드리면서 이제 다 같이 새로운 직하의 학문, 그리고 아카데미를 만들어 가는 작업에 동참하게 되기를 바라는 마음으로 이 글을 마친다.